GUILLAUME DU VAIR.

ÉTUDE D'HISTOIRE LITTÉRAIRE,

AVEC DES DOCUMENTS NOUVEAUX TIRÉS DES MANUSCRITS
DE LA BIBLIOTHÈQUE IMPÉRIALE.

Par E. COUGNY,

Professeur de Rhétorique au Lycée impérial de Bourges.

PARIS.
AUGUSTE DURAND, LIBRAIRE,
Rue des Grès, 7.

GUILLAUME DU VAIR.

ÉTUDE D'HISTOIRE LITTÉRAIRE,

AVEC DES DOCUMENTS NOUVEAUX TIRÉS DES MANUSCRITS
DE LA BIBLIOTHÈQUE IMPÉRIALE.

Par E. COUGNY,

Professeur de Rhétorique au Lycée impérial de Bourges.

PARIS,

Auguste DURAND, LIBRAIRE,

Rue des Grès, 7.

—

1857.

BOURGES, IMPRIMERIE DE Ve MÉNAGE.

A

M. DUMAIGE,

CHEF DE BUREAU

AU MINISTÈRE DE L'INSTRUCTION PUBLIQUE ET DES CULTES,

ANCIEN RECTEUR,

ANCIEN INSPECTEUR DE L'ACADÉMIE DE BOURGES,

TÉMOIGNAGE DE RECONNAISSANCE

POUR DE BONS CONSEILS ET DE PATERNELS ENCOURAGEMENTS.

E. COUGNY.

GUILLAUME DU VAIR.

ÉTUDE D'HISTOIRE LITTÉRAIRE,

Avec des Documents nouveaux tirés des Manuscrits de la Bibliothèque impériale.

CHAPITRE Ier.

CONSIDÉRATIONS PRÉLIMINAIRES.

Du danger qu'il y a à négliger dans l'histoire les époques intermédiaires. — De la prose française entre Amyot et Balzac : importance de ce moment de transition ; grand nombre d'écrivains remarquables. — Guillaume du Vair, centre de cette époque féconde. — Son rôle dans le mouvement des idées. — Utilité d'une étude plus approfondie de ses ouvrages, historiques, moraux, oratoires. — Caractère général ; appréciation sommaire.

Dans l'histoire ce qu'on étudie le moins, ce sont les époques intermédiaires. On s'arrête un peu aux origines parce qu'il faut bien commencer par quelque chose : encore n'y regarde-t-on pas de trop près. De belles fables, des contes merveilleux y suffisent le plus souvent ; on s'en contente, et l'on passe, en ne s'attachant guère qu'aux grands noms et aux grands événements, aux hommes et aux choses qui sont restés le plus en vue. Cette méthode est assez raisonnable ; mais on l'exagère quand on va jusqu'à dire : il n'y a d'oublié que ce qui a mérité de l'être. Et, en partant de ce principe, on n'accorde à certains faits, à certains personnages historiques qu'une attention distraite, ou une curiosité passagère.

Pourtant les époques d'essais, de tâtonnements, si peu attrayantes parce qu'elles n'offrent rien de saillant, rien de bien caractérisé, ne sont pas sans importance dans l'histoire ; et, si l'on n'en tient suffisamment compte, on arrive de toute nécessité, dans l'appréciation de ce qui les a suivies, à des résultats faux ou exagérés.

C'est ce qui est arrivé pour l'histoire de notre littérature. On s'est longtemps obstiné à ne la faire commencer qu'au milieu du XVIIe siècle. Il semblait que la splendeur de cette ère de merveilles n'eût pas eu d'aurore. C'est à peine si dans les ténèbres antérieures on distinguait quelques points lumineux, cinq ou six noms, et encore ne dépassait-on guère l'âge précédent. Dans cette période, Rabelais, Montaigne, Amyot, parmi les prosateurs, avaient seuls trouvé grâce. Les poètes étaient plus connus : on lisait Marot ; on s'imaginait même imiter son style et son *élégant badinage ;* on plaisantait sur la muse gréco-latine de Ronsard, et l'on admirait Régnier et Malherbe, le tout un peu sur la foi de Boileau. Or Malherbe touche à Corneille, et l'on rattachait Corneille au *grand siècle,* malgré la date de ses chefs-d'œuvre. La transition, pour la poésie, semblait donc suffisamment ménagée.

Mais dans l'histoire de la prose française, il n'en était pas de même, et d'Amyot à Pascal il y avait une immense lacune. Balzac était dédaigné comme le type de l'affectation et de l'emphase, et Descartes ne comptait que comme philosophe ; on ne s'était pas avisé de voir en lui un grand écrivain, le maître des maîtres.

Depuis une cinquantaine d'années, on a senti le besoin de revenir sur ses pas dans cette carrière trop légèrement parcourue ; on a voulu même remonter plus haut, jusqu'aux origines. Le moyen-âge littéraire a été sérieusement étudié et réhabilité ; le xvie siècle, mieux compris, mieux apprécié. Descartes et Balzac ont pris la place brillante qu'ils méritent d'occuper, à divers titres, parmi nos prosateurs. Mais la lacune qui sépare la fin de xvie siècle de la période éclatante du xviie, pour avoir été en partie comblée, n'en existe pas moins, et ce moment de transition dans notre histoire littéraire est encore à étudier (1). Et pourtant, combien il s'y rencontre d'hommes considérables ! littérateurs de profession, orateurs, philosophes, savants et hommes d'État surtout, qui furent, sans y penser, d'excellents écrivains. Tous, et les derniers non moins que les autres, ont contribué au progrès des idées, au perfectionnement de la langue. On voit poindre dans leurs écrits un esprit nouveau, l'esprit universel de la France, un nouveau langage aussi, plus précis et plus ferme, plus noble et plus harmonieux, se prêtant à l'expression des pensées les plus hautes et des sentiments les plus délicats. Ce ne sont plus seulement des promesses, comme dans l'âge précédent, des espérances, des fleurs ; il y a là des fruits presque mûrs, mais qui en annoncent de plus beaux. On sent qu'un grand mouvement s'accomplit : *major rerum nascitur ordo.* Chacun s'en donne dès-lors et la joie et la gloire.

---

(1) L'Académie française a bien compris l'importance de cette étude. Après avoir eu l'honneur de provoquer (en 1828) les premières recherches sérieuses et suivies sur la littérature du xvie siècle, elle appelle aujourd'hui l'attention des critiques sur *le travail des lettres et le progrès des esprits avant le Cid et le Discours de la Méthode.*

De cette époque si intéressante on n'a vu jusqu'ici que trois ou quatre prosateurs ; au commencement, Est. Pasquier, qui continue le XVIᵉ siècle et se rattache de préférence à tout notre passé littéraire ; à l'autre extrémité, saint François de Sales, d'Urfé et Camus (1), en qui se montrent davantage les tendances nouvelles. Mais, sans parler d'une foule d'écrivains remarquables, dont on n'a tenu presque aucun compte, on n'a vengé qu'imparfaitement d'un injuste oubli, le plus éminent de tous, Guillaume du Vair. On n'a vu en lui que *l'artiste de paroles*, si je puis ainsi dire, le maître de style, et l'on a cru faire beaucoup en l'appelant *le Malherbe de la prose (2)*. C'est là certes un beau titre et dont on a voulu honorer aussi Balzac (3) et même Descartes (4). Mais pour ce dernier au moins, comme pour du Vair, il ne semble guère exact. Pour du Vair, il dit trop et trop peu ; car on ne trouve en lui ni la rectitude de Malherbe, ni sa sécheresse et sa raideur. Qui croirait d'ailleurs que nos critiques français ont été devancés sur ce point par un étranger, Bouterweck, qui, dès 1806, signalait plus nettement « l'esprit pratique et la manière magistrale » de du Vair (5).

On a ainsi entrevu quelques-unes des qualités de du Vair considéré comme écrivain, mais on n'a pas poussé assez avant ; on s'est arrêté à la surface et l'on s'est même con-

(1) V. une intéressante étude littéraire sur J.-P. Camus, par M. H. Rigault, en tête du roman de *Palombe* ou *la Femme honorable*, 1853.

(2) *Essai sur la vie et les ouvrages de Guillaume du Vair*, par M. Sapey. Paris, 1847, in-8º, p. 88. — V. aussi la note 56 *bis*.

(3) M. Gérusez, *Essais d'histoire littéraire*, p. 191, 1840, in-8º.

(4) M. Cousin, *Des Pensées de Pascal, rapport à l'Académie française*, p. 5, nouvelle édition.

(5) Geschichte der Künste und Wissenschaften, etc. Dritte Abtheilung. Geschichte der schönen Wissenschaften. Göttingen, 1806, p. 325.

tenté d'apparences contradictoires. Ainsi, pour la langue, on l'a accusé d'être à la fois trop vieux et trop novateur; et, comme preuve, on a relevé dans ses écrits une douzaine d'archaïsmes et de néologismes, sans songer à voir si, de son temps, les premiers n'étaient pas toujours usités et si les autres ne l'étaient pas déjà. Quant au style on a bien observé cette noblesse de langage, et surtout cette harmonie, cette pompe cicéronienne inconnues avant lui. Mais on n'a pas dit qu'il sait allier à ces qualités toutes celles de nos vieux prosateurs; on n'a pas assez montré la grande manière romaine du XVIIe siècle s'unissant, se mêlant chez lui à l'allure hardie, à la verve gauloise du XVIe. C'est pourtant là son principal mérite et son originalité.

Du Vair est en effet le vrai centre de cette époque intermédiaire encore si peu connue; il en marque le point culminant. Mais étudier ses œuvres, ce n'est pas en examiner seulement le style, comme on l'a fait, c'est aussi et surtout leur faire leur part dans le grand mouvement d'idées qui s'opère alors. Du Vair, esprit étendu, muni de connaissances très variées, a touché à peu près à tout. La philosophie morale tient une large place dans ses écrits; c'est peut-être même son plus beau titre, et l'on en a rien dit. Seulement, chose bizarre! on a lu et relu, sans s'en douter, pendant deux cents ans, un bon nombre des meilleures pages de ses livres; on les a goûtées, admirées sous un autre nom; et cela, pour avoir négligé une saillie de Balzac (1), qui pourtant n'avait pas échappé à Bayle et qui appelle malignement Charron « le secrétaire de Montaigne et de du Vair (2). »

(1) Citée par C. Sorel, bibliothèque française, p. 95-96. Bayle, *Dictionnaire*, article *Charron*, note O. — V. aussi Moréri, article *Charron*.

(2) Il faut voir dans l'excellente édition de la *Sagesse* de Charron,

Nous espérons démontrer que ces livres moraux, si abandonnés depuis deux siècles, ont exercé une grande influence et sur son temps et sur l'époque suivante. Nous n'oserions pas dire que Descartes y a trouvé, en quelques lignes, l'idée de sa méthode : il semble bien l'avoir inventée ; mais il est certain que du Vair l'avait entrevue et assez clairement indiquée.

Enfin l'homme n'a pas été non plus complètement étudié : les biographies sans doute ne lui ont pas manqué. En plein XVIIe siècle, Perrault lui faisait une belle place dans sa galerie des *Hommes illustres*, et de Sacy lui consacrait de nobles pages dans son livre de *l'Honneur françois*. Peu de temps après, un long et remarquable article de Michaut de Dijon, inséré dans les *Mémoires* du P. Niceron, résumait, complétait tous les témoignages antérieurs et offrait la source où se sont contentés de puiser presque tous les historiens qui sont venus ensuite. Mais, malgré cette perpétuité de traditions, le silence peu à peu se faisait autour du nom de du Vair, et les indications assez précises de Michaut n'ont donné à personne la curiosité de consulter ses lettres et ses mémoires, qui sont conservés manuscrits et qui mériteraient d'être réunis et publiés. Sans apporter beaucoup de détails nouveaux sur cette époque assez bien connue, ils éclairent les faits d'un jour plus vif et permettent souvent d'apprécier avec plus d'exactitude les hommes et les choses.

donnée en 1820 par Amaury Duval (3 vol. in-8°), l'indication d'une multitude de passages copiés dans les œuvres de du Vair par celui qu'un critique contemporain (M. de Sainte-Beuve) appelle « le second et le disciple de Montaigne. » Encore le savant éditeur n'a-t-il pas noté tous les emprunts de Charron ; il a négligé un grand nombre de morceaux même considérables, qui ont passé textuellement dans le livre de la *Sagesse*. Les autres écrits de Charron n'offrent pas de traces de pareils emprunts.

Il nous a donc paru qu'une étude approfondie des œuvres de du Vair ne serait pas sans intérêt; et nous nous sommes proposé de montrer en lui, non plus seulement un des précurseurs de nos grands écrivains du xviie siècle, mais encore un historien (bien qu'à proprement parler, il n'ait pas écrit d'histoire) qui, avec cette sagacité qu'il se reconnaît lui-même et que personne ne lui a contestée, et surtout, avec une âme pure et une raison solide, a su mettre à profit une haute position pour apprécier à leur juste valeur, et sans jamais se faire illusion, les hommes et les événements; le principal représentant d'une école de philosophie, le stoïcisme français, injustement oublié; un véritable orateur enfin, à l'esprit droit, au grand cœur, au vaste savoir, non moins appliqué à bien faire qu'à bien dire, comme le voulaient les anciens, ses maîtres, possédant et exposant de même que Cicéron, son modèle, les saines théories de l'éloquence, et sachant les mettre en pratique.

Nous suivrons ainsi à peu près l'ordre dans lequel il a lui-même distribué ses ouvrages : 1° Traités de philosophie morale et religieuse ; 2° Théorie de l'éloquence et Œuvres oratoires. Mais avant tout, nous parcourrons ses *Lettres* et ses *Mémoires*. Ces écrits, presque tous inédits, nous montreront le rôle politique et civil de du Vair, sa vie pratique en quelque sorte : et nous pourrons tout de suite juger l'homme par ses actes. Puis ses ouvrages philosophiques nous donneront, pour ainsi dire, la théorie de sa noble et ferme conduite. Enfin dans ses discours nous trouverons l'application de ses idées sur l'éloquence. C'est par là que du Vair a toujours le plus attiré l'attention ; et il n'en pouvait être autrement, car cet homme d'action, ce sage moraliste est aussi un écrivain, et surtout un orateur; il l'est jusque dans ses livres de philosophie ; c'est une gloire qu'il a recherchée, et le soin de la forme se montre presque partout dans ses ouvrages. Mais si , pour donner trop d'attention à ses paroles , il arrive parfois à un défaut, de là aussi dérive une de ses plus recommandables qualités : il sait déjà choisir et rejeter, *hoc amat, hoc spernit.* Et puis , je le répète, il s'en faut que ce soit là son unique ou sa principale préoccupation : le vrai et le juste , voilà à quoi il s'attache surtout ; en lui , l'orateur non plus que l'homme d'État et le juge , ne se sépare jamais du sévère philosophe. Le travail du style ne vient qu'après , et seulement pour essayer de revêtir d'une digne expression les nobles sentiments qu'il trouve dans son cœur, les sages et grandes pensées qui naissent dans son esprit ou qu'y amasse l'étude des livres saints et des chefs-d'œuvre de la sagesse antique.

CHAPITRE II.

POLITIQUE ET HISTOIRE.

§ 1er. — *Lettres et Mémoires* de du Vair. — Du Vair, membre du
Parlement de Paris, et maître des requêtes du duc d'Alençon. —
Corruption de la cour; Henri III jugé par Charles IX. — La Ligue;
ses origines. — Crimes et intrigues. — Du Vair quitte le service de
Monsieur. — Affaire de Salcède. — Mort du duc d'Alençon. — La
Ligue renouvelée : barricades (1588). — Le duc de Guise et le pré-
sident A. de Harlay; caractères. — États généraux de 1593. — Af-
faire de la loi salique. — État de Paris. — Projet d'élection d'un
roi. — Rôle de du Vair calomnié; lettre à M. de Villeroi. — La
Ligue en Provence : le duc de Savoie; son ambition. — Traité des
Espagnols avec la ville de Marseille.

A l'exemple de la plupart des personnages considérables
de son temps, du Vair avait songé à publier ses *Mémoires*.
Nous savons par le témoignage d'un de ses derniers éditeurs (1) qu'il avait préparé un recueil de ses lettres; mais
la mort sans doute l'a empêché de le mettre au jour. Nous
savons aussi qu'il avait écrit sur les divers événements auxquels il avait pris part des notes nombreuses qui furent

(1) Édition de Genève, 1621. « L'imprimeur aux lecteurs. »

trouvées dans ses papiers (1). Peiresc, son ami et son exécuteur testamentaire, s'en était servi pour écrire sa vie; malheureusement, cette biographie ne nous est pas parvenue; elle n'a probablement pas été imprimée; et peut-être a-t-elle péri avec tant d'autres précieux manuscrits de l'auteur. Quant aux *Lettres* et aux *Mémoires* de du Vair, il est difficile de dire pourquoi ni Peiresc, qui s'était chargé de donner une édition complète de ses œuvres (2), ni A. Duchesne, à qui fut ensuite confié ce soin, n'ont jugé à propos de les publier. Les manuscrits originaux restèrent, ce semble, entre les mains de ce dernier, dont le fils en inséra quelques pages dans son *Histoire des Chanceliers (3)*. Une édition des *Mémoires* paraît pourtant avoir été préparée sous ce titre : *Anecdotes de l'Histoire de France pendant les siècles* XVI *et* XVIIe, *tirées de la bouche de M. le garde des sceaux du Vair*. Mais sauf quelques morceaux séparés (4), ce recueil n'a pas vu le jour, non plus qu'un autre qui est une copie des mêmes notes originales sous ce titre un peu différent : *Mémoires fort singuliers servant à l'Histoire de France depuis Charles IX.* C'est parmi les manuscrits de la Bibliothèque impériale qu'il les faut chercher (5); c'est là aussi qu'on trouve le recueil le

(1) V. les avertissements placés en tête de l'oraison funèbre de Marie Stuart, et de la harangue destinée à être prononcée dans le Parlement de Toulouse, en 1621 ; p. 740 et 915 de l'édition de 1641, in-f°.

(2) Gassendi, *Vita Peireskii*, lib. I, p. 292. Édit. in-f°.

(3) Le testament de du Vair, et le récit de sa querelle avec le duc d'Épernon. — Paris, M DC LXXX, p. 709, in-f°.

(4) *La Négociation d'Angleterre*, dans l'édition des œuvres complètes de 1641 ; et *la Relation exacte de ce qui s'est passé à la mort du maréchal d'Ancre*, à la suite de *l'Histoire des plus Illustres Favoris*, de du Puy. Leyde, 1659, in-4°.

(5) Le premier fait partie du fonds Bouhier, n° 55. L'*Athenæum* de 1854 en a donné quelques extraits. Le deuxième appartient à la collection du Puy, n°s 661-662. — V. aussi manuscrits français, n° 9583.

plus considérable des lettres de du Vair : il fait regretter qu'elles n'aient pas été toutes réunies et publiées (1).

Tels sont les documents que je me propose d'examiner : ils embrassent une période de quarante-cinq ans, depuis les commencements de la Ligue jusqu'à la guerre contre les Huguenots du Béarn (1576-1620). Je les rapporterai aux trois grandes périodes de la vie de du Vair : 1° Membre du Parlement de Paris et député aux États de la Ligue ; 2° Ambassadeur en Angleterre et chef de la justice en Provence ; 3° Garde des sceaux et principal ministre. Toutefois, je n'ai pas l'intention de raconter toute la suite de sa vie : ce travail a été fait plusieurs fois d'une manière satisfaisante (2) ; je veux seulement, en corrigeant quelques erreurs de ses biographes anciens, indiquer à ses biographes futurs des pièces authentiques, et à nos historiens des sources où jusqu'ici l'on ne paraît pas avoir puisé.

Du Vair, dans ces *Notes* ou *Mémoires*, ne parle pas toujours comme acteur ou témoin oculaire des faits qu'il raconte : parfois, il ne fait que rapporter ce qu'il a entendu dire, mais toujours il cite ses autorités, et ce sont des hommes qui ont pris une part active aux affaires.

Un grand nombre de traits scandaleux et même des anecdotes comiques se rencontrent dans les pages qui se rapportent au règne de Henri III. Ces récits montrent cette

---

(1) Collection du Puy, t. 3 et 663. — Le recueil Conrart (Bibliothèque de l'Arsenal), t. XVIII, p. 409-476, donne la lettre de Villeroi relative à la *Satire Ménippée*, avec la belle réponse de du Vair.

(2) Par Michaut de Dijon, dans les *Mémoires* du P. Niceron, t. XLI ; et, dans ces derniers temps par M. Sapey, dans son élégant discours sur la vie et les ouvrages de du Vair. Paris, 1847, in-8°. — V. aussi l'article de M. Feugère sur ce livre, dans la *Nouvelle Revue encyclopédique*, 1847, avril ; et le discours prononcé par M. Andral, à la conférence de l'ordre des avocats, le 30 novembre 1854.

cour dans toute sa hideuse corruption, et aussi dans son incurable insouciance. Ils révèlent des choses incroyables sur ces princes dont il semblait qu'il n'y eût plus rien à dire après le *Journal* de l'Estoile et tant d'autres mémoires contemporains qui ont levé tous les voiles.

C'est Henri III et son frère le duc d'Alençon que nous rencontrons d'abord : celui-ci renouvelant les intrigues, les crimes, les trahisons des Borgia ; simulant une franche et cordiale amitié pour ceux dont il médite la perte, les conviant à sa familiarité pour les faire assassiner dans l'ombre, et poussant à des duels à mort ceux qu'il ne peut tuer autrement ; celui-là, le roi, étalant à Saint-Cloud des scènes à rendre jaloux un Héliogabale, et souffrant que ses mignons et les femmes de sa cour livrent à d'indécentes risées un prince de l'église et un ministre, dépositaire de son pouvoir (le cardinal de Bourbon et le chancelier Bellièvre). Du Vair n'était que trop bien placé pour observer toutes ces infamies : conseiller clerc au Parlement de Paris, il était de plus maître des requêtes du duc d'Anjou, frère du roi. Mais s'apercevant bientôt que le duc ne valait pas mieux que le roi, et que même on abusait de sa naïve honnêteté pour attirer des victimes dans le piége, il se hâta de quitter cette cour indigne de posséder un homme de cœur, essaya de prévenir des crimes en invitant à la défiance ceux qu'on flattait pour les mieux perdre, et s'enferma dans « l'exercice de la vacation qu'il auoit prise au palais. » Auparavant, il avait suivi le duc d'Anjou en Flandre, dans cette campagne qui s'ouvrit avec éclat et qui se termina dans la honte, comme toutes les entreprises de ces princes amoureux de la gloire, mais sans principes, sans esprit de suite, plus occupés de plaisirs que d'affaires.

Toutefois, le duc d'Anjou avait eu l'honneur d'effrayer l'Espagne : il gagnait des victoires, il prenait des villes ; il aspirait à la main de la reine Elisabeth d'Angleterre, qui déjà lui avait envoyé son anneau et signé le contrat : il était l'héritier présomptif de la couronne de France. C'en était trop : sa perte fut jurée ; on employa contre lui les armes à la mode alors, le fer d'abord, le poison ensuite. Du Vair était encore au service du prince quand Salcède tenta de l'assassiner. Son témoignage est important : il dit nettement que Salcède « auoit promis au duc de Parme de tuer Monsieur. » Dans cette intention, le meurtrier s'attache aux pas de sa victime ; il le suit à Anvers, où il vient le saluer en même temps que du Vair ; à l'Escluse, où du Vair le vit monté sur un arbre dans un jardin, « faisant le fol, » pour mieux assurer son coup. On connaît les détails de son arrestation et de son procès : là-dessus les notes de du Vair ne nous apprennent rien de plus que le *Journal* de l'Estoile. Cependant une circonstance rattache à cette affaire de Salcède la mort du président Christophe de Thou : nous ne la trouvons mentionnée nulle part ailleurs ; son fils, l'historien lui-même ne l'a pas connue. « Le roi, dit du Vair, voulut estre présent, caché néantmoins entre deux portes, quand on donna la question à Salcède ; ce que le feu premier président de Thou, affectionné d'ailleurs à la maison de la reyne, ne pouuoit souffrir, disant que iamais roy n'auoit souillé sa veüe d'vn si piteux spectacle. Mais le roy luy respondit qu'il estoit vn vieux fol, dont il eut tant de regret sur l'aage de soixante-quatorze ans qu'il auoit, que dans huit iours il en mourut. »

Du reste, c'est là une des moindres marques du peu de respect de ce prince pour lui-même et pour la royauté. « Il se délectoit à faire le mal, » dit ailleurs du Vair ; et il le faisait sans vergogne. Avant de monter sur le trône, il dissimulait, mais il n'était pas meilleur, ce qui avait fait dire à son frère Charles IX : « Il fait bien de cacher ses vices, puisqu'il n'a point de vertus pour les contre-balancer. »

A sa conduite désordonnée on jugeait « qu'il ne pouuoit plus durer vn an sans estre tout-à-fait fol. » C'était l'avis du médecin Miron : il le dit à la reine-mère qui dès-lors se décida à entrer dans la Ligue. Elle « *s'en rendit la première, voyant le roy sans successeur.* » Le duc d'Anjou venait de mourir empoisonné par « un bouquet que lui auoit fait sentir sa maistresse, la.... (1) »

Selon du Vair, qui dit tenir ces renseignements d'Antonio Pérez (2), il faut remonter jusqu'au Concile de Trente pour trouver la vraie origine de la Ligue : là, on eut la première idée d'organiser contre le protestantisme français une lutte à main armée ; de réunir les forces du catholicisme, et « M. de Guise, grand-père, en fut le chef. » Depuis, à l'intention primitive se mêlèrent des vues d'ambition personnelle, toutes sortes d'intrigues. Chacun travailla en secret pour soi et chercha à tromper les autres. C'est un triste tableau que celui de toutes ces sourdes menées, de ces amitiés apparentes, de ces trahisons, de toutes ces infamies de l'ambition. « La reyne desseignoit de faire tomber la couronne entre les mains des enfants de sa fille de Lor-

____

(1) Le nom manque dans le manuscrit.

(2) Du Vair s'était plu à interroger cet homme qui avait joué un rôle si actif dans toutes les intrigues de l'époque, et qui avait autant à se plaindre du gouvernement espagnol qu'il avait à se louer de ses relations avec celui de la France ; il le questionna même sur la mort de don Carlos. « Le naturel de ce prince, lui dit le vieux secrétaire d'État, estoit malin et enclin à brouiller. » On résolut donc de s'en défaire, « et, pour ne faire un tel acte trop ouuertement, il fut ordonné que durant quatre mois on lui donneroit vne poison si lente, laquelle seroit distribuée à tous ses repas, qu'insensiblement il perdroit les forces et la vie sans qu'il semblast qu'elle eust esté précipitée par aucune violence. Ce qui fut exécuté. »

raine (1), et M. de Guise n'y estoit employé que comme serviteur de M. de Lorraine ; car on ne pensoit pas faire le morceau pour luy. » On ne voulait pas même attendre la mort du roi pour régner tout-à-fait : il fut un jour question « de l'enleuer dans l'église des Capucins, de se seruir de son nom pour faire tels édicts qu'on voudroit, et le tenir prisonnier luy donnant néantmoins à besogner à toutes façons et à tous ses autres plaisirs, sans ouïr parler d'affaires. »

La seconde Ligue, « la grande Ligue fut bastie d'autre façon, » selon la relation d'Antonio Pérez, confirmée par le président Jeannin. Mais les principaux acteurs n'y apportèrent pas plus de loyauté, pas plus de confiance réciproque. Le duc de Mayenne n'en sut jamais le fin mot. « M. de Guise l'obligeoit en autre chose ; il feignoit de luy confier tout, et ce n'estoit que ce qu'il ne pouuoit luy céler : pour acquérir des hommes, il eust fait l'impossible, » et sacrifié même son honneur conjugal (2). Après la journée des barricades, il aurait bien voulu s'attacher le président de Harlay et alla s'excuser auprès de lui « du désordre aduenu ; » mais on sait comment lui répondit ce courageux magistrat. En sortant de chez lui, le duc de Guise, qui n'avait pas trouvé un mot à lui répliquer, dit tout haut : « Ie me suis trouué à des batailles, à des assauts et à des rencontres les plus dangereuses du monde ; mais iamais ie n'ay esté arresté, ni estonné comme à l'abord de ce personnage. » Du reste, M. de

(1) Claude, femme de Charles III, duc de Lorraine (1545-1608). Ses enfants sont : Henri-le-Bon, son successeur ; Charles, cardinal de Lorraine, et François de Vaudemont.

(2) Du Vair s'exprime plus énergiquement et cite un trait qui prouve qu'il n'exagère rien. La duchesse de Guise avait des relations intimes avec Saint-Mesgrin. Le duc la surprit en flagrant délit « *dont il ne se fit que moquer.* »

Guise n'estoit pas des mieux disans en public, ains seulement au coin d'vne fenestre, en particulier. » Un jour il vint avec le cardinal de Bourbon proposer au Parlement de changer tous les capitaines et le prévôt des marchands ; au moment de prendre la parole, « il paslit plusieurs fois et se troubla en sorte qu'il fut fort empesché à parler. Encore, du peu qu'il dit, personne n'en peust rien ouïr, de ceux mesmes qui estoient à costé de luy, tant il parloit bas et entre ses dents ! » C'est ainsi que ces héroïques magistrats, en qui s'était alors réfugiée toute vertu civile, imposaient à ces hommes d'épée qui n'avaient retenu du soldat que la violence sans rien garder du vieil honneur français. Ceux qui restèrent à Paris pendant les troubles, empêchèrent ainsi bien des excès, et s'ils eussent tous suivi le roi ; si, comme dit du Vair, « les affaires fûssent demeurées à la discrétion des gens de ville et des bélistres qui perdoient tout, » on ne peut, sans frémir, imaginer ce que fut devenue la France. Heureusement tous ne crurent pas que la France était là où était le roi ; et, gardant leur poste, ils aimèrent mieux subir un moment la honte de passer pour ligueurs ; plusieurs d'entre eux, comme du Vair, durent même faire tous leurs efforts pour être acceptés d'un parti qu'ils détestaient : encore ne se fiait-on que médiocrement à eux, et, le nom de *Politiques* qu'on leur donnait, pouvait devenir à chaque instant leur arrêt de mort. Il est vrai que, comme leur prudence s'enfermait toujours dans les strictes limites de la justice, ils ne semblaient pas donner assez de gages à la Ligue. Quelques paroles louangeuses pour les chefs, l'oraison funèbre de Marie Stuart et du duc de Guise n'étaient pas aux yeux des violents des preuves suffisantes de leurs bons sentiments. Du Vair, qui ne se recommandait aux ligueurs que par des sacrifices de ce genre, où certes son honneur n'était pas compromis, manqua vingt fois d'être assassiné :

on fit même à son beau-frère « des compliments de condo-
léance sur le bruit qui estoit couru qu'il auoit eu la mesme
fortune que le président Brisson. »

Il faut voir dans ses *Mémoires* toutes les inquiétudes, tous
les périls, tous les actes de courage et de présence d'esprit
dont sa vie, à cette époque, est remplie. Ayant à cœur de
se justifier d'être resté à Paris, il entre dans les plus grands
détails sur sa conduite pendant les troubles. Dénoncé à
chaque instant, poursuivi jusqu'à sa porte par des hommes
armés, pillé par des voleurs sous prétexte de réquisitions
publiques, ménagé par le duc de Mayenne qui craignait de
voir tous les gens de bien quitter Paris, lui, homme de
robe et presque d'église, il est obligé chaque jour d'endosser
la cuirasse, de mettre l'épée à la main, de commander des
postes. Mais il faut l'entendre raconter lui-même une de ces
scènes de violence, chaque jour renouvelées. Un soir, en
rentrant chez lui, près de la Sorbonne, il est assailli par
une troupe de gens armés; « croyant d'estre perdu, il se
met à songer à sa conscience mieux qu'il ne fit iamais.
A l'instant, iugeant qu'il n'y auoit point de moyen de se
sauuer que par la bonne mine, n'ayant qu'un long manteau,
il se le met autour du bras, et résolu de mourir, il crie le
premier : « Demeure! demeure! » Sa bonne fortune voulut
qu'un autre procureur estoit sur sa porte, près du petit
libraire, et que, chez luy, son valet y estoit aussi pour
l'attendre. Tout ce qui, ioint ensemble, fit croire à ces
coquins qu'il y eust une contrepartie pour les attraper, si
bien que de crainte qu'on ne leur fermast la porte de la
Sorbonne, ils se mirent à courir si furieusement vers icelle
qu'ils le laissèrent emmy la rue, sans luy faire aucun mal;
et il se retira louant Dieu d'auoir eschappé si miraculeusement. Et le lendemain, par le moyen de M. de Villeroy et
d'autres amis, il fut aduerti que la partie auoit esté bien

dressée, et qu'on auoit enuoyé quérir quatre soldats de Beaulieu qui estoit gouuerneur du bois de Vincennes, pour l'exécuter, et qu'un pauure rauaudeur du quartier seruoit de guide et les suiuoit pour le faire cognoistre aux soldats. »

Au milieu de ces perpétuelles agitations et de ces dangers personnels, il lui fallait penser aux affaires les plus importantes, s'entendre avec les meilleurs citoyens pour soutenir les lois fondamentales de l'État et pour sauver la monarchie, haranguer aux assemblées de son quartier, à l'Hôtel-de-Ville, au Parlement, et plus tard, aux États généraux, et traiter souvent, presque sans préparation, les plus hautes questions d'organisation politique et religieuse. Ce moment est, à nos yeux, le plus beau de la vie de du Vair. Représentant du Tiers à ces États de 1593, qui ne se sont jamais relevés du ridicule versé sur eux par la *Satire Ménippée,* mais qui ne méritent pas tant de mépris ; siégeant à côté de ces fougueux et terribles prédicateurs qui soulevaient à leur gré la populace, il sut se faire une position respectable et respectée. D'abord, pour garder toute son indépendance, il refuse la subvention allouée aux députés (1) ; elle était payée avec l'argent de l'Espagne (2) ; puis il prend part à toutes les délibérations. Son noble caractère commande la vénération et sa haute capacité inspire la confiance ; on le charge des affaires les plus importantes, comme de répondre aux propositions des royalistes, « d'examiner avec Lemaistre les actes du Concile de Trente et de remarquer ce qui estoit contraire à la discipline, aux lois et aux usages

(1) *Procès-verbaux des Estats généraux de 1593,* p. 365. — *Documents inédits de l'histoire de France.* Il en existe à la Bibliothèque de Bourges une copie manuscrite qui date du XVIIe siècle, n° 202.

(2) Discours pour *la loi salique.* Œuvres de du Vair, in-8°, p. 67.

du royaume (1). » De tels choix, pour le dire en passant, prouvent en faveur de l'esprit qui dominait dans l'assemblée. On aurait bien pu confier cet examen au savant Gilbert Génebrard, archevêque d'Aix, dont le dévouement à la cour de Rome était bien connu (2). Mais la *Ligue françoise*, comme dit Marfillac, commençait à l'emporter sur la *Ligue espagnole*. La première, à la fois catholique et nationale, ralliait peu à peu tous les bons esprits : elle avait su mettre de son côté le patriotisme et la religion, tout le bon droit ; l'autre en était réduite, pour se soutenir, aux prédications furibondes des prêtres ligueurs et à l'argent de l'Espagne, qui ne servait guère à donner du pain au peuple. Les deux Ligues se trouvèrent en présence aux États généraux. La Ligue espagnole n'avait de l'*Union* que le nom ; on y jouait au plus fin ; le *Tiers-Parti*, fortement uni, profitait habilement de ses dissensions, et mettait toute son adresse à les multiplier. Ainsi le légat et les Espagnols ayant « réuni un conseil de casuistes, » on y avait décidé qu'ils « pouuoient hardiment *(tuta conscientia (sic)* promettre à M. du Maine tout ce qu'il voudroit ; qu'au bout du compte, ils ne seroient tenus de rien obseruer. » Du Vair, « qui auoit eu vent de cette assemblée de théologiens et de la résolution qui s'y estoit prise, » en donna indirectement avis au duc de Mayenne ; et « l'on ne se voulut fier à rien, et le grand coup fut rompu. »

(1) De Thou, liv. cv. L'historien ajoute que les deux rapporteurs s'en tirèrent de manière à mériter l'approbation de tous les gens de bien.

(2) Peut-être la reconnaissance empêchait-elle le docte et fougueux prélat de faire de l'opposition à du Vair. Je trouve une note écrite de la main de celui-ci, ainsi conçue : « *Le père de Monsieur Du Vair auoit entretenu Génebrard aux estudes.* » Ils étaient Auvergnats tous deux.

Ce grand coup, c'était l'élection d'un roi : les Espagnols comptaient beaucoup sur cette affaire pour semer de nouveaux troubles en France et diviser plus profondément les partis. « Bien que dès le commencement, dit du Vair (1), on se mocquast de ceste proposition, par après, beaucoup de gens s'y laissoient couler. Cela fut cause que ie m'esuertuay de recueillir toutes les raisons que i'estimois pouuoir seruir à démouuoir tant les grands que le populaire, d'vn si pernicieux dessein. En ayant entretenu quelques-vns de mes amis, ils me sollicitèrent de dresser vne remonstrance et de la faire courir. » Mais en même temps que du Vair faisait appel à l'opinion publique par un de ces pamphlets hardis de langage et même un peu violents, armes habituelles de tous les partis dans les temps de discordes, il protestait avec fermeté aux États généraux contre la proposition d'élire un roi (2), et en faveur du maintien de la loi salique. C'était le 20 juin 1593, date importante dans notre histoire ; c'est la grande journée de du Vair ; on peut dire que par ce coup d'audace il sauva la monarchie. Dèslors le parti français osa lever la tête, et, quelques jours après, quand du Vair, par un éloquent discours (3), somma le Parlement de se prononcer, « les Ligueux qui estoient là, dit L'Estoile, estonnés de la résolution de leurs compagnons, ne firent que tourner autour du pot, et contre ce qu'ils auoient proposé, revindrent *ad idem.* » Du Vair tenait l'arrêt tout préparé ; il avait été rédigé chez lui avec l'assis-

(1) *Exhortation à la paix adressée à ceux de la Ligue.* Œuvres, édit. de Genève, 1621, p. 24. — Cette pièce remarquable ne se trouve pas dans la grande édition in-f°, 1641.

(2) V. les *Procès-Verbaux,* p. 283.

(3) *Suasion de l'arrest donné au Parlement pour la manutention de la loi salique.*

tance de Pithou et de Lefevre (1); il n'y avait plus qu'à
voter et à signer. Personne n'osa résister ouvertement :
Mayenne fit mine de se fâcher, mais il céda comme les
autres, voyant bien que tout était fini de ce côté-là, ou
bien, selon son habitude, ne sachant quel parti prendre et
craignant aussi de travailler pour l'Espagne.

Aux États, même indécision : on laissa faire le Parlement.
C'était pourtant, à vrai dire, une usurpation; mais les États
de 1593 sentaient bien sans doute qu'ils ne représentaient
pas toute la nation. Plusieurs provinces n'avaient pas
envoyé de députés, et beaucoup de ceux qui siégeaient
n'avaient qu'un mandat fort contestable (2). Et puis, l'assemblée se dissolvait d'elle-même peu à peu. Vitry joignit
sa protestation à celle du Parlement et se retira dans son
gouvernement de Meaux ; son exemple fut suivi (3).

On voit quelles furent les conséquences de l'acte hardi
dont du Vair avait pris l'initiative, ainsi qu'il l'a établi avec
complaisance dans ses *Mémoires*. Il aimait à rappeler ce
moment glorieux de sa vie. Le discours qu'il prononça au
Parlement était sa première *Catilinaire* ; il en était fier
autant que de toutes ses œuvres. Toutefois, la victoire
remportée, chacun, comme il arrive, prétendit y avoir eu
la plus grande part. Michel de Marillac, entre autres, essaya
de prouver que, dès le 23 juin, « il auoit représenté au
Parlement que lon proposoit aux Estats de faire vn roy et

(1) *Mémoires*. Collect. Du Puy, t. 661-662.

(2) *Discours pour la loi salique*. Du Vair, Œuvres, in-8°, p. 65. On
trouve dans ce discours des renseignements curieux sur la composition
des États.

(3) Pour tous ces détails V. le récit de Marillac, dans la collection
du *Panthéon littéraire*, à la suite de Palma Cayet, t. II, p. 526.

que le Parlement s'y deuoit opposer (1). » Mais il ne dit pas, ce qui est constaté par les procès-verbaux des États et noté par l'Estoile, que, trois jours auparavant, du Vair avait fait en pleine assemblée sa fameuse protestation.

Les ligueurs fanatiques et les Espagnols connaissaient bien leur dangereux adversaire. Jusqu'au jour de la réduction de Paris, du Vair eut à défendre sa vie contre leurs attaques, et, ce qui devait l'affecter davantage, son honneur contre leurs calomnies. Nous le verrons ailleurs, dans le traité *de la Constance*, faire indirectement l'apologie de sa conduite (2). C'est aussi l'objet principal d'une longue lettre qu'il écrivit à M. de Villeroi. Comme elle resume complètement et parfois avec éloquence, cette période de la vie de du Vair, et que d'ailleurs elle n'a pas été publiée, j'en donnerai les passages les plus remarquables. Ils nous mettront à même de reconnaître la parfaite conformité qu'il y eut entre les actions du citoyen et les doctrines du philosophe.

Cette lettre est datée de 1594 (juillet ou août). M. de Villeroi avait été représenté, dans un des tableaux qui ornaient l'escalier de la salle des États, sous la figure « d'vn petit homme de deux couleurs, bien estoffé et orné des marques d'vn bon traistre (3). » Il écrivit à du Vair une lettre dont nous aurons occasion de parler plus loin. Voici la réponse qu'il en reçut :

(1) *Mémoires* de Marillac, *ibid.* Cf. *Journal* de l'Estoile, 28 juin 1593 ; *Mémoires* de Villeroi à la suite de ceux de Marillac, p. 647. Ils ne nomment que le président Lemaistre.

(2) Liv. III, p. 984-986.

(3) Lettre de Villeroi, *Collection Du Puy*, t. III. — Ce tableau était le deuxième ; il fut remplacé dans l'édition de 1594 et dans les suivantes par « le docteur fourré d'hermine » et « la vieille dame habillée à l'antique gauloise. » *Satire Ménippée*, p. 182. Ratisbonne, 1714. Cf. *ibid*, p. 5, VI et 66, note.

« Monsieur, vous me faittes beaucoup d'honneur de descharger vos plaintes en mon sein, et plus encore, de me rendre arbitre de vos actions passées... l'ay senti vostre mal deuant vous... Ceux mesmes de qui i'auois quelque soubsçon de sauoir qui estoient les autheurs de cest escrit, le confessoient ainsy... Ie les voiois tous d'accord qu'il falloit supprimer cela, et, sur ma seule remonstrance, il y fut mis ordre. l'eusse fort désiré que cela eust esté tellement exéquuté que vous n'en eussiez point eu la veüe... Or, Monsieur, puisque vous m'avez choisi pour m'ouurir vostre cœur sur ce subiet, et que ie doibs par l'obligation de l'amitié dont il vous plaist m'honorer, participer au ressentiment que vous auez de ceste iniurieuse atteinte, ayant tasché d'y apporter remède en ce que le mal estoit hors de vous, ie doibs, ce me semble, essaier aussi de le faire en ce qui demeure en vous. Ce n'est pas assez de chasser la mouche de dessus la main de l'enfant, si l'on tire puis après l'éguillon qu'elle y a laissé, qui enfle la chair et envenime la peau.... »

Ici du Vair entrant en plein dans son rôle de moraliste, s'écrie :

« Quoi donc ! il sera en la puissance de tous les plaisans et bouffons du monde de vous apparier à eux, de vous faire descendre au pair auec eux, et vous contreindre de les receuoir pour partie et entrer en deffence contre eux ! Voyez combien vous vous offenseriez en vous pensant deffendre... »

Après avoir établi qu'on ne peut et qu'on ne doit répondre à certaines injures que par le dédain, il continue avec la même fierté de langage çà et là tempérée par une grâce charmante :

« Mais, Monsieur, si i'osois vous parler aussi librement que ie pense ; et si le respect que ie vous doibs, ne rétire point la hardiesse que me donne l'amitié dont vous me favorisez, ie vous dirois que vous estes bien délicat de refuser la condition commune de tous ceux qui ont esté signalez pour auoir grande part au maniement des affaires publiques. Quant à moi, ie n'en ai encore iamais remarqué vn qui se soit peu exempter de l'enuie et de la calomnie, qui sont continuellement attachées aux aduenues des grands maniemens d'affaires pour abbayer ceux qui y entrent et deschirer leur réputation. C'est chose indiuisible que le gouuernement et la calomnie; et n'y a tiltre d'honneur, ni puissance si illustre qui en exempte les hommes. Les rois y sont les plus subiets, et pour ce est vn ancien prouerbe, que c'est chose roiale que bien faire et mal ouïr... Comme les freslons irritez s'attachent à ce qu'ils trouuent de plus apparent, la calomnie a tousiours esté et sera tousiours au monde, et donnera tousiours à ce qui sera plus éminent. Et pour ce, qui sera éleué à vn grand maniement, n'a non plus le droit de s'en plaindre qu'vn bastiment éleué bien hault d'estre battu du vent... Pour moy, Monsieur, de si longtemps que ie me suis mis à contempler les actions du monde, i'ay appréhendé la fortune de ceux qui sont au maniement des affaires, lesquels ie n'ay point trouué d'autre condition que de ceux qui flottent en haulte et profonde mer, à la merci des vents, qui ont à craindre l'air, l'eauë et la terre. Car les éuénements des affaires qu'ils manient, despendent de tant et tant de diuerses rencontres que ie ne vois rien en leur puissance que les conseils. Encore comment? Ils ne sont pour la plupart du temps *qu'exécuteurs de ceux d'autrui (1)*, et, comme les médecins portent le blasme de l'intempérance des malades, les affaires les entraînent le plus souvent, et ils font ce qu'ils ne voudroient nullement faire. »

Suit une remarquable appréciation des événements et des

(1) Mots soulignés dans le manuscrit de la Bibliothèque impériale.

principaux personnages de cette époque ; elle se termine par ces mots :

« Il est sans doute que le naturel de M. de Mayenne estant si irrésolu que nous l'auons veu, esbranlé des mauuaises fortunes qu'il a eu, surchargé des artifices, argent et promesses des Espagnols, eust tresbuché à nostre ruine commune, s'il n'eust esté tenu en balance et contre-poids par vostre sagesse. »

Après ce témoignage rendu à son ami, du Vair, constatant qu'il peut se vanter « d'auoir fidèlement et vtilement serui son pays, » ajoute comme preuve ce sommaire de sa vie :

« Mais quoi ? affin que vous vous consoliez en société, de vostre mal, ie vous veux bien dire que mes actions non plus que les vostres, n'ont esté exemptes des morsures de l'enuie, ni eschappé les dentées de la détraction. Puisque ma louange sert à vostre iustification, ie veux bien, Monsieur, me glorifier auec vous et vous représenter quelque chose de mes actions passées, affin que vous voiiez qu'il n'y a conscience si nette, ni action si entière qui ne soit si non entamée, au moins attaquée par la calomnie. Il n'y auoit homme en ce roiaume qui ne deust plus tost estre de la Ligue que moi. Le feu roy auoit *ruiné mon père pour récompense de vingt-cinq ans de seruices (1)* qu'il lui auoit faits. I'estois pauure, i'estois recherché, et n'y auoit rien proportionné à ma fortune qu'on ne me promist. Après les barricades, ceux de la Ligue proposèrent de me faire procureur-général ; après la mort des princes, il me voulurent envoyer en ambassade à Rome, et m'offroient force argent ; on me fit parler de prendre l'estat d'aduocat du roy. M. de Maienne me voulut re-

______

(1) Mots soulignés dans le manuscrit.

tirer près de lui : Monsieur, vous le sçauez, i'ai encore les lettres qu'il m'en escriuit. Iamais cela ne m'a empesché qu'en toutes les occasions qui se sont présentées, ie n'aie de tout mon pouuoir ramené les choses où elles deuoient estre. Après les barricades, ceux de la Ligue firent ce qu'ils peurent pour ioindre l'autorité du Parlement à leur parti. M. le cardinal de Bourbon et M. de Guise vindrent au Parlement, pour prier qu'il s'unist auec la ville : ie parlai librement de l'authorité du roy, et promeus la résolution qui fut prise d'enuoier vers le roi, sans rien respondre à la requeste du dit seigneur cardinal. Au mesme temps, on voulut faire vne leuée à la ville et d'hommes et de deniers pour assiéger Melun ; ie l'empeschay au quartier de la place Maubert, où l'on fit déclaration qu'on entendoit seruir à la conseruation de la religion, mais non pas faire la guerre au roy, dont M. de Guise se trouua fort estonné. En quatre-vint et neuf, comme M. du Maine estoit à Montereau, nous fismes entreprise de réduire la ville, et eust à mon aduis esté exéquutée, si Doron (1) eust tenu bon en sa maison comme il auoit promis. Quatre-vint-dix, au commencement de l'année, quand M. de Lion (2) proposa de faire entrer les lansquenets en garnison, ie m'y opposai en plein hostel de ville (3). Après la leuée du siége, on proposa d'enuoier vers le prince de Parme pour le prier de demeurer en France ; i'aidai en Parlement à rompre ce coup-là, et en portai beaucoup d'enuie. Quatre-vint-douze, ie proposai en Parlement qu'il falloit faire la paix, et sur ma proposition, remonstrances en fu-

(1) Premier huissier au Parlement, et depuis, conseiller au grand conseil. C'est lui qui aidait Henri III dans ses amusements grammaticaux. — V. l'Estoile, 1575. Cf. Est. Pasquier, *Lett.*, liv. XIX, 11.

(2) D'Épinac, archevêque de Lyon.

(3) V. *OEuvres*, in-8°, p. 20 et suiv. — In-f°, 576 et suiv.

rent faittes à **M.** de Maienne de la part du Parlement. Je le proposai depuis publiquement à l'hostel de ville (1).

« Vous sçauez, Monsieur, ce qui s'est depuis passé aux Estats, la protestation publique que i'y feis contre l'élection qu'on vouloit faire, l'arrest de la cour pour la loy salique, auquel je croi que personne ne peut prétendre plus grande part que moi. Vous sçauez les hasards que i'y ai couru de ma vie laquelle Dieu m'a miraculeusement préseruée le quatorziesme iuillet, il y a vn an passé. Tout cela ne me peut pas garentir que quelques gens pleins d'enuie et de malignité, s'ils ne me blasment ouuertement, pource qu'ils y receuroient trop de contradiction, au moins ne me piquent à couuert et me facent, en ce qu'ils peuuent, perdre la grâce que les honestes gens m'en ont... C'est vous dire que si moi, qui ne suis qu'vn *escolier*, couuert de ma solitude et de l'ombre de mon estude, et dont la fortune mérite plustôt pitié qu'enuie, ne puis néantmoins euiter les traits vénimeux de la calomnie et malignité, comment vous en pourriez-vous exempter, vous, dis-je, Monsieur, etc. »

Par les notes et surtout par cette lettre, on voit quel avait été le rôle de du Vair sous le règne de la Ligue. Bien qu'obligé souvent de cacher son drapeau, il avait été pour ce parti un ennemi loyal et désintéressé ; on voit aussi par ces fragments de *Mémoires* avec quelle sagacité, il savait juger les hommes, et surtout les ambitieux qui élevaient leurs vues jusqu'au trône. Deux ans plus tard (1596), en Provence, il se trouva rapproché d'un ces prétendants, Charles-Emmanuel Ier de Savoie. Du Vair, envoyé pour pacifier ce pays et l'accoutumer à l'obéissance, se plut à étudier, pour ainsi

(1) Nous avons vraisemblablément la substance de ces discours dans le pamphlet intitulé *Exhortation à la paix, adressée à ceux de la Ligue*. Œuvres, in-8°, p. 24 et suiv.

dire, sur place un des chefs de faction, celui dont il avait dit en 1593, dans son pamphlet intitulé *Exhortation à la paix, adressée à ceux de la Ligue :*

« Le duc de Sauoye a pensé se préualoir des diuisions qui estoient en France pour en occuper vn canton ; mais comme vn verre qui heurte vne grosse et rude paroi, ses forces sont tombées en pièces et, pensant mettre le feu en la maison d'autrui, il a bruslé la sienne ; il a maintenant la guerre jusqu'aux entrailles du Piedmont (1). » Du Vair put voir qu'il ne s'était pas trompé dans son appréciation à distance. Dans les conversations de la Floride (2), on riait de bon cœur de l'ambition malheureuse du pauvre duc, dont les projets rappelaient ceux de Picrochole et de Pyrrhus. On riait surtout de sa manie de se faire croire très-riche et des ridicules expédients auxquels il avait recours pour répandre cette opinion. M. de Vauclause, un des amis de du Vair, racontait que le duc, à sa venue en Provence, avait fait défiler à travers les villes cent ou six vingt mulets chargés de coffres pesants. C'était lui, Vauclause, qui en avait la conduite. Chacun croyait que des trésors y étaient renfermés, et voyait déjà une pluie d'or tomber sur le pays. Le duc riait de son artifice, qui lui réussissait si bien : les coffres étaient remplis de pierres. Mais on ne fut pas longtemps dupe de ces belles apparences : *peu de jours après, S. A. en fut aux emprunts.*

Comme tous les autres chefs de la Ligue, Charles-Emmanuel trompait et était trompé : il allait en Espagne demander des secours pour la grande cause de la religion, et ne songeait qu'à ses intérêts. En même temps, il se faisait donner par la Ligue le comté de Provence. Mais de son côté, l'Es-

(1) Édit. in-8° de 1621, p. 43.
(2) Maison de campagne de du Vair, près de Marseille.

pagne le jouait, l'amusait et traitait avec les Marseillais. Le traité en langue espagnole, se trouve dans les *Mémoires* de du Vair.

§ II. — Du Vair au Conseil du roi ; estime de Henri IV pour lui ; sa fermeté stoïque. — Affaire de la légitimation de M. de Vendôme. — Opinion de du Vair sur Henri IV. — Ambassade d'Angleterre ; le récit de Sancy et celui de du Vair. — Observations sur l'Angleterre ; ses mœurs, son gouvernement. — Portrait de la reine. — Du Vair en Provence ; intendance de la justice de Marseille ; véritable proconsulat. — Difficulté de la situation — Du Vair rattache Marseille à la France. — Caractère des Provençaux. — Intrigues du duc de Savoie et des Espagnols. — Du Vair, premier président du Parlement de Provence. — Pacification du pays. — Occupations littéraires de du Vair. — Petite académie de la *Floride ;* Malherbe, Peiresc, Cl. Fabrot, etc.

En dépit des calomnies et des prétentions exagérées de plusieurs, Henri IV jugea bien que des membres du Parlement restés à Paris pendant la Ligue, du Vair était celui à qui il devait le plus. Aussi, après la réduction de Paris, l'admit-il tout de suite dans son conseil. Il professait une sorte de vénération pour l'austère magistrat qui s'est plu à en consigner les témoignages dans ses *Mémoires*. Le prince était digne, du reste, de rencontrer face à face cette sévérité stoïque, car il savait la supporter, et, mieux encore, la respecter, lors même qu'elle froissait ses plus chères affections. La duchesse de Beaufort (Gabrielle d'Estrées), dans tout l'éclat de sa faveur, au moment où le roi songeait à divorcer pour l'épouser, avait attaqué un greffier de Senlis, et l'affaire avait été confiée à du Vair, alors maître des requêtes. La favorite mit tout en œuvre pour intéresser le magistrat à sa cause ; elle n'en obtint d'autre réponse, sinon que justice lui serait faite. Dès-lors elle voulut faire intervenir le roi ; elle le pria, au nom de l'amour, d'imposer sa volonté à la justice ; mais Henri lui répondit : « Je connois Monsieur du Vair ; si vostre cause est bonne, il vous la fera gagner ; si elle est mauuaise, il vous la fera perdre. » Et en effet, la duchesse perdit son procès. « C'estoit, ajoute du Vair, vne oppression insoutenable contre de pauures gens qui auoient financé de bonne foy. »

Il eut bientôt à montrer encore plus de courage. Le roi voulait faire légitimer M. de Vendôme, l'aîné des enfants qu'il avait eus de Gabrielle d'Estrées. Le chancelier de Chiverny n'osa pas sceller les lettres sans en parler au Conseil. Personne ne s'empressait de donner son avis, « et chascun regardoit son compagnon » sans mot dire. Enfin M. de Bellièvre interpella du Vair : « Dittes, dittes, que vous en semble-il ? » — « Il me semble, répondit le nouveau conseiller du roi, qu'elles sont très pernicieuses (les lettres de légitimation) et du tout contraires à la loy de l'Estat. » — « Mais, lui réplique-t-on, la légitimation est vériffiée, et le mal en est pris. » — « Tant pis ! et Dieu sçait si ceux qui l'ont fait, n'en respondront pas... »

Enfin Sully, admirant une fermeté dont il y avait si peu d'exemples, se décida à lui venir en aide : « Monsieur a raison, dit-il ; il n'est légitimé que pour succéder à sa mère et auoir des charges ; mais, pour son père, il ne sauroit prétendre en rien recueillir ; il faut réformer cela. » Et les lettres furent refaites « auec les restrictions susdites. » Sans l'énergique opposition de du Vair, un bâtard aurait pu s'asseoir sur le trône de France, et établir un précédent aussi funeste que honteux.

Gabrielle eût tout fait pour mettre la couronne royale sur la tête d'un de ses fils : déjà elle avait arraché au duc de Mayenne la promesse de lui prêter son appui et celui de son parti ; et, à ce prix, elle avait travaillé à sa réconciliation avec le roi. Il ne lui fallait plus peut-être, pour atteindre son but, que cet acte de légitimation que du Vair l'empêcha d'obtenir.

Le vertueux magistrat ne cessa de protester contre le règne immoral des maîtresses. Quand la mort soudaine de la duchesse de Beaufort vint jeter la désolation dans le cœur de son royal amant, tout le monde fit étalage de douleur ; « personne n'osoit se moustrer deuant le roy, qui ne fust vestu de deuil. » Du Vair s'abstint trois semaines de paraître à la cour : « pour rien au monde, il n'eust voulu y aller en habits de deuil. »

Henri IV, il faut le dire, loin de lui en vouloir, l'admit de plus en plus dans son intimité, il lui donna même des marques éclatantes de son estime et de son respect. Un jour, la cour étant à Fontainebleau, le roi aperçoit du Vair qui se tenait debout derrière sa chaise, pendant qu'il soupait : « Lors lui donnant de la main sur l'espaule, il luy commande de le suiure et le mène dans les jardins... Là, il se met à luy conter toutes ses amours auec la feue duchesse et les dessins qu'il auoit eus du mariage et d'appuyer ses enfants par des alliances... durant vue grosse heure et demie, durant lequel temps le Roy le fit couurir à force de commandements réitérez de ce faire, nonobstant que M. le comte de Soissons et M. de Brinon fûssent au bout de l'allée, descouuerts, sans que le roy les fist couurir, pour mieux exercer en leurs personnes les ieux des rois. »

« Le Roy lui commanda donc de luy dire ce qu'il luy sembloit de tout cela ; et, après plusieurs protestations et excuses : « Puisque Votre Majesté me le commande si absolument, dit-il, elle excusera la liberté auecque laquelle ie luy parleray comme son très humble et plus fidèle subiet. Si elle estoit vn duc de Toscane, de Mantoue ou d'Urbin, ie croirais qu'en faisant exterminer tous ses parents et amis d'iceux, elle pourroit auoir establi des enfants non légitimes. Mais estant vn roy de France si débonnaire et si soigneux de viure comme tant d'autres grands rois, ses prédécesseurs, elle eust couru grand'fortune de perdre tout à fait l'Estat et peut-estre la vie, etc. »

« Vous vous trompez, dit le Roy, en France on s'accoustume à tout. »

Du Vair, on le voit, était dans la plus intime confidence de Henri IV; et, s'il eût été ambitieux, il lui aurait été possible dès-lors de se faire une haute position dans le gouvernement. « Mais, au lieu de se présenter le lendemain pour ménager cette familiarité et s'ingérer aux affaires, il demeura autres trois semaines sans retourner vers le Roy et tousiours vescut comme cela. » Peut-être faut-il le blâmer de cet excès de désintéressement; s'il eût pris aux affaires une part plus grande, il aurait rendu des services sous un prince qui avait l'amour du bien, mais qui, pour le faire, ne trouvait pas en lui-même la force de résister à ses passions. Nul en effet n'eut plus que Henri IV l'instinct de l'ordre; nul n'en sentit mieux le besoin. Mais il s'apercevait chaque jour que la difficulté est moindre à le rétablir qu'à le maintenir. Il trouvait en lui-même son premier et principal obstacle, et rien ne l'aidait à le surmonter. Sauf Sully, il n'avait personne pour le seconder : tous ceux qui avaient part au gouvernement étaient ses courtisans plus que ses ministres; c'étaient les anciens serviteurs des Valois, habitués dès longtemps à toutes sortes de serviles complaisances. Si ces gens-là eussent tenu Henri IV enfant entre leurs mains, ils nous l'auraient gâté; ils l'auraient fait tel que ses derniers prédécesseurs qui ne manquaient pas non plus de bonnes qualités naturelles. Avec eux, le prince avait toujours raison, et l'homme aussi, car ils ne séparaient pas l'homme du prince. « Ils ne se proposoient d'autre but que de ne point contredire à ses volontez ; ains à y contribuer à tort et à trauers. » « Sans eux, ajoute-t-il, Henri IV eust fait des merueilles (1). » Mais ils passaient pour savoir le train des affaires, et se perpétuaient de père en fils dans les ministères et dans les conseils : ils formaient de puissantes dynasties, dont les hautes charges de l'État étaient les apanages : il n'y en avait pas assez pour eux. Henri IV les connaissait bien et ne les aimait guère : leurs vieilles lenteurs diplomatiques ne lui allaient pas. « Il haïssoit, dit encore du Vair (2), ceux qui fesoient difficultez à toutes choses, sans sauoir proposer les expédients nécessaires pour les éuiter ou y remédier : ceux qui sçauoient l'y résoudre promptement estoient ceux qu'il aimoit. » Aussi quand ce prince trouvait un homme joignant à un caractère ferme un esprit pratique et une vertu éprouvée, il s'y attachait sincèrement, en faisait son ami, plus que son ami, car intérieurement il le mettait au-dessus de lui-même. Cette supériorité morale, il la reconnaissait dans Sully ; il la reconnaissait dans du Vair, et l'on peut croire qu'il aurait élevé celui-ci aux plus hautes fonctions du gouvernement, malgré sa modestie (c'est à cette époque qu'il l'adjoignit à l'ambassade d'Angleterre, 1596). Mais du Vair était un homme nouveau et un homme vertueux, il était sans appuis de famille, et sa rigidité stoïque gênait. La haute estime que lui témoignait le roi donnait de l'ombrage : on résolut de l'éloigner.

Une révolution ou plutôt un heureux coup de main venait de renverser à Marseille l'espèce de république qui, à la faveur des troubles du royaume, s'y était improvisée ; mais le

______

(1) Du Vair, *Mémoires* manuscrits. *Collect. Du Puy,* t. 661-662.
(2) *Mémoires,* ibid.

calme était loin d'être rétabli, et, parmi les habitants, un bon nombre regrettaient encore l'indépendance de leur ville et l'alliance espagnole si favorable à son commerce du Levant. La Provence tout entière était agitée, travaillée par les intrigues de l'Espagne et du duc de Savoie. Les meilleurs esprits sentaient chaque jour davantage le besoin de se rattacher à la France et d'en finir avec les brouillons du dedans et du dehors. On leur persuada de demander au roi un homme ferme, un homme de loi qui rétablît chez eux l'ordre et la justice, et de désigner du Vair. En même temps l'affaire fut présentée à Henri IV comme une bonne occasion pour récompenser un excellent serviteur, et du Vair fut confiné en Provence, à deux cents lieues de Paris et du roi.

C'est vraisemblablement Villeroi qui conduisit toute cette intrigue. Richelieu, qui ne voit dans les importantes fonctions dont du Vair fut alors investi, que le poste par lequel il arriva plus tard à la garde des sceaux, l'accuse d'avoir été ingrat envers son bienfaiteur (1). Mais du Vair n'avait pas été la dupe de cette prétendue faveur : ses notes et ses lettres au roi sont remplies d'allusions par où l'on voit assez qu'il savait bien à qui il en était redevable.

Cette partie des *Mémoires* est d'une haute importance historique ; mais, comme nous l'avons dit, le chapitre le plus remarquable, celui qui est relatif à l'ambassade d'Angleterre, a été publié (2). Nulle part du Vair n'a mieux montré cette *sagacité si grande*, que, dans son *Testament*, il se vante d'avoir reçue de la nature. C'est un excellent morceau d'histoire. L'historiographe Garnier en a donné une bonne analyse dans les *Notices et Extraits des manuscrits de la bibliothèque*

(1) *Mémoires*. Édit. Petitot, 1823, in-8°, t. I, p. 298 ; t. II, p. 145.
(2) Dans l'édit in-f° de 1641.

du roy (1). Voici le jugement qu'il en porte : « Tous les incidents sont très bien exposés dans la relation dont il s'agit : les progrès de la négociation y sont marqués jour par jour. L'auteur de la relation est un homme qui assistait à toutes les délibérations... C'était le fameux Guillaume du Vair, depuis évêque de Lisieux, deux fois garde des sceaux sous le règne de Louis XIII et mort en 1621, revêtu de cette dignité. Il était alors conseiller d'État, et les deux ambassadeurs le qualifient *serviteur confident du roy.* »

Garnier compare ensuite le récit de du Vair et celui de Sancy (2), l'un des ambassadeurs en titre. Sur un point, il indique entre eux une petite différence : c'est au sujet de la réponse énergique faite par Sancy à la reine d'Angleterre qui voulait que Henri IV lui confiât la garde de Calais. « Il est plus expédient pour le roi, lui dit l'ambassadeur, que l'Espagnol lui prenne Calais que de vous l'abandonner. S'ils le prennent, nous espérons le reprendre ; si nous le cédons à Votre Majesté, nous ne saurons par quel moyen le lui redemander ; et, quand nous le voudrons faire, nous l'offenserons, et pour un ennemi, nous en aurons deux. »

Du Vair n'a pas mentionné ces paroles remarquables, et c'est à cet égard que Garnier trouve sa relation inexacte. Pour prononcer en faveur de Sancy, il s'appuie sur la lettre que cet ambassadeur envoya le même jour à la reine, qui est reproduite par du Vair, et qui est, selon Garnier, parfaitement conforme à ce que Sancy se vante d'avoir dit. Mais du Vair n'a-t-il pas dû croire qu'il suffisait de donner cette lettre dans laquelle Sancy avait résumé tout son entretien

---

(1) Paris, imprimerie royale, M DCC LXXXIX, in-4°, t. II, p. 115-122.

(2) Discours fait par messire Nicolas Harlay, chevalier, sieur de Sancy, dans la collection des *Mémoires d'Estat*, à la suite de ceux de Villeroi.

du matin avec la reine ? L'inexactitude n'est donc qu'apparente, et méritait à peine d'être relevée dans un récit qui présente tous les caractères d'une parfaite véracité.

Je n'insisterai pas davantage sur la valeur historique de ce document trop peu connu, où se révèle la politique d'Elisabeth et de ses ministres. Du Vair, en la mettant à nu, a montré qu'il n'était point étranger à la science du gouvernement, et, malgré l'opinion de Richelieu (1), qu'il n'était pas plus déplacé à la cour qu'au palais.

Profitant de son séjour en Angleterre, l'habile diplomate avait observé la nature du pays, ses ressources, ses lois, le caractère des habitants : il joignit à son récit de la *Négociation,* un « *Aduis sur la constitution de l'Estat d'Angleterre et accidens desquels il semble menassé.* » C'est une bonne étude historique. Rien n'échappe à l'attention de l'observateur : il embrasse tout, le climat, les productions, les détails de mœurs, les tribunaux, les universités, la religion, le commerce, la politique intérieure et extérieure ; et la plupart de ses remarques s'accordent avec celles que fit Montesquieu environ cent ans plus tard (2). Je me bornerai à quelques rapprochements sur le caractère et les mœurs de la nation anglaise.

Du Vair avait dit : « La religion, par tout le royaume, est fort bigarrée... A Londres, il y a quelque apparence de déuotion et le peuple est instruit auec diligence : si est-ce qu'ès temples, il n'y a pas à beaucoup près autant de réuérence qu'il y en a entre les catholiques en France. A la campagne, il n'y a quasi point d'instruction ni de culte diuin; à la cour et partout le royaume, il y a beaucoup de libertins qui ne font profession que de galanteries, de liberté et de volupté : mesmes il est bruit que les plus sales et abominables vo-

(1) *Mémoires,* t. i, p. 366.
(2) V. *Notes sur l'Angleterre.*

luptés s'y coulent. Les mœurs de ce peuple sont communément superbes ; ils mesprisent et haïssent les estrangers, sont fort auares et pour de l'argent se rangent à tout ce qu'on leur propose. Ils n'ont nulles fermes amitiez entr'eux ; ils mangent et boiuent beaucoup, ne rendent pas grand honneur à leurs femmes et elles ne leur rendent pas grande amitié. »

Ces traits sont caractérisques ; ils n'échappèrent point à l'esprit observateur de Montesquieu, pendant le court séjour qu'il fit en Angleterre, chez le comte de Chesterfield. Dans ses *Notes* rédigées à la hâte, et visiblement au jour le jour, on lit :

« Point de religion en Angleterre ; quatre ou cinq de la Chambre des Communes vont à la messe ou au sermon de la Chambre, excepté dans les grandes occasions où l'on arrive de bonne heure. Si quelqu'un parle de religion, tout le monde se met à rire... » — « C'est une chose lamentable que les plaintes des étrangers, surtout des Français qui sont à Londres ; ils disent qu'ils ne peuvent y faire un ami ; que plus ils y restent, moins ils en ont ; que leurs politesses sont reçues comme des injures... » — « Comment les Anglois aimeroient-ils les étrangers ? ils ne s'aiment pas eux-mêmes... » — « L'argent ici est souverainement estimé ; l'honneur et la vertu, peu... » — « Les femmes y sont réservées parce que les Anglois les voient peu... »

On pourrait recueillir dans les *Notes* de Montesquieu, et dans l'*Esprit des lois*, beaucoup d'autres traits qu'on diraient empruntés à l'esquisse de du Vair. Et cependant quel siècle fut plus fécond en grands événements que celui qui sépare ces deux philosophes ?

L'historien de l'ambassade française n'a pas moins été habile à analyser la situation politique de l'Angleterre, et à démêler, sous une apparence de force et de calme, les germes des dissensions qui devaient se développer sous le gouvernement de Jacques Ier, pour éclater, sous le règne suivant, avec tant de violence. Nous l'avons vu déjà noter la *bigarrure* extrême de la religion, qui deviendra bientôt, selon l'expression de Bossuet, « ce mélange infini de sectes, n'ayant plus de règles certaines, » dont Cromwell saura si bien profiter dans l'intérêt de son ambition. Du Vair a pénétré avec finesse le caractère des principaux personnages du royaume, et les portraits qu'il en a tracés sont d'une rare exactitude : on voit qu'il a peint d'après nature et qu'il s'y entendait. Voici celui d'Élisabeth :

« Elle est princesse qui a beaucoup d'esprit, courageuse et ornée de beaucoup de grandes qualitez. Elle parle l'espagnol, l'italien, le françois et le latin, entend le grec, sçait quelque chose des sciences et de l'histoire ; entend fort bien les affaires de son royaume, n'ignore pas celles de ses voisins et en iuge sainement. Elle est colère et violente parmy les siens, voire plus que son sexe ne porte. Bien qu'elle ait des desseins grands et généreux, elle craint fort la despence, et est moins libérale qu'il ne faudroit. Au lieu de donner, elle veut qu'on luy donne, et n'y a estreines qui ne luy vallent plus de soixante mille escus. Si elle va visiter quelqu'vn du pays, ce n'est pas luy faire bonne chère, si on ne luy fait vn présent au partir. On la blasme au pays d'auoir pris soixante mille escus que Drac auoit baillé en garde au maire de Londres, et ce, pendant qu'il estoit en mer pour son seruice ; comme aussi d'auoir fort longtemps tenu prisonniers des seigneurs condamnez, afin de iouir, pendant leur prison, de leurs biens et de ceux de leurs femmes. Bien qu'elle soit aagée de soixante-trois ans, elle s'habille encore encore en jeune fille. Ceux qui ont esté en faueur auprez d'elle, ont tousiours beaucoup peu au gouuernement, mais non tout. Elle a eu cette prudence fort loüable, qu'elle a beaucoup déféré à ceux qu'elle a conneus luy estre ustiles au gouuernement de son Estat, et, par leur authorité, a balancé ceux qui estoient en crédit dans sa cour. (1) »

Cette perspicacité servit grandement à du Vair dans la mission difficile dont il fut chargé en Provence, quelques mois après son retour d'Angleterre (2). En apprenant les succès de la contre-révolution opérée à Marseille par « son cher et bien-amé de Libertat, » Henri IV s'était écrié : « C'est maintenant que je suis roi ! » Mais il n'ignorait pas combien la soumission de cette ville était mal assurée, combien de personnages considérables y regrettaient ce qu'autour de lui on appelait, la tyrannie de Louis d'Aix et de Casaux; combien surtout il était facile d'animer le peuple contre la domination française qu'on lui présentait comme étrangère, comme impuissante à défendre le pays. Henri IV saisit donc avec empressement l'idée d'envoyer à Marseille son *seruiteur confident*, du Vair. Il écrivit tout de suite au sieur

(1) *Négociation d'Angleterre*, in-f°, p. 1172. (Ne se trouve pas dans l'édition in-8° de 1621.)

(2) Contrairement à ce que dit Michaut, et M. Sapey d'après lui. Les lettres et les mémoires de du Vair prouvent que l'ambassade d'Angleterre précéda la mission à Marseille. Cette ambassade eut lieu pendant les mois d'avril et mai 1596, et du Vair n'arriva à Marseille que vers la fin de la même année. Henri IV annonçait sa nomination au Viguier Libertat, le 7 août 1596, et, le 23 janvier 1597, il écrivait au même : « Ie suis bien ayse de l'arriuée du sieur du Vair par de là et de la bonne réception qui luy a esté faitte. » Enfin César Nostradamus, témoin oculaire, nous dit dans son style emphatique : « Il y auoit quatre iours que Ianus au double front auoit ouuert la porte de l'an nonante-sept, de ce siècle... les commissaires prirent la route de Marseille pour y aller exercer la souueraine iustice sous le président du Vair. » (*Histoire et Chronique de Provence.*, Lyon, Simon Rigaud, 1614, in-f°, p. 1041.)

de Libertat (1) : « Cher et bien amé..., nous auons estably vne chambre de iustice, et choisi, pour présider en icelle, le sieur du Vair, conseiller en nostre Conseil d'Estat, afin de vous faire d'autant plus paroistre par l'élection de sa personne en quelle recommandation nous tenons ladicte ville, et combien nous veillons à son salut et conseruation. »

Du Vair eut le titre d'intendant-général de la justice, et fut investi d'une autorité sans limites, d'un véritable proconsulat. Bien qu'il y eut un gouverneur de la province, un chef militaire, le duc de Guise, qui prenait le titre d'amiral, le magistrat dut avoir l'œil à tout, aux choses de la guerre non moins qu'à celles de la justice ; favoriser le commerce, reconcilier les esprits, rétablir partout l'ordre et la paix. Le rôle était compliqué et plein de périls : il y fallait autant de dextérité que d'énergie, et surtout une activité infatigable. La province était misérable, rongée par les dettes : point d'argent, partant point de commerce ; de là un malaise général, un aliment pour les passions encore bien échauffées. A chaque instant, on courait aux armes, et l'on était sur le point « de se couper la gorge. » Les Florentins étaient maîtres des îles voisines de Marseille dont ils s'étaient emparés durant les troubles : la ville les voyait avec une extrême inquiétude. Les Espagnols, à peine chassés du port, n'abandonnaient pas leurs projets, et il n'était sorte d'intrigues qu'ils n'ourdissent pour se rouvrir l'entrée de la Provence. Pendant que leurs galères rôdaient devant les côtes de France, leurs espions traversaient le pays en tout sens, cherchant à exciter des mécontentements, à fomenter des discordes, s'introduisant surtout par les couvents. Du Vair fut obligé d'enjoindre « au Père gardien des Capucins de faire

____

(1) 7 août 1596 : Lettres de Henri IV, *Documents inédits*, t IV, p. 833.

retirer tous ceux qui estoient subiets du roy d'Espagne et du duc de Sauoye. » Il fit de même pour les Observantins qui étaient presque tous Savoyards. On avait compté qu'il serait embarrassé, qu'il tolérerait ces menées couvertes du manteau de la religion, ou userait de violence, et ferait du scandale : deux partis aussi dangereux l'un que l'autre pour la France, et aussi utiles à ses ennemis. Pour comble d'ennuis, le Viguier Libertat mourut bientôt (1) : c'était un homme d'un grand crédit; et il y avait à craindre que le parti renversé par lui ne relevât la tête. Du Vair se tira de toutes les difficultés à force de prudence et de vigilance. Il ménagea adroitement la susceptibilité des Marseillais. Dès son arrivée, il avait fait à la maison de ville un discours fort habile dans lequel à une vive peinture de leurs funestes dissensions, il avait opposé un tableau de tous les avantages qu'ils trouveraient sous l'empire des lois françaises. Il y développait ensuite longuement les priviléges que leur accordait le roi, surtout la libre élection de leurs magistrats; et, leur recommandant de n'en point abuser, il leur remontrait les dangers de la fausse liberté, « doux nom dont les ambitieux chatouillent les oreilles de l'ignorant populaire, » pour le livrer à la pire des servitudes, celle de l'étranger. Il avait intéressé l'amour-propre des Marseillais en leur signalant l'avidité des Espagnols auxquels des traîtres les avaient livrés, « et qui les marchandaient encore, enragez que ceste proye leur soit eschappée des mains. » Il conseillait l'*oubliance* du passé, la concorde, promettant que justice serait faite à tout le monde, et il avait terminé son discours par un éloge pompeux du roi et du sieur de Libertat, qu'il adjurait de se montrer digne de lui-même et du souverain qui lui conser-

(1) Avril 1597.

vait une si haute position dans la ville de Marseille (1). Ce discours, qu'on peut lire dans le recueil des œuvres de du Vair, est d'une adresse infinie, et en même temps d'une noblesse de pensée et de langage qui dut donner du nouveau magistrat la plus favorable opinion à un peuple amoureux des belles paroles. Grâce à sa conduite ferme et modérée, grâce aussi à son éloquence insinuante, du Vair pouvait écrire au roi dès les premiers mois de l'année 1597 : « Vostre iustice, Sire, commence fort à s'authoriser en ceste ville, et les mauuais garçons à s'esclaircir, auec vn extrême contentement de tout le peuple. »

Mais il n'était pas permis d'espérer une tranquillité parfaite, tant que les Florentins occuperaient les îles et les forts : chaque jour on avait à craindre des collisions entre eux et la population qui se croyait à leur merci, et à qui les malveillants pouvaient persuader que la France était incapable de les en délivrer. Du Vair ne cesse donc d'écrire au roi à ce sujet : aussi longtemps que les étrangers pourront menacer la ville il ne se flattera pas de l'avoir solidement rattachée au royaume. Pourtant, à l'ouverture des États-Généraux de Provence, en 1597, il se hasarda encore à vanter les bienfaits de cette union. C'était son thême habituel ; mais, malgré l'autorité qu'il avait su prendre dans le pays, il ne lui était sur ce point « quasi demeuré liberté d'ouurir la bouche (2). »

Cette lettre, et le discours sur les entreprises des Florentins, qui y est annexé, montrent, comme l'histoire de la *Négociation d'Angleterre*, l'esprit pénétrant de du Vair. Ces deux pièces sont remplies de curieuses observations sur le

______

(1) *Remonstrance faicte aux habitants de Marseille, dans la maison de ville*, 1596. Edit. in-f°, p. 644 ; in-8°, p. 118.

(2) Lettre du 22 juin 1597.

caractère des populations au milieu desquelles il vivait. En face de ces Italiens *fort altiers*, qui tenaient les forts et travaillaient à s'y établir définitivement, il appelle l'attention de Henri IV sur « l'humeur de ceux de Marseille (1), » très « animés à la conseruation de leur liberté et s'opiniastrant tousiours dauantage contre ce qu'on leur veult empescher, quand ils sont en chaleur (2). » — « Représentez-vous, Sire, ajoute-t-il dans sa lettre, que ce peuple est le plus auare qui soit au monde, qui auoit accoustumé de tirer tout son profit de la négotiation d'Espagne; car celle du Leuant sans celle d'Espagne ne vault rien. Il n'ayme le nom de France sinon en tant qu'il en reçoit protection : tenez pour certain que quand ils ne la trouueront en vng lieu, ils la chercheront où que ce soit. »

On se rendit enfin à ses remontrances : d'Ossat fut chargé de traiter avec le grand-duc de Toscane pour la restitution des îles, et, vers le milieu de l'année 1598, les côtes de Provence furent complètement délivrées du voisinage des étrangers. Le négociateur fut fait cardinal, et du Vair appelé à la présidence du Parlement d'Aix. La chambre de justice extraordinaire, créée à Marseille, était supprimée. En allant présider la Cour souveraine de Provence, du Vair restait chargé de la haute surveillance politique qu'il avait exercée dans le pays. Il avait rétabli la paix, mais il devait réformer l'administration, et là, il avait presque tout à faire (3). Les désordres étaient immenses, les abus invétérés demandaient d'énergiques remèdes. Chaque communauté s'était rendue à peu près indépendante, et ne reconnaissait plus même la juridiction du Parlement. Du Vair aurait voulu que le roi

(1) Note du discours annexé à la lettre.
(2) Même discours.
(3) Lettre du 26 octobre 1599.

vint voir les choses par lui-même. « L'œil de V. M. sera le plus asseuré remède que puisse espérer cette calamiteuse province. » Le roi promit sa visite, et, en attendant, il autorisa une nouvelle assemblée des États de Provence, en 1600. A l'ouverture de la session, le premier président du Parlement fit, comme toujours, un discours fort sage ; il mit à nu les plaies du pays, les affreuses dettes dont il était rongé, et qui paralysaient tous les efforts. Il invita avec des paroles touchantes les créanciers à la patience, les débiteurs à la bonne volonté. Mais c'était remettre aux soins des malades la guérison du mal : il y avait donc peu d'espérance. Du Vair aurait voulu de bonnes lois générales au lieu des mille et mille coutumes surannées, contradictoires, inextricables et impuissantes qui régissaient le pays : or, ces réformes dont tous sentaient le besoin, on ne pouvait les attendre que du roi ; l'orateur termina son discours en annonçant la prochaine visite de Henri. Mais Henri ne vint pas ; ceux qui avaient envoyé en Provence son fidèle conseiller, « son serviteur confident, » s'opposèrent à ce voyage : du Vair s'en plaint avec amertume (1). Cependant le roi promettait toujours, différant son départ d'année en année et d'une saison à l'autre : en 1605, on l'attendait encore, et du Vair, désespérant tout-à-fait, lui demandait la permission « d'aller lui baiser les mains et revoir la France (2). » Cette grâce lui fut accordée ; mais, après un court séjour à Paris, il dut retourner dans son exil, reprendre ses utiles travaux et achever son œuvre.

Réduit à ses propres forces, du Vair s'appuya sur le Parlement dont tous les membres devinrent ses amis et ses admirateurs, et peu à peu il répandit autour de lui l'amour

(1) Lettre du 4 août 1604. (Inédite).
(2) Lettre du 12 avril 1605. (Inédite).

de l'ordre et l'amour de la France. Bientôt la tranquillité la plus profonde régna dans la province qu'il avait su rattacher étroitement à la métropole (1). C'est alors, pendant cette période la plus calme et la plus heureuse de sa vie, qu'il écrivit ou dicta ses *Mémoires (2)*.

On n'y trouve presque aucun détail d'histoire générale postérieur à la pacification de la Provence, presque rien non plus sur lui-même, sur ses travaux, sur ses studieuses récréations. Décidé sans doute à passer en Provence le reste de ses jours, il se délassait de ses occupations judiciaires dans la culture des lettres et des sciences ; il lisait les ouvrages nouveaux que lui envoyaient ses nombreux amis. Ainsi, en 1604, de Thou lui fit adresser le premier tome de son histoire ; et du Vair, après l'avoir parcouru, et se promettant de le relire avec soin, en porta ce jugement remarquable dans une lettre qui se trouve parmi les pièces concernant cet ouvrage, et placées à la suite de la traduction (3) : « Ie n'ay peu encore sinon ietter l'œil dessus, et comme en passant, où i'ay néantmoins recogneu ceste vraye et vigoureuse vertu qui vous a animé tout vostre aage aux belles et généreuses actions quasi par dessus tout ce qu'on croyait possible en un siècle corrompu. Ie me réserue d'en faire vne estude assidue tout cest esté. » Quelques années plus tard,

(1) V. le témoignage que du Vair se rend à lui-même avec autant d'éloquence que de franchise, pour tout le bien qu'il avait fait à ce pays. — *Adieu au Parlement de Provence.* Édit. in-f°, p. 895.

(2) Plusieurs notes des manuscrits que nous avons consultés, ont été évidemment rédigées d'après ses indications, et, selon l'expression du manuscrit Bouhier, « tirées de sa bouche. »

(3) T. xv, édit. de Londres, 1734, p. 302, in-4°, avec cette note relative à la lettre de du Vair : « Imprimée sur le manuscrit. » Aix, 11 mars 1604.

il écrivait au cardinal Duperron, avec ce ton un peu emphatique qu'il avait pris en Provence, pour lui demander quelqu'un de ses nouveaux écrits : « Moy qui suis relegué hors l'orizon des lettres, n'ay-ie pas le droit de vous interpeller de secourir par quelque monument de vostre admirable érudition nostre solitude vexée et affligée par la barbarie? (1) » Tout porte à croire que le cardinal, poète et bel esprit, répondait volontiers à des appels si flatteurs : une lettre de lui, adressée à du Vair, le 18 mai 1608, montre qu'ils entretenaient une correspondance assez suivie, et le 22 avril 1615, du Vair remercie M. Bosquet, un de leurs amis communs, de l'envoi qu'il lui a fait de la harangue du cardinal au Tiers-État. Quelque soit le mérite de ce discours, il est difficile de partager l'admiration du président de Provence pour l'auteur, et l'on doit croire, comme le disait Duperron lui-même, mais avec plus de bonne foi, que ces louanges exagérées n'étaient de la part de du Vair « que des effets de sa courtoysie et de son ancienne amitié (2). »

On voit par ces trop rares débris combien il est regrettable qu'on n'ait pas recueilli la correspondance littéraire de du Vair, car nous savons qu'il était en relation avec tous les écrivains et même avec tous les savants de son époque. Ses lettres offriraient, on n'en saurait douter, de précieux renseignements sur le progrès des esprits dans cette première partie du XVIIe siècle. Il s'était fait le promoteur des travaux littéraires dans le midi de la France : souvent retiré à sa maison de campagne de la Floride avec le poète Malherbe, le baron de Flayosc, grand helléniste, connaissant *sur le*

----

(1) Duperron, *Ambassades et Négociations*, p. 699, in-f°.
(2) Lettre à du Vair, du 18 mai 1608. — *Ambassades et Négociations*, in-f°, p. 674-675.

bout du doigt (1) les antiquités du pays, avec son savant ami Peiresc, et quelques autres membres du Parlement, qui partageaient son goût pour l'éloquence et les recherches érudites, il avait formé autour de lui une sorte d'académie où les charmes d'une douce et cordiale amitié se mêlaient aux sévères plaisirs de l'étude. C'est là qu'il encourageait, qu'il provoquait les patientes investigations et les fructueux voyages de Peiresc; qu'il se faisait initier par lui à la connaissance des médailles et formait la précieuse collection que son testament légua à son inséparable ami (2). C'est alors qu'ils firent tous deux cette exploration scientifique de la Provence (3) dont malheureusement ses *Mémoires* n'ont pas conservé de souvenirs. Au milieu de cette collection se trouvent seulement quelques *notes* intitulées : *Autres Mémoires de plusieurs particularitez fort curieuses tant natureles que pour les belles-lettres.* J'y verrais volontiers des vestiges des intéressantes conversations de la Floride : il y a des dissertations, des lettres de savants, peut-être des notes de du Vair lui-même; car, au rapport de Gassendi, il ne se pouvait rassasier des doctes entretiens de son ami, qu'on appelait « *le procureur-général de la littérature.* » J'aime à voir le sévère magistrat, déjà vieux, suivant avec attention les leçons si variées de l'universel Peiresc, l'interrogeant avec avidité, et confiant au papier ces détails infinis d'arts, de sciences, d'antiquités que sa mémoire infidèle (4) eût pu laisser échapper. J'aime à me le représenter aussi cherchant alors avec Malherbe, qui s'arrachait à peine à la dangereuse imi-

---

(1) Gassendi, *Vita Pereskii*. « Quidquid pene erat in tota provincia monumentorum vetustatis *perspectum ad unguem habebat.* »

(2) V. ce testament dans les manuscrit de du Puy, t. 81-82, p. 185.

(3) Gassendi, *Vita Pereskii*, p. 269.

(4) V. son testament.

tation du Tansille et des *concetti* italiens, les vrais caractères de la poésie française, et luttant avec ce rude jouteur par une traduction en vers de la prosopopée d'Ostende (1). Malheureusement, la version de du Vair s'est perdue; et cette perte nous prive d'une comparaison intéressante : mais nous avons de lui un essai de poésie qui appartient à cette époque : c'est une paraphrase du psaume 138, *super flumina Babylonis*. Cette pièce fut lue sans doute dans ces soirées littéraires de la Floride, dont parle Gassendi, et l'on peut croire que le jugement de Malherbe ne fut pas trop défavorable, puisque l'auteur ne condamna pas son essai à l'oubli : mais... il ne semble pas en avoir fait d'autres. Du Vair, selon la mode de son temps, se délassait aussi de ses graves occupations en faisant des vers latins : il nous reste de lui cette petite pièce qui se trouve dans les œuvres de Pasquier (2) :

> Vulgus quæritat undique otiosus :
> Quî fit Paschasius, patronus ille
> Gallici celeberrimus theatri, ut,
> Inter tam tetricas graves que curas,
> Risus, delicias, amœnitates,
> Lusus, nequitias, jocos, amores,
> Facundo queat educare plectro,
> Mellito que animare labra versu ?
> Nescis, ô rudis, imperite, nescis
> In spina teneras rosas vigere.

Le mot était gracieux : E. Pasquier y répondit par cette épigramme (3) :

(1) Petite pièce latine de Grotius. E. Pasquier, t. ii, p. 938, et Rapin l'ont aussi mise en vers français. — V. Gassendi, *ibid*, p. 262. — Palma Cayet, *Chronol. sept.*, t. vii, p. 503. — Gouget, *Biblioth.*, t. vii, p. 202. — Menag., notes de son édit. de Malherbe, in-12, p. 428.

(2) T. i, p. 1118, édit. d'Amsterdam, in-f°.

(3) Lib. v, p. 108. M. Sapey, qui la cite, avait soupçonné que c'était une réponse.

Non rosa me, mihi crede, Vari, non lilia nostros
Exornant versus : lilia cedo tibi.
Tam bene qui lepidis, juvenis, me versibus ornas,
Ne valeam, nisi sis tu rosa verna mihi.

Le madrigal était encore plus flatteur que celui de du Vair : à complimenteur, complimenteur et demi.

§ III. — Du Vair, garde des sceaux. — Peiresc : les lettres et les sciences protégées. — Enthousiasme de la France à la promotion du nouveau ministre. — Son opposition au maréchal d'Ancre; sa politique; sa disgrâce honorable. — Son rappel. — Sa Relation de la mort de Concini et des faits qui en ont été la suite, faussement attribuée à Marillac. — Exil de Marie de Médicis. — Ses intrigues. — — Lettre à du Vair. — Réponse énergique et respectueuse. — Querelle avec le duc d'Épernon; fermeté de du Vair. — Guerre contre les Protestants du Béarn. — Mort de du Vair. — Sa politique. — Lettres diverses.

Telle était la vie à la fois laborieuse et douce que du Vair menait en Provence. Il ne faisait rien pour attirer sur lui l'attention d'une cour où dominait, sous le nom d'un roi enfant et grâce à une reine étrangère, qui ne comprit jamais le caractère français, le plus impudent, le plus avide et le plus ambitieux des favoris. La seule occasion, mentionnée dans ses *Mémoires* de cette époque (1er décembre 1610), où il fut en rapport direct avec la cour, ne pouvait pas faire espérer de lui de lâches complaisances. Le livre du cardinal Bellarmin *De summo Pontifice*, venait d'être mis hors de cause par un arrêt du Parlement de Paris : la reine écrivit à du Vair que l'affaire allait être soumise à la cour de Provence, et elle le pria « d'empescher » qu'on n'y portât une sentence semblable à celle des premiers juges. Du Vair lui fit réponse

« qu'il auoit retenu ses lettres sans les rendre, pour ne l'auoir ingé à propos, d'autant que si l'on auoit besoin d'vn arrest pour Sa Sainteté contre le roy, on l'obtiendroit icy plus tost qu'vn contraire ; que c'estoient icy des esprits républiquains qui ne respiroient que la liberté et qui estoient bien ayses qu'on commençast à rendre la souueraineté des rois moins indépendante et moins absolue que par le passé, etc. (1) »

Ainsi du Vair parlait à la nouvelle cour avec sa franchise accoutumée : mais cette vertu, qui avait pu plaire à Henri IV, n'était pas faite pour le mettre en faveur auprès de la régente. Toutefois, il ne cessait de donner des preuves de sa capacité et de son zèle pour le service du roi. La mort inopinée de Henri IV n'avait excité en Provence, comme dans le cœur du vertueux magistrat, qu'un mouvement d'indignation contre son meurtrier et un cri de douleur. Grâce à l'influence de du Vair et à ses sages précautions, l'ordre n'avait pas été un seul instant troublé. Le « bon serviteur » reportait sur le jeune roi toute l'affection qu'il avait vouée à son père ; et si, dans des conversations intimes, il déplorait « son horreur pour l'estude (2), » il applaudissait franchement dans toutes les occasions à cette impatiente bravoure, à ce génie militaire dont le prince donnait de fréquentes preuves (3). Ce développement précoce d'un génie belliqueux s'unissant en lui à une grande douceur, à un amour inné de la justice, charmait du Vair et la France. On attendait des merveilles du nouveau règne, quand le roi gouvernerait par lui-même. Le président du Parlement de Provence se plaisait à prédire ce brillant avenir. C'est là sans doute,

(1) *Mémoires*, manuscrits du Puy, t. 661-662.
(2) V. les *Mémoires*.
(3) *Discours d'ouverture du Parlement*. 1612, à la fin.

plus que ses vertus, ce qui le désigna au choix de la cour, quand l'incapacité notoire du chancelier de Sillery démontra la nécessité de confier les sceaux et la haute direction de la justice à des mains plus habiles. Et puis, il y a dans une grande âme je ne sais quoi de dominant ; le plus mauvais gouvernement en subit malgré lui l'influence : tout au moins il s'y attache comme à une force et à une parure devant l'opinion publique, pour se faire pardonner tout le mal qu'il fait par un peu de bien qu'il laisse faire.

Du Vair hésita longtemps à prendre cette lourde charge : il fallut, pour le décider, les pressantes sollicitations de la reine, et peut-être aussi les lettres par lesquelles son *bon ami* Villeroi l'engageait à ne pas accepter un pareil poste dans de pareilles circonstances. Quoi qu'il en soit, du Vair finit par céder : il quitta cette Provence qui était devenue pour lui un si agréable séjour et presque une nouvelle patrie. Il partit, regretté comme un père et accompagné des larmes de tous les habitants accourus à Aix pour lui dire un dernier adieu (1). Il emmenait avec lui son cher Peiresc à Paris, bien résolu dès-lors de profiter de sa haute position pour donner aux sciences, aux lettres et aux arts de plus dignes encouragements. Peiresc l'aida de toutes ses forces dans ce patronage qui répondait si bien à ses vues, et, grâce à cet heureux accord du savoir et de la puissance, les gens de lettres furent secourus, récompensés, des travaux utiles provoqués et accomplis (2), la bibliothèque du roi augmentée d'une foule d'ouvrages rares et de manuscrits précieux (3).

(1) Gassendi, *Vita Pereskii*, p. 282.
(2) Buccard, *Elog. fun. Peireskii*. Romæ habitum, 21 décemb. 1637. — *Appendix ad Peireskii vitam*, in Gassendi operib. T. V, p. 354.
(3) *Ibid.*

Du Vair aimait à user de son influence pour faire ouvrir à son savant ami les archives des cours de justice et des abbayes, et Peiresc, fouillant librement dans ces trésors enfouis, en tirait des documents utiles pour notre histoire nationale, alors si peu connue. Malheureusement l'un et l'autre moururent trop tôt pour mener bien loin une œuvre aussi profitable. Leurs projets furent, il est vrai, repris après eux, exécutés avec plus de grandeur, mais aussi avec plus d'ambition personnelle, un amour moins désintéressé pour les sciences, et les derniers venus en eurent tout l'honneur : les noms de ceux qui avaient commencé, sauf celui de Peiresc, furent laissés dans l'oubli.

Les *Mémoires* de du Vair conservent trop peu de traces de la protection éclairée qu'il accordait aux savants : mais les témoignages des contemporains sont plus explicites. « La plupart des hommes d'État, lui dit le P. Pétau, en lui dédiant un de ses ouvrages (1), consacrant leurs soins aux affaires publiques, regardent comme inutiles les ouvrages de l'esprit. Vous, vous avez su admirablement embrasser la politique et les lettres, et porter partout à la fois l'activité de votre intelligence. » D'ailleurs, les notes relatives à cette époque, rédigées par du Vair lui-même avec assez d'étendue et beaucoup de soin, se bornent à trois ou quatre faits et ont été publiées. Nous n'avons pu retrouver aussi que fort peu de lettres du même temps, mais elles sont presque toutes du plus haut intérêt.

La première en date (3 juin 1616), est adressée au Parlement de Provence : elle montre non-seulement le bon cœur de du Vair qui ne pouvait songer sans attendrissement à l'affection que lui témoignaient ses anciens confrères, et qui

____

(1) *Breviarium historicum S. Nicephori.* Dédicace. p. 5 et 6. — Paris, M DC XVI.

aimait à reporter ses pensées vers eux, mais encore l'idée qu'il se faisait de ses nouveaux devoirs. Pour les dignement accomplir, il comptait sur le concours des Parlements, comme sur celui des princes; et c'étaient à ses yeux les meilleurs moyens *de restablir et de releuer la dignité de la couronne.* Le public ne le jugeait pas au-dessous de cette grande tâche, et sa promotion aux fonctions de garde des sceaux eut l'approbation universelle (1). Le Parlement surtout y applaudit. Car, depuis six ans que Henri IV était mort, l'état de la France, qu'il avait laissé si prospère, n'avait cessé d'empirer. Aussi, quand la vérification des lettres du nouveau ministre fut soumise au Parlement de Paris, le procureur-général Servin ne craignit pas de dire « que la France auoit occasion de louer Dieu et remercier le roi et la reine du bon choix qu'ils auoient fait. » Puis, résumant le glorieux passé de du Vair, et rappelant les services qu'il avait rendus à l'État, il proclama que, pour opérer des réformes devenues urgentes, non-seulement dans la justice, mais dans toutes les affaires du royaume, on ne pouvait trouver un homme plus capable (2). Le premier président de Provence avait fait ses preuves dans des circonstances difficiles. Celles au milieu desquelles il était porté à une dignité si éminente ne l'étaient pas moins; et le chancelier de Sillery déclarait publiquement que, « préuoyant les désordres qui alloient accabler et ruiner l'Estat, sans qu'il fust possible d'y remédier, » il se voyait avec plaisir déchargé de toute responsabilité (3). Du Vair parut généralement l'homme qu'il

(1) Richelieu, *Mémoires,* t. I, p. 291.

(2) *Relation de ce qui s'est passé au Parlement sur la vérification des lettres du sieur du Vair,* extraite des registres de ce même Parlement. — *Histoire des Chanceliers et des Gardes des sceaux,* par F. Duchesne, p. 709.

(3) *Ibid.,* p. 712

fallait dans cette situation périlleuse, en face de laquelle,
quoi qu'en ait dit Richelieu, il n'arrivait pas sans transition :
il savait aussi bien que l'illustre cardinal « la différence qu'il
y a entre rendre justice aux particuliers et la conduite des
affaires publiques (1). »

Les principaux membres du Parlement témoignèrent,
comme le procureur-général, la plus haute estime pour le
nouveau garde des sceaux, et s'associèrent aux espérances
que l'on concevait d'une *si sainte et bonne promotion, et si salutaire pour l'Estat (2).* L'un d'eux, le président Fayet, proclama que le choix du roi « auoit esté approuué non-seulement en la France, et par toutes les prouinces d'icelle, mais
aussi aux royaumes estrangers, en Italie, en Espagne, en
Allemagne et en Angleterre. »

Dès son entrée au ministère, du Vair justifia cette estime
universelle et répondit à l'attente des gens de bien. Le maréchal d'Ancre avait espéré se faire de sa vertu un rempart
contre l'animadversion de la France entière. L'intégrité reconnue du garde des sceaux devait masquer aux yeux de
tous son odieuse tyrannie et les désordres dont il profitait.
Mais du Vair eut bientôt pénétré le rôle qu'on voulait lui
faire jouer ; il en eut horreur. Il avait compris en même
temps toute l'étendue du mal qui minait le royaume : « il
auoit vu les charges vendues, les revenus de la couronne
prodigués, les peuples accablés d'impôts, l'innocence op-
primée. Ces objets révoltèrent sa belle âme (3). » Mais au
lieu de reculer devant une tâche difficile, il mesura avec
courage la profondeur de l'abîme sur le bord duquel pen-
chait la France, et entreprit de la sauver, malgré l'incurie,

(1) *Mémoires de Richelieu,* t. 1, p. 366, édit. Petitot.
(2) Relation citée, p. 715.
(3) De Sacy, l'*Honneur françois*, p. 99, t. VI.

le mauvais vouloir et les passions de ceux qui avaient la
conduite des affaires. « Il éclata » dès-lors, comme dit de
Sacy, « et jura de ne prester jamais sa main à tant de grâces
injustes et de vexations plus criminelles encore ; il essaya
ensuite de faire revivre dans les cœurs l'amour de la justice
et du bien public ; représenta que l'Estat penchoit vers sa
décadence ; qu'il estoit encore temps de prévenir sa chûte ;
qu'on pouuoit, en congédiant les Suisses, acquitter, du
moins en partie, la dette énorme qu'on uenoit de contracter
auec cette nation ; rappeler les princes, les réunir et
rendre au peuple français ses uertus, son repos et son bonheur (1). »

Cette ligne de conduite qu'il traçait d'une main si ferme
et si sage, il la suivit sans hésiter, et, pour commencer,
il refusa de *sceller,* ainsi qu'on l'avait fait jusque là, à tort et
à travers, les dépenses qui lui parurent excessives et non
suffisamment justifiées. Parmi ses lettres manuscrites, j'en
trouve une de cette époque qui suffirait seule à l'honneur de
son ministère : elle est adressée à la reine-mère, et, en
même temps qu'elle donne une triste idée du gouvernement
de Marie de Médicis, elle révèle dans du Vair une grande
aptitude pour l'administration, jointe à une remarquable
énergie. Le garde des sceaux refuse de sceller un *comptant*
de près de quatre millions de francs.

« Ie n'ay point veu, écrit-il, ny leu, ny ouï dire que depuis que la France est France, il se soit faict chose semblable en l'administration du royaume, en quelles que mains
qu'elle soit tombée. Ceste nature d'acquits en soy a esté
tousiours iugée très pernicieuse à l'Estat, et l'vsage n'en a
esté receu sinon qu'au temps qu'il a esté menacé de sa
ruine, et a esté par ce moyen, vraiement plus que par

(1) De Sacy, l'*Honneur françois,* p. 99, t. vi.

aucune autre cause porté sur le précipice. Car c'est par ce moien ouurir d'vn costé la porte à toute profusion de la part des princes et les exposer à l'importunité inéuitable des demandeurs, qui, trouuant ceste porte ouuerte, non subiette à aucune vériffication ny censure, n'ont ny honte, ny mesure en leurs poursuites et demandes, sçauent peu de gré au prince de ce qu'il leur donne; et d'autre costé, à tout brigandage de la part de ceux qui manient les finances, pource que par là ils tirent de la veuë et censure des hommes leur administration, et cachent tellement leurs mauuais desportements qu'il n'y a point moien de les descouurir. Or, quand les hommes pensent ne pouuoir estre descouuerts, que y a-il à quoy licentieusement ils ne se portent? Si donc la chose en soy est si dangereuse, quand les *contants* sont des sommes si excessiues, ne les peut-on pas dire plus tost monstrueux, prodigieux, qu'illicites et abusifs? *Deux contants de près de sept millions de liures qui est la moitié de toute la recepte d'vne année*, qu'est-ce sinon engloutir tout le fonds des finances dans un gouffre où l'on ne voit goutte? (1) »

En même temps qu'il s'opposait à la dilapidation des deniers de l'État, du Vair refusait d'en laisser avilir les hautes dignités et d'arrêter le cours de la justice. Le maréchal d'Ancre avait obtenu pour lui-même des lettres de duc et pair, et une *abolition* pour un de ses gentilshommes. Du Vair déclara qu'il n'apposerait point sur de tels actes les sceaux de l'État (2).

J'ai cité une grande partie de sa lettre à Marie de Médicis,

(1) Manuscrits du Puy, t. 663, f. 120.

(2) Amelot de la Houssaye, *Traduction de Tacite*, p. 340, note 5, Paris, 1690, in-4°. — V. Nicolas Pasquier, *Lettres*, VI, 16. — Cette lettre résume parfaitement toute la vie du maréchal d'Ancre, sa prodigieuse fortune et sa mort.

et j'en ai rapproché ce trait d'opposition généreuse aux prétentions du favori, dans la pensée que ce serait répondre mieux que par toutes les dissertations aux accusations étranges de Richelieu. Comprend-on que le grand politique ait reproché à son sage prédécesseur *d'avoir toujours laissé la reine au milieu des difficultés, sans savoir l'en tirer, et d'avoir donné peu ou nulle satisfaction au maréchal d'Ancre, qui l'accusa d'ignorance et d'ingratitude, parlant à sa barbe (1)?* A-t-il pu sincèrement s'associer aux griefs de Concini et de Marie de Médicis? Si ce n'était là le langage aveugle de la jalousie, il faudrait voir dans cette critique de la conduite de du Vair par Richelieu, la condamnation de sa propre administration.

Cette probité inflexible montra du reste à la reine et au favori qu'il n'y avait nulle complaisance à attendre du nouveau ministre, et son renvoi fut décidé. Il ne fallait qu'une occasion; elle s'offrit bientôt. Après l'arrestation du prince de Condé, le duc de Nevers, qui avait pris parti pour lui, avait fait saisir dans le duché de Rhételois, dont il était seigneur, le château de Sij, appartenant à M. de la Vieuville (2). La reine et le maréchal d'Ancre, cause de tous ces troubles, voulaient qu'on employât la force et qu'on traitât le duc en rebelle : mais du Vair, comprenant que, dans ces tristes circonstances, les princes avaient pour eux l'opinion publique, craignant surtout, comme dit Richelieu, qu'ils n'en prissent *occasion d'aller chercher ailleurs leur appui (3),* pensait qu'au lieu de courir le risque de renouveler la guerre civile, il valait mieux renvoyer l'affaire au Parlement. Il recula donc sans mot dire, quand on lui demanda son avis dans le conseil (4), et, comme on revenait à la charge avec

(1) *Mémoires,* p. 45 et 302, t. I.
(2) V. *Mémoires de Richelieu,* t. I, p 364.
(3) *Ibid.* p. 367. — (4) *Ibid.* p. 364.

une certaine rudesse, il protesta qu'on ne le pousserait jamais à la violence. La reine, dont les yeux, dit Brienne, jetaient feu et flamme, saisit l'occasion de se débarrasser d'un censeur incommode, et le roi lui-même (Richelieu (1) note avec soin ce caprice d'un enfant de quinze ans) déclara qu'il fallait l'éloigner.

On lui redemanda les sceaux le 25 novembre 1616; il ne les avait que depuis cinq mois.

Ceux qui repoussaient ainsi l'homme bien (2), le vertueux magistrat, avaient pu apprécier son énergie : ils en eurent peur ; et, le jugeant d'après eux-mêmes et d'après ce qu'on pouvait oser sous un gouvernement aussi faible, ils craignirent de sa part une résistance, dont un homme qu'on n'accusera pas d'avoir eu l'esprit de révolte, de Sacy, s'est plu à démontrer la possibilité et presque la légitimité (3). Mais une pareille idée était bien loin de son esprit, et ce fut en vain qu'on envoya une compagnie de soldats avec celui qu'on avait chargé de lui redemander les sceaux. Du Vair reçut cette étrange députation avec sa sérénité habituelle, et, comme son ami, M. de Loménie, à qui l'on avait donné cette commission, essayait d'en adoucir le caractère odieux par de nobles paroles, il lui répondit en riant : « Puisque le roy m'a fait cet honneur de me bailler les sceaux de sa main, je trouue bien plus raisonnable de les lui reporter moi-mesme. » Il voulait profiter de cette occasion pour faire entendre directement au jeune prince de sages paroles, telles qu'on n'en laissait guère arriver à son oreille.

(1) V. *Mémoires de Richelieu*, p. 365. — Cf. Bautru de Mattras, *Réjouissances de la France sur l'eslection et restablissement de Monseigneur du Vair, garde des sceaux*, p. 13.

(2) « Il fut renvoyé pour avoir bien fait, » dit Nicolas Pasquier, *Lettres*, vi, 14.

(3) *L'Honneur françois. ibid.*

Du Vair nous a conservé le discours qu'il tint à Louis XIII en lui remettant les sceaux.

« Sire, lui dit-il, quand il a plu à V. M. de me commander de la venir trouuer et d'y receuoir le sacré dépôt des sceaux, i'ay fait ce que i'ay pû pour en faire agréer mes excuses à V. M., préuoyant bien les difficultez qu'il y auroit d'accommoder les mœurs de ma vie passée auec celles de la cour, et la disproportion qu'il y auoit... » — « Ie les lui rapporte, et c'est bien plus volontiers que ie n'estois venu les receuoir. V. M. se peut asseurer que, pendant le temps que i'en ay eu la garde, ils n'ont esté employez à authoriser aucune chose qui soit contraire à son seruice... » — « Ie souhaitte que celui qui y succédera, y serue V. M. plus heureusement que moy, car, plus fidellement, ie suis asseuré qu'il ne pourra le faire. Ie prieray Dieu pour la prospérité de V. M., et qu'il luy plaise l'assister d'vn bon conseil, car elle en a bien besoin (1). »

Au lieu de ces paroles si simples, si nobles et parfaitement authentiques (2), on a attribué à du Vair un discours emphatique, violent même, et par conséquent fort éloigné de son caractère et de ses habitudes. Voici quelques phrases de cette harangue prétentieuse : « Oui, Sire, ie remets volontiers en vos mains la charge dont il vous a plu m'honorer... Les lois m'auoient assez appris à obéir, sans qu'il fust besoin m'enuoyer quérir par vn capitaine... La violence ne se doit employer que contre ceux qui résistent, et non contre moy qui sais obéir, et qui sais qu'il n'est pas de fardeau plus pesant qu'vne dignité... Si i'en ay du regret, c'est comme les mariées qui pleurent de sortir de la puissance paternelle pour entrer en l'égalité du mariage... Il est vrai

(1) *Mémoires manuscrits*, Collect. du Puy, t. 661-662.
(2) Comp. le récit de Brienne.

néantmoins que vous deuant mon seruice, i'eusse eu plus de contentement de l'employer en vos conseils d'Estat, que dans vostre Parlement où les affaires sont de moins d'importance. Car ie m'imagine que, si le charpentier qui fit le nauire amiral, où commandoit Dom Juan d'Autriche, en la bataille de Lépante, eust sçu qu'il eust deu seruir en vne occasion d'où dépendoit le salut de toute la chrestienté, il eust eu plus de plaisir à le faire que si c'eust esté vn vaisseau destiné pour le commerce. Néantmoins, puisque vous me commandez de me retirer... en quelque condition que ie sois, i'apporteray tousiours au bien de votre seruice tout ce qui me sera possible. — S'il y a quelques-vns de ceux qui sont auprès de vous, qui plaignent mon éloignement, ie leur dirai volontiers : Pleurez plustost sur vous, enfants de Hiérusalem, qui, par faute de courage, laissez trahir vostre maistre, et non pas sur moy qui n'ay pas d'autre ennuy que d'estre homme de bien... Ie prends donc congé de vous, Sire, en priant Dieu qu'il veuille auoir pitié de vostre Estat (1). » — Ce discours n'est évidemment qu'une amplification de rhétorique ; œuvre assez maladroite d'un élève ou de quelque bel esprit qui s'essayait. Mais il paraît qu'on en faisait courir d'autres sur le même sujet, qui étaient capables d'irriter le roi et la reine-mère contre du Vair. Il s'en plaignit au Parlement le priant de l'aider à en rechercher les auteurs (2).

Cette magnanimité de langage sans apparat, cette fermeté sans raideur, et cette soumission sans bassesse se retrouvent dans la réponse de du Vair à la députation du Parlement qui vint lui demander son adhésion à l'ordonnance royale en vertu de laquelle il rendait les sceaux. Ce discours se lit

(1) Bibliothèque impériale, manuscrits français, n° 9583.
(2) Œuvres, in-f°, p. 897.

dans ses œuvres imprimées ; il l'avait improvisé ; mais, à la sollicitation des membres de la commission qui voulaient *ne rien oublier de ce qu'il leur auoit si dignement et si élégamment répondu*, il le rédigea le jour même et avec la plus grande exactitude (1). Il y déclare non seulement qu'il consent volontiers à se démettre de ses fonctions, mais que c'est avec un bonheur infini qu'il rentre dans la vie privée.

Cette déclaration était sincère : jamais il ne fut aussi joyeux que le jour où il rentra en possession de lui-même, comme il disait; et ce fut lui qui *remit l'âme et le courage dans les pauures assistans plus morts que vifs, au sentiment d'vn si grand coup et si inopiné comme fut celuy-là (2)*. On a raconté (3) d'après Michaut de Dijon, qui avait puisé dans les *Mémoires* manuscrits, quels projets de douce retraite il forma alors; quels jours paisibles il se promettait de passer dans la société de ses chers amis Peiresc et Malherbe, « reprenant ses vieilles erres » et ces frugals repas du soir, interrompus depuis son arrivée à Paris, et ces doctes conversations qui avaient pour lui tant de charmes. « Il n'auroit plus besoin de se leuer si matin, et pourroit prendre sa réfection tout à son aise. » Enfin, il remerciait Dieu de lui donner un peu de repos après trente-cinq ans de longs et pénibles services.

Cette félicité, dont il savourait par anticipation les jouissances si pures, il ne la connut pas longtemps. Un événement imprévu l'arracha au bout de quelques mois à ses loisirs, pour le replonger plus avant que jamais dans le tourbillon des affaires. Le maréchal d'Ancre fut assassiné le 24 avril 1617, et, le même jour, le roi rendit les sceaux à celui qu'il appelait « son bon serviteur. »

(1) *OEuvres*, in-f°, p. 897. — V. cette réponse avec quelques variantes, *Manuscrits français* de la Bibliothèque impériale, n° 9583.

(2) *Mémoires* ; manuscrits du Puy, t. 661-662.

(3) M. Sapey, ouvrage cité, p. 40.

Le retour de du Vair au ministère fut un véritable triomphe. « Quel honneur étoit-ce pour lui, s'écrie Amelot de la Houssaye, de se voir rendre en 1617, les sceaux qu'on lui auoit ostez en 1616! (1) »

« A l'occasion de cest éuénement, dit Perrault, il s'émut vne question entre les beaux esprits de ce temps-là, non moins honorable pour lui que difficile à résoudre. C'estoit de laquelle des trois journées de sa vie on deuoit trouuer la plus belle. Celle où son mérite auoit porté le roy à le faire venir du fond de la Provence pour luy donner les sceaux; celle où sa probité inflexible les luy auoit fait rendre, ou celle enfin en laquelle ce mesme mérite et cette mesme probité auoient obligé le roy à les luy redonner (2). »

Il en fut très flatté et se plut à raconter tous les détails de cet événement dans un mémoire intéressant qui, bien que publié depuis longtemps, ne semble guère avoir été consulté (3). On y trouve les plus curieux renseignements sur les principaux personnages de cette époque; sur Richelieu notamment, et sur ses intrigues pour demeurer à la cour,

(1) *Traduction de Tacite*, p. 340, note 5, Paris, 1690, in-4°. — Cf., p. 388, note 2.

(2) *Hommes illustres*, p. 95. — Comp. l'Avertissement de l'édition in-f°, 1641, des œuvres de du Vair.

(3) Cette relation, imprimée sous le titre de *Iournal*, à la suite de l'*Histoire des plus illustres favoris*, de du Puy, a été faussement attribuée au garde des sceaux Marillac On n'a pas remarqué qu'à la fin, l'auteur anonyme dit avoir eu « bonne part en toutes ces affaires. » Or, Marillac ne figure pas une seule fois dans tout le récit. Au contraire, tout ce qui regarde du Vair y est exposé dans les plus minutieux détails. Enfin cette relation, dans les *Manuscrits* de du Puy, est précédée de notes relatives à la retraite de du Vair, et suivie de divers mémoires scientifiques et archéologiques, ainsi que de lettres adressées à Peiresc; ce qui prouve qu'elle provient des papiers de ce savant qui, comme nous l'avons dit, avait recueilli ceux de du Vair.

après la disgrâce de Marie de Médicis, à laquelle il ne resta attaché dès-lors que pour ne pas demeurer tout-à-fait en dehors des affaires.

C'est un plaisir de voir dans ce récit la peinture de l'allégresse universelle que causa la mort de Concini, et qui du roi gagna la cour, la ville, toute la nation (1). Louis XIII se crut alors sûr de régner : malheureusement, c'était par un meurtre qu'il s'était remis en possession de son pouvoir. La naïveté de sa joie prouve du moins qu'il croyait sa conduite très légitime ; il jouissait avec bonheur de sa liberté. « Eh bien ! Luçon, cria-t-il en apercevant Richelieu qui se hasardait à lui venir faire sa cour, me voilà hors de votre tyrannie ! » Et comme l'astucieux prélat voulait répliquer, il ajouta : « Allez ! allez ! ostez-vous d'ici ! » Richelieu ne se rebuta point, et, quelques années plus tard, Louis paya bien cher cette parole, quand son ministre le réduisit presque à l'état de roi fainéant. La France ne s'en est pas mal trouvée : mais qui sait si une politique un peu moins violente n'aurait pas produit d'aussi bons résultats ?

Cette politique était celle de du Vair. Le roi lui avait déclaré en lui rendant les sceaux, qu'il voulait suivre ses avis, et rappeler au gouvernement les anciens amis de son père. C'était s'imposer une vie laborieuse : il se mit à l'œuvre sans plus tarder, et avec une activité dont on ne l'aurait pas cru capable, présida le plus souvent son conseil et y *porta tousiours des opinions dignes de luy.*

On reconnaît l'influence du garde des sceaux dans l'am-

____

(1) Il faut voir dans les lettres de Nicolas Pasquier combien l'orgueil et l'ambition du maréchal d'Ancre étaient odieuses aux meilleurs esprits (VI, 6, 16). Cette dernière lettre contient un curieux récit de la mort de Concini, et s'accorde de tous points avec la *Relation* de du Vair. — V. encore liv. VII, 18.

nistie générale qui fut accordée alors : on n'y regrette qu'une exception, celle de la femme du maréchal d'Ancre. Mais sa condamnation fut peut-être une concession nécessaire à la haine de tout le peuple pour l'insatiable et orgueilleux favori. La relation nous apprend que plusieurs villes et provinces, Rouen entre autres, envoyant complimenter le roi, avouèrent que, sans l'heureux événement qui devait amener un changement complet dans la conduite des affaires publiques, elles étaient prêtes à se révolter. A l'égard des princes, la conduite du roi fut un mélange de bonté et de sévérité : implacable pour la rebellion obstinée, il ne fermait pas la porte au repentir, et s'appliquait à se concilier la noblesse pour trouver en elle un appui au lieu d'avoir à la punir. Il cherchait à s'en faire aimer, en vivant au milieu d'elle, en lui montrant la plus grande confiance. Il y a dans la *Relation* de du Vair, des scènes charmantes : ici le roi pardonne des fautes passées, et ces grands seigneurs turbulents, étonnés, gagnés par sa clémence, tombent à ses pieds ; là, il excite l'enthousiasme par ses manières franches et gracieuses. Tout le monde le bénit, tout le monde est joyeux, en le voyant entrer en plein dans la vie et dans son rôle de roi. Il est gai, actif, *se lève de grand matin*, et sait unir les travaux du cabinet au belliqueux plaisir de la chasse. Il n'y a pas jusqu'à la *petite reine* qui ne se trouve bien du nouvel ordre de choses, qui n'applaudisse à la conduite de son mari, même quand on parle de déclarer la guerre à l'Espagne, disant fièrement : « Pense-t-on, parce que je suis née en Espagne, que je sois espagnole? On se trompe, je suis française et ne veux estre autre. »

Richelieu, qui blâme dans du Vair cette politique de conciliation qu'il regarde comme empreinte de faiblesse et d'indécision, aima mieux dompter les princes et les grands et les réduire à n'être plus rien devant la puissance royale.

Bientôt, grâce aux rudes leçons qu'il leur donna, la noblesse ne fut plus, en dehors des champs de bataille, qu'un amas de courtisans avides de faveurs et les achetant à tout prix : de là, une corruption rapide et profonde dont la royauté elle-même a plus tard porté la peine. Du Vair aurait voulu que le roi, à la tête des affaires, régnant et gouvernant par lui-même, fut entouré de sa noblesse et en communauté complète d'intérêts avec elle ; elle devait former, dans ses vues, une sorte de patriciat héréditaire à qui le prince aurait demandé des conseils et des bras pour les exécuter. A côté, eût été placé le Parlement, représentant la bourgeoisie riche et éclairée, ne prenant pas part aux travaux législatifs, mais donnant aux lois et aux édits royaux la sanction indispensable de l'enregistrement, veillant à leur exécution, et contrebalançant la puissance des grands qui étaient ses justiciables (1) et celle de la royauté qu'il arrêtait sur la pente du despotisme (2).

Le roi devait en outre, selon du Vair, se rapprocher souvent de la masse de la nation par des voyages, des assemblées d'États généraux ou de notables ; faire sentir son action partout, par des lits de justice et des *Grands Jours*. Mais il fallait tout d'abord que son autorité fût reconnue dans toute la France. Les protestants, plus que les princes, la tenaient en échec : on leur fit bientôt connaître qu'il n'en serait plus ainsi. Déjà, comme parmi les députations provinciales qui vinrent « se conjouir » avec le roi de la mort

(1) V. *Harangue au Parlement de Bordeaux,* 1620 : Vous devez arrêter la rebellion « en vous y opposant courageusement, quelque couleur, quelque prétexte que prennent les autheurs, *de quelque qualité et condition qu'ils puissent estre.* »

(2) V. pour la politique de du Vair, sa *Harangue au Parlement de Paris, le roi séant en son lit de justice,* en *1620,* in-f°, p. 899.

de Concini, se trouvaient des envoyés des protestants de La Rochelle, on refusa de *leur donner audience parce que leur assemblée avait été convoquée sans permission.*

Au milieu de tant de soins importants, du Vair ne perdait pas de vue le patronage littéraire qu'il se trouvait mieux que jamais à même d'exercer utilement; et, bien qu'il connût et regrettât le peu de goût du jeune monarque pour les paisibles occupations de l'esprit, il voulait donner à ce règne la gloire des lettres comme toutes les autres. Il lui présentait les savants et trouvait même parfois le moyen de l'intéresser à leurs travaux. Ainsi Mesnard (1) fut admis à offrir lui-même au roi son édition de Joinville, et le prince, sachant que « c'estoit le langage que parloit saint Louis, se mit à lire si auidement, qu'il fust une grosse demi-heure sans qu'on l'en pust diuertir. »

Ainsi s'ouvrait sous les plus heureux auspices ce qu'on pourrait appeler le second règne de Louis XIII. La France était ivre de joie et d'espérance; du Vair recueillait une bonne part de ses bénédictions. On célébrait avec enthousiasme son « eslection et son restablissement. » — « Vous estes arriué, lui disait-on, en louant son *désintéressement*, à vos charges et dignitez par les voyes et progrez de ceste mesme vertu, sans brigues ni faueurs (2). »

Pourtant, il songeait toujours avec tristesse à cette calme retraite qu'il n'avait fait qu'entrevoir, et dont l'éclat des honneurs et les applaudissements de la France entière ne

(1) Lieutenant en la prévôté d'Angers. Son édition de Joinville, publiée en 1617, in-4°, est la deuxième. La première est de 1547 et fut imprimée à Poitiers. L'éditeur, A. Pierre de Rieux, avait cru devoir rajeunir le style du vieil historien. Cl. Mesnard entreprit, avec l'aide de quelques manuscrits, de le rendre à sa pureté primitive.

(2) Bautru de Mattras, ouvrage cité.

pouvaient à ses yeux remplacer les charmantes douceurs. Quelques mois après son rétablissement, il répondait aux félicitations de ses anciens confrères du Parlement de Provence : « Ma condition est de beaucoup plus à plaindre qu'à louer, et ie vous proteste auec vérité que n'eust esté l'eage du roy, mon maistre, l'estat de ses affaires et le veu commun de toute la France, qui m'interpelloient, et m'eussent peu reprocher quelque lascheté ou ingratitude, si ie leur eusse refusé mon seruice en ceste occasion, iamais ie n'eusse laissé le doux et honorable repos dans lequel ie m'estois confiné (1). »

Tous les bons esprits voyaient en effet dans du Vair le seul homme capable de sauver le royaume ébranlé par tant de désordre. Nicolas Pasquier se fit l'interprète des sentiments de la France entière, en lui exposant dans une longue lettre (viii, 5), remplie de vues pratiques sur les diverses branches de l'administration, toutes les réformes qui étaient devenues urgentes, et qu'on attendait de son expérience et de sa fermeté éprouvée. L'opinion publique, on le voit, assignait ainsi à du Vair, dans le gouvernement de l'État, le grand rôle dont Richelieu s'empara plus tard, et qu'il sut si bien remplir. Le nouveau ministre ne trompa point l'attente de la France.

C'était pourtant une rude tâche que la sienne, et, pour y suffire, il eût fallu que les forces de son corps répondissent à l'activité de son esprit. Sa vigilance dut embrasser toutes les parties de l'administration, surtout après la mort de Villeroi (1617). Il porta dès-lors en effet tout le fardeau des affaires ; et la situation était extrêmement compliquée. Il s'en fallait que tous les grands fussent gagnés et sincèrement ralliés ; les hostilités étaient à peine terminées entre

_____

(1) *Lettres* inédites, 25 juillet 1617. Manuscrits du Puy, n° 663.

l'Espagne et la Savoie que soutenait la France. La reine-
mère ne cessait d'intriguer : avec l'aide du duc d'Épernon,
toujours mécontent, toujours menaçant, elle s'était sauvée
de Blois à Angoulême, et cherchait à rallumer la guerre.
Bientôt il est vrai, voyant que sa cause n'excitait guère de
sympathie, lasse aussi de son exil et cédant aux conseils de
l'évêque de Luçon, qui ne pouvait se résigner à vivre loin
des affaires, elle essaya de détourner l'orage qu'elle avait
amoncelé sur sa tête ; elle écrivit au garde des sceaux une
lettre où sous une apparente douceur se cache beaucoup
d'amertume. L'énergie qu'on a inspirée à son fils, l'inquiète
et l'irrite. Elle se plaint des mauvais conseils qu'on lui
donne, et qui font *qu'au lieu de satisfaire à la sincère affection
d'une bonne mère, il est poussé à prendre précipitamment les armes
contre elle.* Ces mauvais conseils, elle ne les impute pas précisément au garde des sceaux, dont elle connaît la *preud-
hommie.* Encore moins se peut-elle persuader *que le bon naturel
de son fils puisse avoir des sentiments si extraordinaires.* « Si i'en
doutois seulement, dit-elle, ie mourrois de douleur : mais
ie vous feray souuenir de l'estroite obligation que vous auez
de lui dire librement sur vne occasion si importante ce que
vostre charge et vostre conscience vous dictent, etc. (1) »

La réponse de du Vair ne se fit pas attendre, et huit jours
après, la reine reçut une lettre qui est un modèle de langage
à la fois ferme et respectueux : le ministre, parlant au nom
du roi, sait concilier, mieux que Richelieu ne le fit plus
tard, les devoirs du fils et les droits du souverain.

« Madame, au nom de Dieu, que Vostre Majesté ne s'imagine point qu'il y ait personne prez du Roy, de son conseil
ou autre qui veuille ny qui puisse le destourner du respect

_____

(1) *Lettres* inédites, Angoulême, le 10 mars 1619. Manuscrits du
Puy. n° 663.

ou de l'amitié que naturellement il vous porte et que iuste-
ment il vous doit. Il est vray que de mesme Vostre Majesté
doit croire qu'il n'y a aucun qui luy puisse oster le sentiment
de ce qui touche la diminution de son authorité, et de la
seureté de sa personne et de son Estat. Sur ces deux fondements très certains et très fermes, employez, Madame,
vostre généreuse bonté et singulière prudence pour preuenir
les calamitez que préuoyez et appréhendez deuoir venir à la
suite de ce mouuement qui commence et auquel personne
ne peut tant perdre et si peu gagner que Vostre Majesté.

« Arrestez-en donc le cours à sa source : vous seule,
Madame, le pouvez, et par vn seul moyen. Remettez-vous
franchement entre les bras du Roy, vostre fils. Vous voyez
les asseurances qu'il vous donne de son amitié et de son
contentement. La parole d'un si grand Roy, si solennelle-
ment donnée, asseurerait ses ennemis de quelque nation et
condition qu'ils fussent. Que doit-elle donc faire à l'endroit
d'vne si généreuse princesse, d'vne si bonne mère et qui a
si tendrement eleué la ieunesse d'vn prince si bien nay. La
présence de Vostre Majesté, vn seul regard maternel ache-
uera tout ce que vous pouuez désirer d'avantage et pour
vostre contentement, et pour celuy de ceux que vous pouuez
affectionner. Si Vostre Majesté a des ouuertures pour le bien
et grandeur du Roy et de l'Estat, elle pourra là espérer d'en
tirer quelque fruit. Hors cela, Madame, tout le reste ne
produira que ruine et désolation.

« Vostre Majesté est trop pleine de prudence pour se
persuader que le Roy qui sçait que son nom est en vénération iusques aux extrémités de la terre, pour auoir en vn
moment estaint le feu qui embrasoit le royaume, et, après
auoir donné la paix à l'Italie, et maintenant la procurer à
l'Allemagne ; auoir estably la iustice en son Estat, et iceluy
purgé de beaucoup de vices et de crimes qui y régnoient,

puisse escouter maintenant le blasme qu'on voudroit donner à son administration d'autre façon qu'vne voix iniurieuse qui luy voudroit rauir vne si éminente gloire. Or de cela, Madame, quiconque soit qui le voulust entreprendre, qui est plus obligé de le deffendre que vous, qui estes vne si bonne mère ?

« Et ne faut point penser, Madame, qu'on luy pust rendre ce coup moins sensible pour l'en frapper au trauers de quelques-vns qui sont près de sa personne. Car, outre que vous luy auez inspiré en sa naissance trop de courage et trop de iugement, il a assés expérimenté coniointement auecque vous que tous ceux, par le passé, qui ont eu visée d'attaquer les princes et renuerser leur salut, ont fait semblant de mirer ceux qui les approchaient.

« Pardonnez-moy, Madame, ie vous en supplie, si, ayant, comme i'ay, l'âme sur les lèures, i'ay fait ceste response à Votre Majesté auec vn peu trop de liberté, cherchant plustost à satisfaire à ma conscience, comme vous m'y inuitez, et à la plus fidèle affection que i'ay au bien, à l'honneur et au solide contentement de Vostre Royale Maiesté, qu'à aucune autre considération. Priant Dieu de tout mon cœur que ie puisse estre plus heureux, en ceste occasion, à vous persuader ce qui est de vostre bien et de toute la France, que ie n'ay esté ci-deuant, bien que ie fusse, comme ie seray à iamais, etc.

« De Paris, ce 18 mars 1619. »

Cette énergie, tempérée par la justice qui l'inspirait, ne fit jamais défaut à du Vair : il eut occasion, peu de temps avant sa mort, d'en donner une nouvelle et éclatante preuve. Le récit de ce fait est le dernier morceau qui nous reste de ses *Mémoires*

Le ministre, qui désirait respecter la noblesse et en faire le rempart du trône, voulait cependant qu'elle n'oubliât

jamais qu'au-dessus d'elle il y avait la justice, délégation
immédiate de la royauté dont elle est le plus bel apanage et
dont elle porte les insignes. Pour montrer à tous les yeux
cette suprématie de la justice qu'il représentait, il avait
pris rang dans le Conseil avant les ducs et pairs. Ceux-ci
voyaient avec colère ce qu'ils regardaient comme une usurpation, comme un affront fait à leur rang. Dans un dîner
que leur donna le duc d'Épernon, il fut décidé que M. de
Montmorency soumettrait la question au roi lui-même. Dès
le lendemain (19 avril 1620), ce seigneur revendiqua, en
plein Conseil, les prétendus droits des ducs et pairs, mais
il apporta dans sa réclamation toute la modération possible,
et cette discussion intempestive en serait sans doute restée
là, si le fougueux d'Épernon n'avait voulu provoquer une
solution immédiate. Il prit la parole avec sa morgue et sa
violence habituelles, et somma le garde des sceaux et presque le roi de rendre aux ducs leur place dans le Conseil.
Du Vair maintint avec calme la préséance du pouvoir judiciaire ; et, quand le duc, qui, d'abord rendant hommage
à son mérite et à sa vertu, n'avait parlé qu'au nom du droit,
en vint à des injures personnelles, il en appela au roi
et réclama son intervention immédiate. Malheureusement
Louis XIII avait un caractère trop faible pour prendre sur-
le-champ une décision convenable ; il leva la séance en
disant qu'il aviserait. Cette sorte de demi-victoire ne fit
qu'exalter l'intraitable seigneur. Bien que le roi fut parti,
il continua de parler avec chaleur, disant « que ce n'estoit
pas ce que méritoient ses seruices et qu'il n'auoit jamais
esté dans autre party que celuy du roy. Il adiousta : quel
seruice a fait M. le Garde des sceaux ? — Je respondis :
quelque chose de plus. — Il respondit : vous estes un impudent. — Je répliquay : vous estes... ce que vous estes.
— Il dit à M. de Guise : eh bien ! vous allez sur mer

contre les pirates, lorsqu'il faut chasser les pirates de terre ! (1) »

En vérité, quand on voit de pareilles scènes, on est presque tenté d'absoudre le cardinal de Richelieu de ses rigueurs impitoyables envers cette noblesse insolente. Du Vair espérait venir à bout de cet esprit d'orgueil et de révolte à force de modération, d'énergie patiente, et en l'habituant peu à peu à reconnaître l'empire de la loi. C'était peut-être un espoir chimérique ; mais d'ailleurs, le moment d'employer la force pouvait bien ne pas lui sembler encore venu : il fallait avant tout remettre dans le devoir les protestants qui faisaient un État dans l'État, et songeaient même, dit-on, à faire de la France une république (2), employant, pour y parvenir, toutes sortes de moyens, donnant la main à tous les rebelles et même à l'étranger. Une fois l'autorité du roi

(1) Récit de du Vair dans l'*Histoire des Chanceliers et des Gardes des sceaux*, de F. Duchesne, p. 725. — Il existe de ce fait une autre relation qui s'accorde partout avec celle de du Vair, excepté sur un point. On y suppose une dispute entre le garde des sceaux et le chancelier de Sillery, que le premier aurait accusé de lui *avoir dressé cette partie*. Mais la violence des paroles qu'on prête à du Vair n'est nullement dans son caractère, et puis, il constate lui-même que l'affaire des ducs ne fut portée au Conseil qu'après le départ de Sillery. Enfin la relation anonyme place ce fait le vendredi 20 avril 1618, tandis que du Vair la date du 19 avril 1620. (V. *Manuscrits de la Bibliothèque de Bourges*, n° 218, p. 167 et suiv., in-f°.) — Voltaire *(Histoire du Parlement de Paris*, ch. 47), après avoir rappelé la conduite arrogante du duc d'Épernon envers la cour souveraine de justice, en maintes circonstances, mentionne aussi sa querelle avec du Vair ; mais il se trompe en disant qu'elle eut lieu dans une cérémonie à la paroisse du Louvre. Selon lui, le duc aurait pris rudement le garde des sceaux par le bras, et l'aurait fait sortir de l'église en lui disant qu'un bourgeois ne doit pas se méconnaître.

(2) V. du Vair, *Harangue destinée à être prononcée au Parlement de Toulouse en 1621*, p. 916-917 de l'édit. de 1641, in-f°.

reconnue partout, on aurait pu montrer à la noblesse que les plus hautes têtes ne dépassaient pas les plus humbles sous la main souveraine de la justice. En attendant, du Vair s'appliquait à montrer le roi partout où sa présence devait être utile, partout où il y avait pour lui de la gloire à recueillir. Richelieu, qui lui est si peu favorable, reconnaît, en parlant comme Malherbe, que c'est par son conseil que Louis XIII entreprit la guerre du Béarn, et *porta le premier coup mortel à l'hydre de la rebellion (1)*. Lui-même, plus tard, lui porta le dernier, mais, moins généreux que le vieux garde des sceaux, il en prit pour lui toute la gloire.

Du Vair ne vit pas la fin de l'expédition de Béarn : il mourut pendant le siége de Clérac, à Tonneins en Agénois, où la maladie l'avait forcé de s'arrêter (3 août 1621). « Il regrettoit, » dit une relation du temps, qui semble faite par un témoin oculaire (2), « il regrettoit de mourir en la nécessité que les affaires auoient de tant de bonnes pensées qu'il auoit encore de réserue pour le repos de la France. » Son testament, qui a été publié plusieurs fois, contient les détails les plus touchants sur sa personne et sur sa vie. Malheureusement, ce n'est pas un testament politique, et du Vair a emporté dans la tombe le secret de *ces bonnes pensées qu'il tenait en réserve* pour le bonheur public. Nous n'avons pu qu'essayer de les deviner. Sa mort mit toute la France en deuil (3), et le roi ne sentit pas moins vivement la perte qu'il avait faite. Il se voyait privé d'un loyal serviteur, « capable, » dit la même relation, « de lui donner des conseils

___

(1) *Mémoires,* t. 11, p. 146.

(2) *Relation véritable de la mort de Monsieur du Vair, etc.* Paris, Abraham Saugrain, M DC XXI.

(3) *Ingenti totius Galliæ luctus.* Gassendi, *Vit. Peireskii,* p. 289.— Cf. G.-B. Gramond, *Histor. prostratæ rebellionis,* p. 293, Toulouse, M DC XXIII, in-4°.

sans passion, et de lui dire la vérité sans flatterie. » — « C'est une perte, dit-il, (ce sont ses mots) que ie ressens particulièrement, comme recognoissant et ayant esprouué en diuerses occasions, auec sa fidélité et affection, les effects de sa longue expérience et combien il m'estoit vtile et nécessaire. »

Malherbe (1) considéra cette mort, qui lui était si douloureuse, comme une perte pour l'État; mais Peiresc surtout en fut inconsolable: tous les grands projets qu'il avait pu former pour l'avancement des sciences et des lettres, grâce à la protection du ministre son ami, se trouvaient arrêtés. Il était réduit à ses seules forces, et, malgré son zèle, il ne pouvait presque plus rien. Aussi les savants de tous les pays, que du Vair avait encouragés, s'empressèrent de dédier à Peiresc les chants de deuil qu'ils composèrent à la mémoire du protecteur désintéressé qui venait de leur être enlevé (2).

Deux ans après, un magistrat de Provence, qui avait été député aux États généraux de 1614, Baltazar de Vias, dans un poème à la gloire de Louis XIII, intitulé *Icon regis christianissimi*, félicitait encore le roi du choix d'un ministre dont les conseils eussent pu donner à la France tant de puissance et de bonheur (3).

« La vertu et la probité, sous l'auguste toge du magistrat,

______

(1) Lettre à M. l'évêque de Riez. Liv. II, 4. Il se plait à rappeler l'amitié dont l'honorait du Vair. « Vous sçauez, Monsieur, combien ce grand personnage m'aimoit et m'estimoit au-delà de mon mérite. »

(2) Gassendi, *ib.* p. 289. — Parmi ces élégies on remarque *P. Bertii in obitum illustriss. ac reverendiss. viri dn. Guillelm. Vairii, etc. Ode.* Paris, Mathurin Henault, M DC XXI, in-4°. — *Ad virum ampliss. Nicol. Peiresium senator. super morte viri summi Guillelmi Veri sigillorum Galliæ custodis, Hug. Grotii epigramma,* in-4°.

(3) In-4°, 1623. Sylv. V. *Themis restituta.*

avaient donné à du Vair cette haute dignité, et toute la France avait applaudi. Tous les suffrages du peuple l'avaient désigné ; la volonté de celui qui avait le droit de le choisir, avait été prévenue (1). »

Plus loin, dans le même ouvrage, le même poète chante avec plus d'enthousiasme que de bon goût, l'incorruptible *justicier (2)* placé par Astrée au rang des astres.

Petentem (Vaïrum)
Astra præit, fecit que locum qua plurima cœlo
Fulgurat Erigone ; regit illic pondera libræ,
Et superis quoque justus adest, qui justior orbis
Hujus erat (3).

(1) In-4°, 1623. Sylv. V. *Themis restituta.*
(2) Mot de d'Épernon à du Vair.
(3) Ouvrage cité, note 13, p. 197.

CHAPITRE III.

PHILOSOPHIE ET RELIGION.

§ Ier. — Le stoïcisme chrétien ; son rôle et son importance; ses principaux représentants. — Du Vair : *La philosophie morale des stoïques*, comparée avec le traité de Juste-Lipse : *Manuductio ad stoïcam philosophiam*. — Analyse. — Emprunts textuels avoués par Charron. — Caractère pratique du livre de du Vair. — Enseignement de la morale sécularisé. — Duperron; caractère de ses traités philosophiques.

Les historiens de la philosophie ont enregistré avec soin les noms de tous ceux qui ont agité les problêmes de la science, soit qu'ils aient cherché des solutions nouvelles, ou qu'ils se soient contentés de reproduire, sous une autre forme, les doctrines de l'antiquité. Ils les ont classés par écoles, et ils ont trouvé aux xve et xvie siècles, des Platoniciens, des Péripatéticiens, des Sceptiques et des Mystiques. La France a fourni son contingent à cette armée de penseurs. Quelques-uns de ses philosophes ont donné lieu à des travaux considérables : le platonicien Ramus a été étudié avec un zèle pieux; il semble qu'on ait tout dit sur les sceptiques Montaigne et Charron; sur le premier on a écrit de gros livres, et chaque jour sa vie et ses ouvrages sont l'objet de nouvelles recherches. On leur a marqué soigneusement à tous leur place dans le grand mouvement intellectuel de l'époque, et, par un examen attentif, on s'est appliqué à trouver les lois auxquelles ont obéi les faits dont ils sont la personnification. Ainsi l'on a constaté qu'après le règne exclusif d'Aristote pendant quatre à cinq siècles, une réaction naturelle devait ressusciter le platonisme; on a reconnu que de l'agitation universelle qui caractérise le XVIe siècle; que de cette discussion de toutes les idées, de cet immense ébranlement de toutes les choses divines et humaines, religion, politique, sciences et beaux-arts, où tout semblait confondu, bouleversé; où les conséquences ne paraissaient pas toujours sortir des prémisses; où l'esprit humain cherchait en vain les vrais principes que lui cachait l'absurdité apparente des faits, devait naître l'hésitation, le doute, le *peut-être* de Rabelais, le *que sais-je* de Montaigne, le *je ne sais* de Charron, le scepticisme, en un mot. Mais on n'a pas vu que le douloureux spectacle de nos dissensions civiles et religieuses a dû produire dans certaines âmes un effet tout opposé; qu'à l'aspect de cette corruption des mœurs et des idées, de bons esprits ont dû, pour ne pas désespérer, ou se réfugier dans le triste asile du doute, demander à la raison et à la foi les véritables lumières de la vie, les guides éternels sous la conduite desquels l'homme ne saurait s'égarer. A un relâchement excessif ils opposèrent naturellement des principes d'une austérité extrême; au doute et à l'indifférence, l'affirmation la plus absolue. Pour ce double objet, ils s'adressèrent au stoïcisme, la plus dogmatique de toutes les écoles de l'antiquité; car ils ne croyaient jamais la barrière assez haute et assez forte contre les envahissements du mal. Dans ces moments de désordres et de troubles désespérants, l'épicurien cherche un refuge dans ces temples de la sagesse, dont parle le poète; il s'y fortifie; et, du haut de sa citadelle, « les bras croisez, » comme dit du Vair, il regarde passer, avec la cruelle sérénité de l'égoïsme, et, tout au plus, avec la stérile pitié du rat de la fable, la foule haletante des mortels, cherchant leur route au milieu des luttes acharnées des passions et des jeux de la fortune. Mais ce rôle étroit, qui renferme la vie dans l'individu, ne saurait convenir à de nobles cœurs : le danger les excite, les attire, non parce qu'il est le danger, mais parce qu'il y a plus de bien à faire, là où il y a plus de mal à combattre et à guérir. C'est la mission que se donne le stoïcien, ou plutôt il la reçoit des événements. Il ne se contente pas de dire à son siècle : « Voyez ! on peut être heureux par la modération des désirs, par le calme d'une âme bien réglée ; que chacun suive mon exemple, et tâche de se tirer d'affaire le mieux possible. » Il se jette dans le tourbillon, *mersatur civilibus undis;* il court au champ de bataille ; tout méchant lui est un ennemi ; il l'attaque, le poursuit à outrance, et ne sort de la mêlée que mort ou vainqueur. Dans ces luttes ardentes, il est à la fois le trompette et le héros ; il sonne la charge et engage le combat; général et soldat, il marche à la tête des vaillants qui se lèvent à sa voix, et il paie de sa personne : en lui, la parole et l'action vont toujours de pair.

Telle fut la conduite de quelques hommes au milieu de ces grandes « tempestes ciuiles » du XVIᵉ siècle. Véritables sages, calmes et grands esprits, cœurs généreux, il leur semblait « impie de se retirer du labeur et du soleil pour se mettre « au repos et à l'ombre » et « le mal ne leur parut jamais si « grand qu'il fallût désespérer du salut (1). » Dès-lors, par la plume et par l'épée, dans les assemblées et dans les places publiques, ils combattirent ; et remarquons bien que

(1) Du Vair, *Traité de la Constance et Consolation es calamitez publiques,* p. 981-983.

la plupart avaient des mœurs essentiellement pacifiques, et, en raison de leur profession, n'avaient jamais manié les armes. Le Parlement compta beaucoup de ces caractères énergiques ; depuis le chancelier de L'Hospital, en qui ses contemporains trouvaient quelque chose de saint Jérôme et de Caton (1), jusqu'au président Christophe de Thou, ce ferme vieillard, qui, à son lit de mort, réconfortait ses amis pleurant de désespoir sur les ruines de la France (2). Achille de Harlay, Simon Marion, Guillaume du Vair étaient de la même école. J'emploie à dessein ce mot, car il y eut réellement alors un enseignement stoïque avec ses traditions beaucoup plus pratiques sans doute que spéculatives, mais indiquant cette communauté de vues qui unit les disciples d'un même maître. Ce fut du Vair, bien qu'il ne soit pas venu le premier, qui devint le vrai chef de cette école, et qui en résuma les idées en les appliquant aux événements contemporains ; du Vair, qui fut toujours fier de porter et surtout de mériter le titre de stoïcien. Ce sont aussi les principes de cette philosophie qui inspirèrent les harangues de L'Hospital, les *Quatrains moraux* de Pibrac, et l'histoire de J.-Aug. de Thou, le fils de Christophe : l'on peut même dire qu'on en sent encore le souffle puissant dans les héroïques tragédies de Corneille.

Mais si l'on ne veut compter parmi les philosophes proprement dits que ceux qui ont écrit sur des matières philosophiques, du Vair, qui seul remplit exactement cette condition, mérite bien une mention à côté de Montaigne et de Charron. Il est honorable, en effet, pour la France de rappeler que dans l'un des siècles les plus tourmentés de son histoire, elle n'a pas eu seulement des sages qui of-

(1) Brantôme.
(2) V. le *Traité de la Constance et Consolation*, liv. III.

fraient à leurs contemporains, au milieu de tant de souffrances, comme remède souverain, une sorte de liberté
indéfinissable dans l'asile de la conscience; ni des théoriciens de vertu qui, après avoir employé tout leur art, et,
quoi qu'ils en disent (1), toute leur scolastique, à dessiner
méthodiquement, pièce à pièce, un portrait de la sagesse,
vous laissent, au demeurant, dans la perplexité, en procla-
mant « que la vérité n'est point de nostre acquest, et que
nous n'auons de quoy nous la vendiquer, nous en asseurer
et la posséder (2). »

Ainsi, dans ce renouvellement de toutes les choses antiques, nous avons eu des stoïciens prenant le nom et adoptant les principes de cette vaillante école. Mais cette imitation
n'alla qu'à la morale, et encore fut-elle modifiée par le
christianisme. Du Vair est un disciple du Portique; mais il
ne l'est pas moins de l'Évangile. Il est vrai qu'entre les deux
doctrines, la fusion était facile, car de tous les systèmes de
morale de l'antiquité, il n'en est pas qui, plus que celui de
Zénon, se rapproche des préceptes chrétiens. Du Vair, en
adoptant, en préconisant la philosophie stoïcienne, voyait
et montrait jusqu'où l'énergie humaine pouvait aller d'elle-
même, sans secours divin; il se rendait compte des forces
propres de l'âme, et en faisait honte à la mollesse de son
siècle. Mais c'était surtout aux gens de bien qu'il parlait,
voulant former une armée pour l'opposer aux méchants. Il

(1) V. la Préface de Charron.

(2) Charron, *De la Sagesse*, liv. II, ch. II, p. 45. — Cf. I, ch. XV,
p. 126. — Bizarre contradiction que cette expresse déclaration de scepticisme dans le livre le plus dogmatique du monde ! Comment concilier
en effet le doute dont Charron fait une loi au philosophe, avec cet aveu
de sa préface : « J'ay questé par cy, par là, et tiré la pluspart des
matériaux de cet ouvrage des meilleurs autheurs qui ont traicté ceste
matière. »

ne pouvait songer à prêcher le stoïcisme de Zénon ou de Jésus-Christ, la morale du devoir et ses rigoureuses exigences, à des cœurs gâtés par les passions les plus brutales, et incapables même de comprendre la morale de l'intérêt bien entendu. Il s'adressait à ces cœurs honnêtes, mais mous, qui pleuraient dans l'ombre sur les maux du pays, mais à qui la force manquait pour les rechercher et y appliquer les remèdes nécessaires ; il s'adressait aussi à ces *prudents* qui croyaient « plus seur de céder à la violence et de faire voye au destin, » ou « de lovier » adroitement entre les écueils ; et « qui tousiours biaisant, se trouuoient enfin « aussi esloignez du deuoir d'vn bon citoyen, que ceux qui « s'estoient iettez au mal tout-à-coup..., et d'un plein saut « lancez à la confusion (1). » Aux uns et aux autres il dit d'abord : Voilà ce qu'on a su faire dans l'antiquité, avant les préceptes de l'Évangile, avant l'exemple sublime de la croix. Et il se retrempait lui-même dans cette philosophie purement humaine, par laquelle il mesurait et essayait ses forces avant de monter plus haut, jusqu'à « la sainte philosophie (2). »

Tel est le but du traité de la *Philosophie morale des stoïques*, auquel du Vair joignit une traduction du *Manuel* d'Épictète, l'évangile de cette secte généreuse. Ce livre est une profession de foi fière et hardie, un rappel énergique aux vrais principes, nettement posés en face des douteurs et des corrompus, des ennemis de toutes sortes, et des amis timorés et hésitants, plus dangereux que les ennemis. Ce n'était pas le moment des transactions et des moyens termes ; il fallait relever d'une main courageuse les tables de la loi, et en expliquer les sévères prescriptions sous une forme noble et

___

(1) *La Constance, etc.*, p 990, in-8°.
(2) Titre d'un des traités de morale de du Vair.

grave comme elle, mais accessible à tous. Ici, pour commencer, la philosophie était plus puissante que la religion dont l'autorité était chaque jour abaissée par d'indignes ministres. Et puis, l'Évangile pouvait sembler, dans ce désordre des cœurs et des esprits, offrir un idéal de perfection trop au-dessus de l'humanité. Du Vair, pour accomplir sa tâche, s'adressa donc d'abord à la philosophie; et nous avons vu pourquoi il préféra la morale stoïcienne : elle était la plus haute et la plus pure. D'ailleurs étant de l'homme, elle ne pouvait être récusée par l'homme : d'une part, elle prenait sa base dans la raison humaine; et de l'autre, si on la déclarait impraticable, elle pouvait, comme le christianisme, montrer ses héros et ses martyrs.

Il ne faut pas chercher dans le livre de du Vair un traité complet de la morale du Portique; il faut y chercher bien moins encore un ouvrage semblable à celui dans lequel Juste-Lipse a développé en soixante-six dissertations très érudites, distribuées en trois livres et rangées sous le titre commun de *Guide de la philosophie stoïcienne (Manuductio ad stoïcam philosophiam)*, tous les principes, tous les préceptes, mais aussi toutes les subtilités et toutes les exagérations des disciples directs ou indirects de Zénon, celles dont s'est moqué Horace, et celles que Cicéron a exposées dans ses *Paradoxes*. On peut croire avec Gassendi (1) que le long et aride ouvrage de Juste-Lipse a donné à du Vair l'idée du sien : assurément, il le connaissait (2). Le deuxième et le

---

(1) *Opera*, t. VII, p. 313. Lugdun. Laurent Anisson, M DC LVIII, in-f°. *Epist. Ludovic. Valesio, optimo principi.*

(2) Ainsi, c'est d'après Juste-Lipse qu'il reconnaît à la fin du *Manuel* d'Epictète, des vers de Cléanthe, auparavant confondus avec la prose, dans les débris mutilés de cette partie du livre stoïcien. — V. *Manuductio*. p. 105, édit. de Christophe Plantin, in-4°.

troisième livres dans lesquels sont entassés, avec un grand appareil de citations puisées partout, les opinions des stoïciens sur les divers problèmes de la morale, ont bien pu ne lui être pas inutiles. Toutefois, il me semble que du Vair, qui a voulu avant tout faire un livre pratique, n'a guère fouillé dans les scolastiques et prétentieux dialogues du savant hollandais. Il s'est inspiré principalement des idées de celui que saint François de Sales appelle le *bon Epictète* : il se contente le plus souvent de traduire ses excellents préceptes avec un peu plus de liberté que dans la version spéciale qu'il en a faite. Tout le meilleur du livre grec a passé dans le sien, et s'y est fondu. Du Vair se souvient aussi des *Épitres* et de quelques traités de Sénèque, des *Paradoxes*, des *Tusculanes* et surtout des *Offices* de Cicéron. Si l'on rencontre chez lui certains passages qui rappellent le résumé de la morale des stoïciens qu'on trouve dans Diogène Laerce, on peut croire que Juste-Lipse lui a fourni ces documents, dont il use assez peu du reste. A cela se bornent ses emprunts directs. Toutefois, il faut le reconnaître, le grand étalage d'érudition que présente le *Guide de la philosophie stoïcienne*, ne pouvait pas trop déplaire à l'orateur qui sacrifia si souvent malgré lui, dit-il, mais non pas peut-être sans un certain plaisir, au goût d'un siècle amoureux de l'antiquité, et il a dû retenir quelque chose de tant de trésors si complaisamment prodigués.

Rien ne montre mieux la différence des deux ouvrages que les pages par lesquelles ils commencent. Juste-Lipse, qui veut donner une idée complète des doctrines stoïciennes, en raconte d'abord l'origine et les progrès : il fait voir comment cette école est sortie de celle d'Antisthène-le-Cynique. Mais qu'est-ce qu'Antisthène ? qu'est-ce que les Cyniques ? Pour répondre à ces questions qu'il croit nécessaire de se poser, il remonte au berceau de la philosophie grecque ; il en retrace l'histoire, non sans avoir fait au préalable une assez longue apologie des études philosophiques dont il démontre l'utilité et la possibilité à tous les âges de la vie (1). Elles ne sont pas incompatibles avec les dogmes de la foi, et peuvent même avoir pour la religion d'heureux résultats. Juste-Lipse appuie son opinion de nombreuses autorités : il en est de même dans tout le cours de l'ouvrage, et il y a tel de ses dialogues dont la meilleure moitié est en citations. Du Vair, qui n'a pas d'autre intention que de donner un code de morale, une sorte de traité des *Devoirs*, fondé sur la constitution même de l'homme et non pas de faire une œuvre d'érudit, entre plus hardiment en matière. Il commence par poser les principes ou les axiomes qui forment la base de l'édifice. « Il n'y a rien au monde qui ne tende à une fin, à une fin proportionnée à sa force. » L'homme, doué de raison, a, comme tous les autres êtres, une fin qui lui est propre, et cette fin est le bien. La difficulté est de reconnaître en quoi consiste le bien de l'homme : « il n'est pas exposé ici en veüe à tout le monde ; la nature n'en a semé çà-bas que de foibles estincelles ; toutesfois appliquées purement à nos esprits, elles s'enflamment en vne pure lumière et le font cognoistre tel qu'il est (2). »

Il n'est donc pas impossible de découvrir le vrai bien de l'homme, et l'on peut proprement le définir : « *l'estre et l'agir selon la nature.* » Ainsi le bien de l'homme consiste dans l'usage de la droite raison, c'est-à-dire dans la vertu. Du Vair développe cette pensée d'après Sénèque (3), et démontre que les avantages extérieurs, la santé, les richesses, ne peuvent être appelés de vrais biens puisque l'on en peut

(1) Nulla ætas eis immatura. *Manuduct.* l. 1.
(2) *Morale des stoïques,* p. 815. Edit. in-8°, 1621.
(3) *Epist.* 66, 71, 74, 87. — *De vita beatâ,* 3, 4 et passim.

faire un bon ou un mauvais usage, et qu'il arrive souvent que leurs contraires sont préférables. Ce sont donc choses indifférentes en elles-mêmes. Le vrai moyen de reconnaître notre bien, c'est de considérer en nous ce qui le cherche. Or, la volonté est ce qui cherche notre bien. « Le vouloir bien réglé ne veut que ce qu'il peut; il ne s'empeschera donc point de ce qui n'est point en nostre puissance, comme d'auoir de la santé, des richesses, des honneurs..... C'est une loi divine et inviolable, publiée dès le commencement du monde, que si nous voulons auoir du bien, il faut que nous le donnions à nous-mesmes (1). »

Mais par où sommes-nous heureux? par l'esprit ou par le corps? Si c'était par le corps, il n'arriverait jamais que la privation des biens du corps pût nous laisser jouir du bonheur. Enfin l'expérience nous montre que les biens de l'esprit sont souvent en raison inverse des biens extérieurs.

Cette introduction, ou, si l'on veut, ce premier chapitre se termine par cette comparaison poétique : « Estimeriez-vous pas dauantage vn patron de nauire qui, au trauers des flots et des tempestes, mèneroit au port vn vieil vaisseau tout creuassé, desgarny de voiles et de cordages, que celui qui auroit conduit vn nauire tout neuf, bien esquippé de toutes choses, ayant le vent en pouppe et la marée fauorable (2)? » Après quoi, l'auteur conclut, en se résumant, « que, pour estre heureux, il faut purger notre esprit des passions et apprendre comment nous devons nous affectionner enuers ce qui se présente. »

« Ce qui peut le plus pour nous mettre en chemin.... c'est la prudence qui est le commencement et la fin de toutes les vertus.... » Du Vair prend ce mot dans son sens primitif,

(1) *Morale des stoïques*, 818.
(2) P. 819.

pour dire cette force d'esprit « qui nous oste les fausses opinions. » « C'est le bouclier d'Achille.... mais, pour se rendre capable de le porter, il faut aller à l'école de la philosophie, » qui nous apprend le double usage de la prudence : « nous aduancer au bien, et reculer le mal de nous. » Avant tout, commençons par « oster de nos esprits les passions qui s'y esleuent et esblouissent de leur fumée l'œil de la raison. » Du Vair définit les passions « des mouuemens violens de nostre âme en sa partie sensitive, pour suiure ce qui luy semble bon et fuir ce qui luy semble mauuais. » Cette définition, plutôt péripatéticienne que stoïcienne, montre assez que l'auteur ne se propose pas tant d'enseigner exclusivement la doctrine des stoïciens que de tracer des règles sévères de conduite, au nom de la raison humaine, suivant le procédé éclectique de Cicéron. Ainsi c'est Platon, c'est Cicéron qu'il suit, quand il indique ensuite le rôle des sens, « les sentinelles du corps, les messagers de l'entendement (1), » et les diverses puissances de l'âme, la *concupiscible* et l'*irascible* (2). C'est d'après ce système qu'il donne une théorie des passions : il les divise en passions simples et passions doubles. A la première « branche » il rattache le plaisir et le désir, la haine ou l'horreur et la « *fascherie*, qui est quand nous sommes esmeus vers nous-mesmes à l'occasion d'vn mal présent ; » la douleur, la pitié, la jalousie et l'envie. A la seconde appartiennent l'espoir et le désespoir, la peur et le courroux. Ces passions sont doubles parce qu'elles « s'accouplent » toujours aux premières.

« Tels sont les vents d'où naissent les tempestes de nostre

(1) Cicéron, *De Natura deorum*, II, 56 ; *De Legibus*, I, 9.
(2) Platon, *De Republic.*, IV. — Cf. Aristote, *De Anima*, III, 10, édit. Duval. — V. Stob. serm., I, *De Virtute*.

âme.... et la cauerne dont ils sortent, n'est que la fausse opinion que nous auons des choses extérieures par rapport à nous. » C'est là le point capital de cette théorie. Tout mal provient de l'opinion qui nous fait regarder comme bon pour nous ce qui doit nous être indifférent, ou ce qui n'est bon que par l'usage que nous en faisons. Du Vair, dans son traité *De la Constance,* reviendra encore sur les dangers de l'opinion, et il combattra avec plus de vivacité et d'énergie « cette téméraire maistresse, » comme il l'appelle, « cette maîtresse d'erreur, » comme la nomme Pascal.

Il faut donc ne jamais perdre de vue les principes; la véritable fin et le vrai bien de l'homme; et régler ainsi nos passions sans nous émouvoir outre mesure de ce qui est en dehors de nous. Pour y réussir, nous avons « l'accoustumance » et l'influence des bonnes maximes appuyées des bons exemples.

Ici, du Vair reprend l'une après l'autre chacune des passions qu'il a indiquées; il les analyse avec soin, en montre les fâcheuses conséquences et les moyens de les prévenir ou d'y remédier.

Parmi ces peintures, une des plus remarquables est celle de l'ambition. Passion sans bornes, « la vieillesse la meurit« elle? nenni. Les dignitez la contentent-elles? non. C'est le « vuide que les philosophes n'ont pu encores trouver en la « nature; c'est un feu qui s'augmente avec la nourriture « qu'on lui donne. Ceux qui ont flatté l'ambition, ont voulu « faire accroire qu'elle seruoit comme d'un degré pour « monter à la vertu. Pour l'ambition, disaient-ils, on quitte « les autres vices, et enfin l'on quitte l'ambition même pour « l'amour de la vertu. Mais tant s'en faut. Si l'ambition « cache les autres vices, elles ne les oste pas pour cela, « ains les couue pour vn temps sous les trompeuses cen« dres d'vne malicieuse feintise, auec espérance de les

« renflammer tout-à-fait, quand ils auront acquis assez d'au-
« thorité pour les faire régner publiquement auec impunité.
« Les serpents ne perdent pas leur venin pour estre en-
« gourdis par le froid, ni l'ambitieux ses vices pour les
« couurir d'vne froide dissimulation. Et quand l'ambition
« quitteroit tous les autres vices, si ne se quitteroit-elle ja-
« mais soy-même, juste seulement en cela qu'elle suffit à sa
« propre peine et se met elle-mesme au tourment (1). »

Ce beau morceau est un de ceux qu'a transcrits littéralement Charron qui du reste déclare que pour les passions,
« il n'a point veu qui les despeigne plus naïfuement et riche-
ment que le sieur du Vair en ses petits liurets moraux, desquels, ajoute-t-il, ie me suis fort seruy en ceste matière
passionnée (2), »

Élevons donc dans notre âme de fortes « barrières contre
« les assauts de l'ambition, et premièrement persuadons-
« nous qu'il n'y a de vray honneur au monde que celuy de
« la vertu ; que la vertu ne cherche point de plus ample ni
« de plus riche théâtre pour se faire voir que sa propre
« conscience. Plus le soleil est haut, et moins fait-il d'ombre ;
« plus la vertu est grande, et moins cherche-t-elle la gloire. »
Notre honneur consiste à bien jouer notre rôle, quel qu'il
soit, dans ce monde. Du Vair développe cette pensée d'après
Epictète (3), et conclut que « le fruit des belles actions est

____

(1) *Morale des stoïques*, p. 832.
(2) *La Sagesse*, 1, ch. xviii. — M. de Sainte-Beuve, dans son article
sur P. Charron (*Moniteur*, 1854, 25 décembre), après avoir cité les
premières lignes de ce passage, ajoute : « Il réconnaît donc qu'il s'en
est fort servi. » Et ces mots semblent une conséquence qu'il tire lui-
même tandis que c'est textuellement l'aveu fait par l'autenr de la
Sagesse.
(3) *Manuel*, xv-xvii.

de les auoir faictes, et que la vertu ne sauroit trouuer hors de soy récompense digne d'elle. » Puis il passe à la description de la crainte (1) et de ses pernicieux effets, parmi lesquels il faut compter la haine, dont le propre est de se nourrir d'elle-même et de croître sans cesse. C'est encore dans Epictète que du Vair cherche le remède à cette « fascheuse passion. » Ce remède, c'est *de prendre chaque chose par l'anse la plus commode (2)*.

Comme nous avons à fuir la haine, de même il nous faut éviter l'envie sa « sœur germaine, misérable passion, s'écrie le philosophe traduisant Horace, et telle que toutes les gehennes des plus ingénieux tyrans n'en ont jamais surpassé la cruauté (3). »

Pour échapper à « ceste beste farouche qui nous rongeroit continuellement le cœur, » voyons ce que nous envions aux autres, les honneurs, les richesses, les faveurs. Mais à quel prix les obtient-on? Et voudrions-nous les payer si cher? « Pour les auoir, il faut flatter, il faut endurer des affronts, des injures ; il faut perdre sa liberté : l'on n'a rien pour rien dans ce monde. » Ici du Vair s'approprie d'une manière ingénieuse un joli morceau d'Epictète : « Je vay au marché ; j'en voy vn qui tire à la bourse : il baille un denier et emporte vne laitüe ; moy qui ne baille rien, je n'emporte rien ; et néantmoins je suis d'aussi bonne condition que lui ; il a sa laitüe, et moy, j'ay mon argent. Je voy mon voisin qui revient d'vn festin ; si je considère seulement qu'il a faict bonne chère, j'auray regret de n'y auoir point esté comme luy : mais quand je pense qu'il a fallu flatter le maistre de

---

(1) Morceau reproduit dans le *Traité de la Constance et Consolation dans les calamitez publiques*.

(2) *Manuel,* XLIII.

(3) Charron, I, 28.

la maison, j'aime mieux n'auoir pas faict si bonne chère et auoir gardé ce qui est du deuoir d'vn honneste homme (1). »

A l'envie se rattache la jalousie qui lui ressemble beaucoup ; mais qui s'en distingue, en ce qu'elle se rapporte au bien que nous possédons et voulons posséder seuls, tandis que l'envie a pour objet le bien d'autrui que nous voudrions posséder. Cette « sotte passion » si finement distinguée de l'autre par notre philosophe, est, dit-il, le fiel qui corrompt tout le miel de nostre vie... quiconque vit jaloux, vit misérable. Le vrai mérite ne craint pas les rivaux ; et puis, ôtez l'émulation, vous ôtez la gloire, vous ôtez l'éperon à la vertu (2).

De même que le bien d'autrui ne doit exciter en nous ni envie ni jalousie ; de même, il ne faut pas que le mal qui arrive aux autres nous émeuve au point de nous faire perdre le jugement. La compassion est chose bonne en soi ; mais seulement autant qu'il est nécessaire pour nous porter à secourir nos semblables et à les aider. Garantissons-nous avec plus de soin encore de la douleur ou du mécontentement de ce qui est. Ce sentiment flétrit l'âme, en use les ressorts et l'enchaîne dans une sorte d'inertie incurable (3). C'est ici surtout qu'il faut nous rappeler ce qui est en notre puissance, et nous souvenir que de nous dépend absolument l'influence des choses extérieures sur nous-mêmes. « Le plaisir et la douleur se puisent en mesme source ; il n'y a que la façon de remplir nostre vase qui le remplisse de l'un ou de l'autre. » Et puis, la nature nous a donné pour tous les maux un baume souverain, l'habitude, « l'accoustu-

---

(1) Voyez et comparez la traduction du passage d'Epitecte par du Vair. *Manuel*, xxx, 3, 4.

(2) Charron, *De la Sagesse*, I, 29.

(3) *Ibid*, 32.

mance » *qui nous rend tout familier.* C'est le remède du vulgaire : le philosophe a mieux ; il a la méditation. Appliquons-là à l'examen des choses qui peuvent nous affliger, telles que les souffrances corporelles, et nous verrons qu'elles ne méritent pas d'émouvoir profondément notre âme. On en peut dire autant de la perte des biens, même de ceux qui nous sont le plus chers : la réputation, la patrie. Le sage sait tirer profit des injures ; et, quant à le bannir, nul ne le peut, car « son pays est le ciel où il aspire, passant ici-bas seulement comme par un pélérinage (1). »

Ici commence la deuxième partie de l'ouvrage, l'examen des passions doubles, c'est-à-dire qui naissent dans la partie irascible de l'âme. Si l'homme était assez sage pour se garantir des excès des autres, il serait inutile de le prémunir contre celles-ci, car « elles ne s'élèuent et ne se remuent en nostre cœur, » qu'après que les premières y ont trouvé place. Du Vair définit et analyse d'abord l'espérance, le désespoir et la crainte, et ces vives peintures ont été littéralement copiées par Charron (2), chez qui bien souvent on les a admirées, sans restituer la moindre part de gloire à l'observateur attentif, à l'écrivain soigneux auquel l'heureux compilateur a pris plus que des couleurs et des traits épars, — toute une galerie de tableaux.

De toutes les craintes que nous pouvons éprouver, la plus dangereuse est celle de la mort. « Oh ! s'écrie l'éloquent phi-
« losophe, si nous pouuons gagner ce point-là, que la mort
« ne nous estonne pas, que nous serons heureux ! En ce
« poinct plus qu'en toute autre chose, l'opinion se bande
« contre la raison et nous la veut effacer auec le masque de
« la mort. Combien qu'il n'y en ait qu'vne au monde, elle

(1) *Morale des stoïques*, p. 845.
(2) *De la Sagesse*, 1, 25, 34.

« nous en peint d'infinies façons. La mort, croyez le bien,
« n'a rien d'épouuantable ; mais nous auons enuoyé de las-
« ches et peureux espions pour la recognoistre ; ils ne nous
« rapportent pas ce qu'ils en ont veu, mais ce qu'ils en ont
« ouï dire et ce qu'ils en craignent (1). » Du Vair cite de
beaux exemples du mépris de la mort : « Ceux qui les sui-
uront, dit-il, n'auront iamais le cœur saisi d'appréhension ;
mais auec vn esprit indomptable, courront au trauers des
flammes, à la vertu et à la gloire. »

En fuyant la peur, prenons garde de ne pas tomber dans
la colère. « C'est fine fleur de folie, » dit ailleurs du Vair,
traduisant dans la pittoresque manière du XVIᵉ siècle le mot
d'Horace : *ira furor brevis est.* Ici, il la représente nous poussant hors de nous, faisant bouillir le sang en notre cœur,
et élevant en notre esprit de furieuses vapeurs qui nous
aveuglent et nous précipitent vers tout ce qui peut contenter
le désir que nous avons de nous venger (2). Cette esquisse
en quelques lignes en dit plus que le portrait hideux que
Sénèque a tracé de cette passion. Du Vair, avec la même sobriété éloquente, indique « ce qui nous chatouille » en elle ;
son apparence de justice et son excuse, qu'elle tire de la
malice d'autrui. Il réfute l'objection que la colère peut être
légitime et même vertueuse. Selon lui, « il n'y a pas de plus
grande sagesse, ni plus vtile au monde que d'endurer la
folie des autres ; et celui qui se livre à la colère devient fou
lui-même. » Comment, en cet état, peut-il avoir la notion
bien claire de ce qui est juste ou injuste ? Accoutumons-
nous donc à pardonner à tout le monde, surtout si la fortune
nous a placés dans un rang élevé, « car tant que nous

(1) *Morale des stoïques*, p. 848. — Cf. Charron, *De la Sagesse*,
II, 11.

(2) Du Vair, *ibid.*, p. 849-850. — Cf. Charron, *ibid.*, I, 26.

sommes esmeus, nous ne pouuons rien faire à propos. » En général, quand les passions sont déchaînées, « la raison ne nous sert non plus que les aisles aux oiseaux engluez par les pieds. » L'âme, pour avoir tout son empire, doit se tenir dans cette screine région de l'air « qui n'est jamais offusquée de nuées, ni agitée de tonnerres... Quand une fois elle est conduite à ce point, il lui est fort aisé de reigler ses actions, et de les mener à leur fin; car lors, elle chemine pas à pas après la nature, et se lie par vne affection douce et tempérée aux autres parties du monde, desquelles l'homme est comme le nœud qui assemble les célestes auec les terrestres. Les effects de ceste affection tempérée de l'homme enuers les autres choses du monde, s'appellent *offices;* comme qui dirait le deuoir et la façon dont il s'y doit comporter. »

Ces derniers mots annoncent un traité des *Devoirs,* qui forme en effet la troisième partie du livre de *La Morale des stoïques.* Ce traité, malgré sa brièveté, est complet : toutes les obligations de l'homme envers Dieu, envers ses semblables et envers lui-même y sont exposées avec cette chaleur d'expression qui est la marque des convictions sincères. On n'y peut regretter qu'une chose, c'est que le philosophe, en traçant les devoirs de l'homme envers sa femme, ait laissé de côté les devoirs de la femme envers son mari. Oubli significatif! la femme, pour du Vair, n'est encore que la mère des enfants, une honnête gouvernante de la maison; mais elle n'est pas, elle ne saurait être l'égale du père de famille. Qu'aurait-elle à faire d'un traité de morale? ses devoirs, son mari les lui tracera : à elle d'obéir. On aperçoit là cette tendance invétérée à négliger l'éducation de la femme : c'était un reste des mœurs de l'antiquité, et, malgré d'heureux progrès, le mal est loin d'être guéri, nous en souffrirons longtemps encore.

Après ces pages trop courtes sur les relations de famille,

du Vair résume en quelques lignes la théorie de l'amitié. C'est la plus pure substance du traité de Cicéron : aucun point essentiel n'y est omis; les avantages de l'amitié, le choix des amis, les circonstances où l'on peut et où l'on doit rompre ce doux lien d'affection mutuelle, etc. Enfin il reprend brièvement tous les degrés des devoirs, et termine par des préceptes de morale individuelle : respect de soi-même : n'avoir jamais à rougir de ses actions, pas même devant sa conscience; soigner son corps comme un instrument nécessaire à cette vie; ne faire qu'un usage honnête de la parole, du geste et même du silence. « Sçauoir se taire est vn grand aduantage à bien parler; bien dire et beaucoup n'est pas le fait d'vn mesme ouurier (1). Le silence est le père du discours et la fontaine de la raison.... » L'usage de la parole, quand l'occasion s'en présentera, doit être « d'aider à la vérité, lui porter le flambeau pour la faire voir, et, au contraire, de descouvrir et réfuter le mensonge, donner louange à ce qui est bon et blasme à ce qui est mauuais. » Dans ces nobles paroles, on reconnaît l'orateur philosophe qui donna à l'éloquence française de si hautes et si sages leçons : elles font penser à cette belle et sainte définition de Fénelon : « L'homme digne d'être écouté est celui qui ne se sert de la parole que pour la pensée, et de la pensée que pour la vérité et la vertu (2). » On ne dépensera donc pas ses paroles en vaines futilités, même dans les conversations

____

(1) Quelques années plus tard, dans un de ses discours d'ouverture (Marseille, 1597), il disait, en appliquant ce précepte à l'éloquence judiciaire : « L'abondance des paroles obscurcit la vérité, au lieu de l'éclaircir. Il en est des paroles comme des pièces d'or et d'argent; celles-là sont les meilleures qui, sous moins de masse, ont plus de poids. » — Cf. Charron, *ibid.*, III, 43.

(2) *Lettre à l'Académie française*, IV.

familières. Du Vair en retrace les lois d'après Épictète (1) : ne pas trop parler de soi ; ne parler d'autrui qu'avec la plus grande circonspection ; point de plaisanteries grossières, ni de sales propos ; éviter les questions subtiles ; savoir écouter et n'être flatteur, ni téméraire ; ne pas trop fréquenter les lieux publics où « l'on tire beaucoup de l'humeur du vulgaire. »

En toutes choses on considèrera les moyens et la fin, et l'on mesurera ses forces avant de rien entreprendre. Le développement de ces préceptes est encore emprunté à Épictète ; mais l'on peut trouver ici que du Vair aurait dû, comme il l'a si bien su faire ailleurs, se l'approprier mieux ; cette fois, il s'est trop borné à traduire le moraliste grec. Quand votre entreprise aura été conçue et bien méditée, suivez votre résolution avec constance, sans vous soucier du jugement des autres. Ne cachez pas vos actions, non pas qu'il faille « faire du bruit autour de la vertu. » La modestie est la parure d'un cœur vraiment honnête.

Telles sont les lois de la morale stoïcienne, selon du Vair.

A la pratique journalière de ces lois, il faut ajouter chaque soir, selon le précepte pythagoricien, un examen de notre conscience, pour nous rendre compte de nous-mêmes, corriger nos erreurs, réparer nos fautes, ou, s'il y a lieu, « cueillir le doux fruict de nostre innocence.... Ce sera là le cantique le plus mélodieux que nous puissions chanter à Dieu ; car il ne reçoit pas de plaisir plus grand en ce bas monde que quand il voit l'homme, qui est son plus cher ouurage, conseruer la beauté et la perfection dans laquelle il l'a créé. »

Tel est le sage que peut former la philosophie sans le secours de la religion. Du Vair, qui sait s'arrêter dans les

(1) *Manuel*, xxxviii.

limites de l'utilité pratique, ne lui donne pas tous les priviléges, un peu chimériques, dont riait Horace et que lui
promet encore Pibrac :

> Le sage est libre, enferré de cent chaînes;
> Il est seul riche, et jamais estranger;
> Seul asseuré au milieu du danger
> Et le vray roy des fortunes humaines (1).

Mais que la religion vienne joindre ses divines leçons à
celles de la sagesse humaine; elle fera de l'homme qui les
suivra, plus qu'un roi, elle en fera un saint; elle lui donnera une place dans le royaume de Dieu.

Voilà l'ouvrage de du Vair : ce n'est pas, on le voit,
l'œuvre d'un métaphysicien : c'est surtout un livre pratique.
Il ne ressemble guère non plus à celui de Juste-Lipse. Autant le *Guide de la philosophie stoïcienne* est compliqué; autant
la *Philosophie morale des stoïques* est simple et d'un abord
facile. On peut seulement regretter que ce livre ne soit pas
divisé en chapitres, comme celui de Charron : il y aurait
gagné, nous n'en doutons pas, bien des lecteurs. Si méthodique qu'en soit le plan, si claire qu'en soit l'exposition, il
satisferait davantage l'esprit, s'il lui épargnait la peine de
se rendre compte des objets qui lui sont présentés. Il règne
aussi dans ces pages ce qu'on chercherait vainement dans
l'ouvrage de Juste-Lipse, stoïcien en théorie comme Sciop-
pius, une émotion contenue, une chaleur de sentiment qui,
sans éclater nulle part, anime tout le discours. Le ton est
un peu oratoire, si l'on veut; mais il ne messied pas; et
puis c'était un moyen de se faire lire. Il ne faut pas oublier
que ce livre est, après les opuscules péripatéticiens de Duperron, le premier traité de morale *ex-professo* écrit en notre
langue. Ce siècle, M. Saint-Marc Girardin l'a remarqué, eut

(1) *Quatrains*, LVIII.

7

la gloire de séculariser la morale qui jusque-là était du ressort du clergé (1). Au casuitisme subtil, compliqué, que les gens du monde ne pouvaient comprendre, il substitua, pour l'usage vulgaire, ces règles de conduite empruntées aux livres des sages de l'antiquité et aux enseignements de l'évangile. C'est la tâche que du Vair s'est donnée et qu'il a su accomplir. L'homme reconnaissait sans doute dans ce livre la bonté primitive de sa nature et la possibilité pour lui d'arriver au bien au moyen des facultés dont Dieu l'a doué. Mais que ces matières étaient nouvelles pour la plupart des esprits ! et qu'il était nécessaire, pour qu'il n'en fussent pas rebutés, que le style de semblables ouvrages eut tous les charmes, tout l'attrait qu'ils pouvaient comporter! C'est ce que ne comprit pas Duperron. Rien de moins agréable que ses opuscules moraux. *(Le Traité des vertus morales et le Discours spirituel sur la comparaison des vertus morales et des vertus théologales.)* Le premier de ces ouvrages n'est guère, sous une apparence très méthodique, qu'une analyse sèche et mal ordonnée des *Ethiques* d'Aristote; l'autre est une emphatique déclamation pour prouver la supériorité de la religion sur la philosophie. C'était bien d'un pareil débat qu'il fallait s'occuper dans un discours adressé à Henri III et composé par son ordre !

Juste-Lipse, comme du Vair, se montre passionné dans son exposition des doctrines stoïciennes : mais quelle différence ! et qu'on voit bien qu'il affecte plus d'enthousiasme qu'il n'en éprouve ! La véritable émotion ne se contente pas de ces formes convenues et sentant leur pédant d'une lieue : « *Clare, acriter, pulchre profecto et accommodate ! (2)* » Exclama-

(1) *Littérature française au* XVIe *siècle.*
(2) P. 96, 104.

tions de commentateur qui commande l'admiration, on les retrouve trop souvent dans ses *arguments* des épîtres et des traités de Sénèque. Mais écoutons plutôt le savant compilateur : « L'obéissance à Dieu, dit-il d'après Sénèque, c'est la liberté ; » puis, il ajoute : « Quelle est l'opinion d'Epictète ? C'est, selon lui, le principe de la sagesse, et il n'est pas de maxime sur laquelle il revienne plus souvent. » Dans son *Manuel* même, ce bréviaire, cette ruche de vertus : « Il faut « s'arranger de manière à obéir aux Dieux, à céder à tous « les événements, à s'y soumettre de bon gré, comme étant « produits par une intelligence infiniment sage (1). » Ailleurs (2), il s'écrie : « Je préfère toujours ce qui arrive : « mieux vaut, je pense, ce que Dieu veut que ce que je « veux moi-même. Je m'unirai à lui, je m'attacherai à lui, « comme un serviteur et un valet ; avec lui, je désire ; avec « lui, je souhaite ; en un mot, je veux ce qu'il veut. » O paroles nées dans le ciel et venues du ciel ! puissé-je, ô Epictète, éprouver les mêmes sentiments ; et, les yeux levés vers Dieu, oser lui dire avec toi : « Servez-vous de moi dé- « sormais selon votre volonté. Je veux penser avec vous, « vivre en vous. Tout ce qui vous semblera bon, je l'accep- « terai ; conduisez-moi où vous voudrez ; revêtez-moi de « l'habit que vous voudrez. Voulez-vous que je sois magis- « trat, simple citoyen, que je demeure, que je m'exile, que « je vive dans la pauvreté, dans les richesses ? j'y consens ; « bien plus, devant tous et pour tout, je prendrai votre dé- « fense (3). »

On voit le procédé de Juste-Lipse : il cite de belles pen-

(1) *Manuel,* XXXI.
(2) *Dissertat.,* III, 7.
(3) Epictète, *Dissertat.,* II, 16. — Juste-Lipse, *Manuductio ad stoïc. philosoph.,* II, 16.

sées ; il enregistre de sublimes paroles ; parfois, il se récrie d'admiration ; mais on peut douter que dans ce travail de recherches curieuses, d'assemblage un peu forcé, il ait bien imprégné son âme des sentiments et des idées dont il fait, pour ainsi dire, collection. On reconnaît là une œuvre de patience ; le travail d'un savant qui veut prouver que rien de ce qui tient de près ou de loin à la philosophie stoïcienne ne lui est étranger ; mais on n'y sent pas vivre l'âme d'un stoïcien.

Du Vair s'approprie ces doctrines ; son esprit y reprend ce qui est à lui ; il les expose avec tant d'aisance et de candeur, avec une émotion si vraie qu'on reconnaît tout de suite qu'il fait autre chose qu'arranger et traduire. Ces pensées stoïques qu'il exprime, il les a retrouvées en lui ; ces sentiments, il les a éprouvés, et, s'il ne retenait çà et là quelques traits purement antiques, on pourrait, en le lisant, juger qu'il donne une belle idée de la morale du Portique, mais on ne penserait en particulier ni à Zénon, ni à Sénèque, ni à Epictète, ni à Marc-Aurèle : car le plus souvent, on est embarrassé pour distinguer ce qu'il tire de son propre fonds et ce qui lui vient des anciens philosophes.

Laissons-le en effet parler à son tour sur le même sujet que Juste-Lipse : « Il faut nous résoudre d'obéir à Dieu et de prendre en gré tout ce qui vient de sa main. Sa connaissance estant très parfaicte, sa puissance immense, sa volonté très charitable, que reste-t-il à conclure, sinon qu'il ne nous enuoie rien qui ne tende à nostre bien ? Et ores que nous ne comprenions pas quelquefois le bien que nous deuons receuoir de ce qu'il nous enuoye, si en deuons-nous touiours espérer... Sous ceste asseurance, nous deuons nous commettre et soumetire à lui, recognoissans que nous sommes entrez en ce monde non pour commander, mais

pour obéir, que nous y auons trouué les lois toutes faictes,
lesquelles il faut suiure (1). »

On le sent, il y a là autre chose que des souvenirs. Celui
qui s'exprime ainsi, quand il cherche les voies de la sagesse
à l'aide des seules lumières humaines, pourra sans peine
prendre un langage plus élevé, lorsqu'il parlera comme
chrétien, comme disciple de l'évangile, « de *concerter* auec
la grâce de l'esprit de Dieu qui œuure en nous; » de laisser
le maître « toucher l'instrument de nostre âme, pour l'accorder au ton de sa volonté et nous assouuir de la mélodie
de ceste douce et parfaicte harmonie. » Eclairé du double
flambeau de la raison et de la foi, il pourra se croire sûr
de sa route, et se dire à lui-même en parlant à son âme,
comme les héros de Corneille :

« Viuez donc, ma chère ame ; viuez et vous fondez et
refondez au milieu de ces plaisirs diuins qui, comme les
perles et les diamants, sont abandonnez aux déserts et
extrémitez de la terre et sont à si bon marché que rien plus
à ceux qui ont le courage de les y aller chercher. Viuez
ceste bienheureuse vie, qui est le chemin de l'immortalité,
qui nous meine doucement et plaisamment jusques à l'entrée
des cieux, suiuant pas à pas nostre Dieu et le tenant par la
robbe (2). »

Cette dernière image est charmante : on la dirait empruntée à quelque vieille peinture de Fra Angelico. Que de grâce
elle répand sur l'idée stoïcienne ! On reconnait là le sentiment chrétien, et comme un souffle de l'*Imitation de Jésus-
Christ :* — l'âme humaine représentée sous la figure d'un
petit enfant marchant un peu derrière son père, *non passibus*

<hr>

(1) *Philosophie morale des stoïques*, p. 853.
(2) *La Saincte Philosophie*, p. 1054.

œquis, et s'attachant à lui pour soutenir et hâter ses pas !...
Que nous voilà loin d'Épictète et de tous les philosophes !
ou plutôt l'Évangile leur a donné des ailes et ils se sont
élancés à la suite du Christ vers les célestes régions qu'ils
n'avaient fait qu'entrevoir.

§ II. — Union plus intime de la Religion et de la Philosophie. — Rapports de la *Sainte Philosophie* et de la *Philosophie morale des stoïques;* identité de but. — Rôle de du Vair, comme moraliste; sa sincérité. — Originalité du livre de *La Sainte Philosophie.* — Analyse.

Le livre de la *Sainte Philosophie* est la suite et le couronnement de l'œuvre commencée dans la *Morale des stoïques :*
l'intention est la même : relever l'homme abaissé par les
hontes et les misères d'un demi-siècle de désordres et de
calamités , lui rendre sa dignité première en le rappelant au
respect de lui-même ; ranimer ainsi en lui l'espérance et le
courage ; mais surtout montrer, montrer sans cesse le but
à des cœurs hésitants et troublés, en leur indiquant le
chemin qui y mène, en leur prouvant qu'ils peuvent y marcher, et qu'à défaut des forces humaines, ils ont le secours
de Dieu. Voilà certes une noble tâche, — noble et difficile ;
du Vair ne craignit pas de s'en charger. Vivant au milieu du
monde, dans la société des grands et des hommes d'action,
témoin et, nous l'avons vu, souvent acteur des drames terribles qui se jouaient chaque jour à la cour ou dans la ville,
connaissant toutes les turpitudes de son époque, mais sans
doute apercevant sous cette enveloppe de corruption et
surtout dans cette sauvage énergie, dans ces bouillonnements de passions, violentes jusqu'à la férocité, des
marques d'une puissante nature, il pensa qu'on pouvait

encore tourner vers le bien toutes ces forces mal dirigées, et qu'en tout cas, il y avait mieux à faire que de poser sa tête sur l'oreiller du doute. Mais pour remplir ce rôle si grand, il fallait prêcher autant d'exemple que de parole; et du Vair, « le seul juste, dit de Sacy, qui approchast du thrône dans ces temps de crimes et de discordes (1), » ne présuma trop ni de son talent, ni de ses vertus. Il parut digne de la tâche glorieuse qu'il avait choisie, et l'on peut dire sans hésiter qu'il fit plus que de contribuer à donner à la France un bon gouvernement; il lui fit honte de ses mauvaises mœurs et prépara l'avénement d'une génération meilleure.

Nous avons vu pourquoi il commença par parler au nom de la raison, par donner des lois à l'humanité au nom de l'humanité même, la menant jusqu'en vue de Dieu, sans autre appui qu'elle-même et les ressources de sa propre nature. Ce grand pas une fois fait, et il était impossible qu'on ne le fît pas avec lui, dans ce siècle de discussion universelle, il fallait pousser plus loin; et dès-lors du Vair eût pu dire à ses contemporains comme Corneille à la reine-mère en lui dédiant Polyeucte : « Ecoutez! cet ouvrage va vous entretenir de Dieu. » « Il vous faut, leur disait-il, dans son noble langage, il vous faut ouurir et dessiller les yeux de l'esprit afin de pénétrer au travers de la divine lumière jusqu'au profond de sa vérité éternelle (2), » annonçant ainsi qu'il allait compléter par la religion ce qu'il avait commencé par la philosophie. Mais de même que celle-ci aboutissait à Dieu, celle-là ne se sépara pas de l'homme; l'âme humaine fut encore le point de départ; non plus l'âme troublée, dénaturée par les passions, mais l'âme dans sa

(1) *L'Honneur françois*, p. 99, t. VI.
(2) *La Saincte Philosophie*, p. 1016.

pureté native, l'âme, vive image de son créateur, et le reflétant dans ses vertus, dans les puissantes facultés dont il
l'a douée. Comme çà et là, on sentait passer dans l'autre
livre le souffle du christianisme, ainsi dans la *Sainte Philosophie*, on entend encore parfois comme un écho de la sagesse profane. Platon, Thémistius, Plotin, d'autres encore
apportent leurs pures maximes à côté des préceptes de la
loi divine, tirés des livres saints. La révélation n'y répudie
pas le secours de la raison.

Rien de plus simple d'ailleurs que ce *petit livret moral*,
pour parler comme Charron. Son objet, c'est la sagesse;
son but, le bonheur de l'homme par la sagesse. Cette pure,
cette divine sagesse est notre vraie patrie; nous en avons
été exilés presque dès le berceau par les « peruerses affections, » si bien que nous en avons perdu la mémoire et que,
quand on nous parle de la félicité qu'elle seule peut nous
donner, nous ne savons ce qu'on veut nous dire; nous ac-
cueillons mal ceux qui nous y rappellent et voyons « auec
horreur les enseignes qui nous en marquent le chemin. » Et
cependant l'homme a soif du bonheur; rien ne le contente
sur la terre : il a de plus hautes aspirations.

Voilà le problême de la destinée posé; l'auteur ne s'en
dissimule pas les difficultés. Comment faire luire une pleine
et vive lumière à des yeux malades? Comment la faire comprendre à des aveugles? Comment aimer surtout ce qui nous
blesse ou ce que nous ne comprenons pas? Il faut éclaircir
d'abord cette vue troublée; il faut ôter le nuage qui pèse
sur ces paupières; il faut se dégager des ténèbres des passions ou plutôt de leur fausse lumière; avant de songer à
devenir fort, il faut sortir de la maladie et recouvrer la
santé. Le plus fâcheux est que nous aimons notre mal, les
plaisirs des sens; les délices de l'île de Calypso, les en-
chantements de Circé nous font oublier notre chère Ithaque,

et, au lieu de fuir les jouissances perfides de ces contrées étrangères, « nous nous y assoyons, » mais c'est pour nous « salir et ordir en ce siége de la félicité mondaine. » Pourtant cet amour du plaisir est dans notre nature; le principe en est bon : c'est toujours l'âme humaine qui agit; seulement son action est faussée, pervertie dans ses moyens et dans sa fin. Un examen attentif de l'essence du plaisir le prouve; et, en montrant pourquoi nous recherchons le plaisir, montre que nous devrions pas l'aimer pour lui-même.

Il y avait certes quelque hardiesse à chercher le remède dans le mal lui-même, et cette minutieuse analyse psychologique, faite en langue vulgaire, devait étonner et charmer les contemporains de du Vair. C'étaient Platon, Aristote, Cicéron, Sénèque, parlant français, et non plus dans des traductions; c'était mieux même que tous les philosophes anciens, que ce siècle érudit savait par cœur, et dont il parlait la langue comme sa langue propre : il y avait là un élément nouveau, l'esprit chrétien pénétrant, éclairant tous ces problêmes, surtout celui de la vie future, de la fin dernière de l'homme, de cette soif insatiable du *mieux* qu'éveille en nous l'idée confuse de la perfection.

C'est à étancher cette soif, à réaliser cette idée que nous aspirons sans cesse, même dans la recherche des voluptés sensuelles. Qu'est-ce qui produit en effet les plaisirs des sens, sinon une juste proportion, une mesure convenable dans les qualités des objets qui les causent? C'est donc, en tout, une sorte de bien ou de beau; d'ordre en un mot, qui nous charme. Mais qu'est-ce que ce beau ou ce bien de détails, en comparaison de l'ordre du monde et de sa magnifique harmonie? Et pourtant, si nous y faisons attention, ce spectacle immense des merveilles de la terre et du ciel, ne suffit pas à notre âme; « elle n'y trouue encóre rien qui la puisse retenir ni contenir ; car, plus magnifique elle-même, elle embrasse le ciel et la terre, entoure le monde, perce le profond des abysmes, cognoist toutes choses, se meut et se manie soy-mesme, et est si belle que si nous la conseruions en sa naturelle beauté, tout le reste nous sembleroit au prix et laid et difforme (1). »

Mais notre âme, dans cette étude d'elle-même, ne saurait être pleinement satisfaite ; il n'y a encore rien là qui réponde complètement à cette idée de l'infini qui la poursuit et l'obsède ; rien par conséquent qui lui donne un plaisir pur et la plénitude du bonheur. C'est que les choses créées, si grandes qu'elles soient, ont des bornes, et la pensée en a bientôt mesuré l'étendue : cette étendue lui semble un point en comparaison de l'immensité qu'elle conçoit, et dont il faut bien que l'idée ait son objet quelque part. « Ainsi elle se leue par dessus le monde et par dessus soy-mesme et se laisse conduire par les œuures à l'ouurier. » Là, elle est à son aise, dans les vraies délices qui conviennent à sa nature ; l'immensité, la beauté sans taches, la clarté sans nuages ; elle s'arrête et jouit ; elle se meut, s'élance, s'élève et monte jusqu'à se perdre dans l'infini et jouit plus encore. Oui, ce mouvement même, cet essor qui la porte vers Dieu, est déjà pour l'âme un plaisir, « plaisir que nous sentons croistre et redoubler jusqu'à ce que montez au faiste, nous sommes joints à ceste première et plus haute lumière... Voilà le giste de nostre félicité. » S'y acheminer, tourner toujours, selon la parole de Plotin mourant, ce qu'il y a de divin en nous vers la divinité, c'est la vraie sagesse, c'est la *sainte philosophie.*

C'est à faciliter ce retour de l'âme à Dieu, son principe et sa fin, qu'est destiné le livre de du Vair. Mais ce n'est pas là

(1) *La Sainte Philosophie*. p. 1016.

une œuvre qu'on improvise; il y faut plus d'un effort; il faut
s'y préparer en épurant son âme. Pour parvenir à cette pureté nécessaire, voyons d'abord l'état d'où l'homme est
tombé, état aussi voisin que possible de la perfection; et
dans lequel, si l'homme n'était pas parfait, il sentait du
moins que le chemin de la perfection lui était facile, « car
il viuoit en Dieu et Dieu viuoit en lui. » Mais bientôt l'homme
a tourné le dos à Dieu. Alors à une certaine connaissance
de toutes choses a succédé l'abrutissement de l'ignorance;
l'erreur et le mensonge ont pris la place de la vérité, l'amour
des créatures s'est substitué à la contemplation du créateur.
De là la concupiscence, tous les désordres du cœur et de
l'esprit; de là la mort. «L'homme se voyant desfiguré de ceste
façon, s'est desplu à soy-mesme, et a maudit sa vie comme
un gouffre de misères où rien ne se rencontroit à ses yeux
que confusion et ténèbres. Toutes ses attentes n'estoient que
de maux, toutes sés espérances que de calamitez. » Mais la
sagesse et la bonté de Dieu sont venues régénérer l'homme :
malheureusement, l'homme ne veut pas toujours ouvrir les
yeux à la lumière; il s'obstine à rester dans les ténèbres,
ou du moins, il y retourne sans cesse et s'y enfonce. Il faut
donc sans cesse aussi purifier nos âmes, « afin que les
rayons de sa souueraine bonté y facent luire et briller l'esclair de la vertu et l'esclair de la vérité. » Mais pour les
purifier, il est nécessaire d'en bien connaître les souillures.
Cette corruption qui se renouvelle incessamment, c'est la
corruption des plaisirs. Du Vair pense qu'on ne saurait trop
longtemps lui faire la guerre. Son siècle en présentait partout de si affligeants tableaux qu'il a dû être porté à lui imputer tout le mal.

Le remède souverain contre cette maladie du plaisir, c'est
de ne pas se laisser perpétuellement captiver par les apparentes douceurs de la volupté; c'est d'en reconnaître à

chaque instant la nature, d'en constater le vide, le dégoût qu'elle engendre, la nécessité d'en changer sans cesse l'objet, et de satisfaire un besoin qui devient toujours de plus en plus impérieux. Pour cela, il faut souvent s'examiner soi-même, peser ses actes, interroger sa conscience, s'avouer ses fautes, se donner même un juge ; car on pourrait difficilement remplir soi-même cet office ; il est trop rare qu'on soit équitable, quand on est à la fois juge et partie. La religion nous offre ce tribunal bienfaisant, où nous allons de notre plein gré nous soumettre au jugement, et chercher, plus encore qu'une sentence, des consolations et des conseils, une direction qui nous est nécessaire à tous les instants de la vie. « Nous sommes proprement semblables à la nacelle qui est montée à force de rames contre le fil de l'eau ; pour si peu que le vogueur se repose, elle avalle plus en vne heure qu'elle n'estoit montée en tout vn jour. »

Notre âme ainsi purifiée, il y faut jeter une semence, la semence du bien : c'est l'affaire de la volonté éclairée par la raison. Par elles en effet, nous pouvons arriver à notre fin, et, si nous voulons y faire attention, éviter assez facilement l'erreur, car outre la lumière naturelle, Dieu nous a donné sa loi et sa grâce. Cette loi est d'une telle simplicité qu'un enfant la peu comprendre et pratiquer ; elle est tout entière en ces deux mots : « Aimer Dieu de tout son cœur et son prochain comme soi-même. » La conformité de notre conduite à cette loi est la vertu. Après une description souvent éloquente des différentes parties de la vertu et des devoirs qu'elles résument, l'auteur revient à son point de départ : il a remis l'âme en complète possession d'elle-même et du bonheur. Il la convie à jouir, dès ce monde, de ce bonheur, le seul vrai, le seul digne d'elle. Ici, agrandissant l'idée stoïcienne du rôle départi à chaque homme dans l'ordre universel (1), songeons, dit-il, à « accomplir le ministère qui nous a esté donné, car en manquant à la charge que nous auons reçue, nous ne faillons pas seulement pour nous, mais nous apportons la confusion dans l'harmonie du monde et nous rendons coupables des fautes mesmes des autres. » Pour concourir à l'ordre de l'univers, et tenir notre partie dans ce grand concert, pour arriver à notre fin, nous avons trois choses à faire, trois « opérations » qui sont l'action, la méditation et l'oraison. L'action doit toujours être désintéressée, c'est-à-dire faite uniquement en vue du bien : la gloire même, cet aiguillon de la vertu, ne doit pas un seul instant nous distraire du but. La méditation est aussi une sorte d'action : elle ne se perdra donc pas en de vagues et stériles contemplations (2). Son objet est la recherche de la vérité dans l'étude des œuvres et de la parole de Dieu. Par sa parole; « il nous ouure le thrésor de sa sagesse et tire le rideau des cieux pour nous faire voir, autant que nostre infirmité le peut supporter, face à face sa diuine majesté...; et ses œuvres sont certainement des eschelles qu'il nous a dressées de tous costez pour monter jusqu'à lui. »

Après un coup-d'œil rapide jeté sur l'ensemble du monde, et principalement sur l'homme considéré dans son corps et dans son âme; après ce sommaire de tant de merveilles, qu'on prendrait pour un excellent résumé du *Traité de la Connaissance de Dieu et de soi-même,* ou de la première partie de celui de Fénelon sur l'*Existence de Dieu,* du Vair nous invite à lire aussi souvent que possible dans ce livre immense de la nature, où l'on peut épeler jour et nuit les éclatants témoignages de la puissance du créateur, sans en trouver jamais le dernier mot.

______

(1) V. Marc-Aurèle, XXIV, 1. — (2) Senec. *De Otio sapient.* XXXI, XXXII

A la méditation des œuvres et de la parole de Dieu, il faut joindre la prière, « le fruict, l'enfant de l'âme méditante, pour parler comme Eusèbe ; l'oraison qui, conceüe en l'intérieur de nostre pensée, vient esclore sur nos leures. » Par la prière, chant de reconnaissance et d'amour, ou cri du besoin, hymne de gloire ou appel à la grâce, « nostre cœur bondit en nous, et nostre esprit s'élève par-dessus le ciel et se conjoint de pensée auec son créateur. » Que faut-il de plus à l'âme ici-bas ? La foi, l'amour, l'espoir, triple condition de bonheur en ce monde, assurent sa félicité future et lui en donnent dès à présent un avant-goût délicieux.

§ III. — Application des théories contenues dans la *Philosophie morale des stoïques*, et dans la *Sainte Philosophie; Exhortation à la vie civile;* analyse. — Le *Traité de la Constance et Consolation ès calamitez publiques*. — Le livre *De Constantia* de Jüste-Lipse; idée de cet ouvrage; emprunts de du Vair; sources anciennes. — Analyse du *Traité de la Constance et Consolation*. — Utilité de ce livre. — Opinion de Gassendi. — Indication de la méthode vraie philosophique.

Nous avons vu, dans leur ensemble, les deux livres où sont exposées les doctrines morales de du Vair : complétés l'un par l'autre, ils laissent peu à désirer ; ils mettent l'âme humaine en possession de toutes ses forces pour éviter le mal, pour faire le bien et arriver à sa fin. Religion naturelle, religion révélée, nobles pensées issues de l'esprit des sages de tous les temps, généreux sentiments, immortels exemples ; tout ce qu'il y a de grand, de beau, de vrai, de saint dans l'homme, le vieux moraliste l'a réuni dans ces deux traités pour l'opposer aux mauvaises passions, aux mauvais penchants, aux mœurs déréglées, aux criminelles actions. Il a fait la balance du mal et du bien ; il n'a pas plus dissimulé l'un qu'il n'a exagéré l'autre ; et il a pu arriver à cette conclusion que, pour connaître et pratiquer le bien, l'homme n'a qu'à le vouloir ; car Dieu lui a donné pour cela la raison et la volonté, et, outre ces forces de la nature humaine, les secours surnaturels de sa parole et de sa grâce.

Ces idées que du Vair s'est plu à répandre, il les retrouvait avec bonheur dans quelques sages esprits mêlés comme lui aux affaires publiques. Mais le mal faisait chaque jour des progrès, car, à mesure que les méchants redoublaient d'audace, les gens de bien perdaient courage. Le stoïcien, toujours fidèle à son rôle dans lequel l'action est tout, combattait avec énergie ces défaillances non moins funestes que des défections. Parfois un des soutiens de la bonne cause voulait de guerre lasse s'enfermer dans la retraite et y chercher du repos pour lui, quand le labeur pesait encore sur tous. Du Vair lui écrivait alors pour lui démontrer qu'on n'avait pas assez fait, quand il restait encore quelque chose à faire ; que ce n'était pas au milieu des misères publiques qu'il fallait songer aux douceurs de la vie contemplative. Sans doute, dans la paix du cloître, on pouvait trouver le bonheur ; et ne le savait-il pas ? ne sentait-il pas aussi bien que personne les charmes de la solitude, lui qui avait fait un si grand éloge de la méditation, lui qui avait traduit avec tant de plaisir la belle lettre de saint Basile à saint Grégoire-le-Théologien sur la vie monastique ? Il ne s'opposerait donc pas en d'autres temps à la résolution de son ami ; mais on ne doit jamais oublier « qu'on n'est pas né seulement pour soi en ce monde. » Et qu'on n'objecte pas l'exemple des Pères du Désert ; nulle vie ne fut plus que la leur « pleine d'action et d'action publique. » « Ordonner les églises, discipliner les peuples, conserver la paix et l'union aux villes et aux provinces, offrir des modèles de modestie et de tempérance à tout le monde... » C'était là mener une vie active ; et cependant, cette retraite laborieuse, les Basile, les Jérôme ne la recherchèrent qu'après « auoir consumé leurs plus vigoureuses années parmi les hommes et les affaires, » et lorsque la paix eut été donnée à l'Église. « Et de vérité, s'écrie le philosophe, qui pourroit supporter de voir, pendant la tempeste, lorsque les flots bondissent plus haut, que la mer escume plus furieusement, que les vents soufflent plus tempestueusement, les plus entendus pilotes quitter le gouvernail aux passagers pour aller prendre le sommeil ? » Qu'on n'objecte pas non plus le dégoût qu'inspire le désordre et l'inutilité des efforts des gens de bien. C'est à guérir ou à soulager les maux de l'humanité que le devoir appelle les cœurs généreux. On y fait ce qu'on peut, proportionnant les remèdes à la force du malade. Enfin. c'est dans ces dangers que s'exercent complètement la charité et la patience : le rôle est pénible ; tant mieux pour le chrétien ! ce rôle est digne de lui. Du reste, il faut le reconnaître, les gens de bien sont aussi responsables du mal qui se fait ; en se tenant à l'écart, ils laissent régner le crime et préparent la ruine de leur patrie.

Telles sont les leçons développées par du Vair dans l'opuscule qu'il a intitulé : « *Exhortation à la vie civile, à M. de L. (1).* » J'en ai donné une analyse détaillée afin de montrer comment le philosophe appliquait ses principes, et

(1) M. de Loménie, dont le père, Martial de Loménie, au rapport de l'Estoile (*Journal,* 1572), « fut estranglé en prison par l'ordre de la bonne dame Catherine, en faueur de son mignon de Retz, qui vouloit auoir la terre de Versailles. » Antoine de Loménie, dont je crois qu'il est ici question, était un ami de du Vair. C'est lui qui fut chargé par le roi Louis XIII de lui reporter les sceaux après la mort du maréchal d'Ancre.

voulait que, pour les autres comme pour lui, ils ne fussent pas seulement une lettre morte. Le grand traité *De la Constance et Consolation ès calamitez publiques* a été écrit dans la même intention. C'est l'œuvre capitale de du Vair : il y a mis tout son esprit et tout son cœur. La raison et la foi continuent de s'y donner la main ; et, plus encore que dans la *Sainte Philosophie*, la seconde prête son appui à la première. Comme dans la *Philosophie morale des stoïques*, du Vair ici fait quelques emprunts à Juste-Lipse : le traité *De Constantia* du savant hollandais lui a fourni l'idée générale de son livre et quelques pensées ; toutefois les deux ouvrages ne se ressemblent guère. Celui de Juste-Lipse, comme tous ceux du même écrivain, est un prodige d'érudition ; çà et là on y admire encore d'éloquents passages, mais partout on y sent une certaine gêne ; souvent l'auteur paraît avoir oublié son sujet ; en un mot, l'ouvrage, comme dit Buffon, n'est pas construit, ou plutôt ce sont plusieurs ouvrages réunis. Ainsi le premier livre est proprement un traité *De Fato*, et débute par une longue dissertation imitée de la XXVIIIe épitre de Sénèque, sur les voyages et de leur inutilité pour guérir les maladies de l'âme. Le deuxième livre est un traité *De Finibus bonorum et malorum*, et il a aussi un long et étrange préambule : c'est un discours sur les jardins, leur culture, leur usage, les plaisirs qu'on y trouve, etc. (1).

Dans cet ouvrage, Juste-Lipse annonce positivement l'intention d'unir la Religion et la Philosophie, et peut-être est-ce lui qui a inspiré à du Vair ce dessein qu'il a, nous l'avons vu, plusieurs fois essayé de réaliser, sans pourtant le dé-

(1) Lange ou Langhe (Langius) qui, dans le traité de Juste-Lipse, donne à ce dernier des leçons de constance, fut un des premiers en Europe à s'occuper de la culture des fleurs exotiques et des plantes nouvellement apportées des Indes.

clarer jamais. Mais le philosophe hollandais, attaqué par des théologiens soupçonneux, s'était cru obligé de se défendre sur ce point et de prouver la parfaite orthodoxie de ses vues. « Les lettres sainctes, dit-il dans sa préface au lecteur (je laisse parler le vieux traducteur, son contemporain); les lettres sainctes sont causes efficientes de la vraye force, vraye vertu et solide constance ; toutes fois ne desprisez pas du tout la sapience humaine, i'entens celle qui n'est point arrogante ; ains comme seruante, sert et obéit doucement... (Du Vair abaisse moins son rôle). Je feray le philosophe, mais chrétien... Car, afin que vous ne vous trompiez, ie vous dis en vn mot que ie n'entens aucune pure et droicte raison, si elle n'est conduite de Dieu, et qu'elle ne soit esclairée par la foy (1). » Dans une seconde préface, Juste-Lipse déclare qu'il a eu surtout des vues pratiques ; qu'il ne conçoit qu'une philosophie entièrement applicable à la conduite de la vie, « ne suyuant pas la violence (2) de ceux qui philosophent ordinairement, lesquels pernicieusement addonnez aux espines des desbats et lassez de questions (3), ne font que tramer et retramer par vn subtil filet de disputes. Ils s'accrochent aux paroles et prises trompeuses (captiunculis) et vsent tout leur aage à l'entrée de la philosophie, sans iamais en voir le dedans. Ils l'ont comme pour plaisir, non comme pour remède ; et tournent en certain ieu de badineries ce très vtile moien de se seruir en ceste vie. Qui est celuy d'entre eux qui s'enquière des meurs? qui est celuy qui modère les passions? qui est celuy qui borne ou suiue vn moien pour la crainte ou pour l'espoir? »

(1) *Traité de la Constance*, première préface. Traduction du XVIᵉ siècle, 3ᵉ édit., Paris, M D XCVII, in-18.
(2) Le texte porte : *Nec id eâ viâ quâ hic philosophantium vulgus.* Le traducteur a lu sans doute *vi* pour *viâ.*
(3) *Laqueis quæstionum.*

Ce plan de philosophie morale, du Vair, nous l'avons vu, l'a suivi mieux que Juste-Lipse. Comme lui, il annonce qu'il rompt entièrement avec les arguties et les subtilités de la scolastique, dans lesquelles, « *ainsi que dans les escreuisses, il y a plus à espelucher qu'à manger ;* » comme lui, aussi, il aurait pu prendre pour devise le mot de Tertullien : « *Cui veritas cognita sine Deo? Cui Deus sine Christo ?* » Après Montaigne, on peut dire qu'il n'y a pas un écrivain de cette époque, qui ait mis en circulation plus d'idées philosophiques ; et, l'on ne saurait trop le remarquer, elles ne sont pas mêlées dans ses livres, comme dans les *Essais,* où les partisans des opinions les plus opposées trouvent de quoi se contenter ; car l'auteur y tient la balance égale entre tous les systèmes, et, à côté d'un sévère précepte du Portique, développe avec complaisance une maxime épicurienne. Du Vair est partout franchement stoïcien et chrétien. C'est peut-être une des causes qui ont fait que ses livres ont été moins lus que ceux de Montaigne ; ils se prêtent moins à notre faiblesse. Les charmes du style ne leur manquent pas pourtant, ni surtout l'intérêt : l'auteur a écrit sous l'inspiration des plus tragiques événements de notre histoire, et de pathétiques récits de faits qu'il a vus ou dans lesquels il a joué son rôle, se mêlent souvent à l'exposé de ses doctrines morales, principalement dans le *Traité de la Constance.* Ce fut là la véritable inspiration de du Vair : je ne dirai pas la seule ; dans ce siècle érudit, il ne pouvait se soustraire au goût dominant ; il ne pouvait surtout se dégager complètement de l'influence de ses études favorites ; et, dans les pages où se peignent le mieux ses sentiments, l'on reconnaît sa passion pour l'antiquité. Maint livre de Cicéron, écrit, il est vrai, à une époque avec laquelle celle de du Vair n'avait que trop d'analogie, et dans une situation à peu près semblable, les petits traités de Sénèque, certains opuscules moraux de Plutarque, si répandus dès-lors par les traductions d'Amyot, ceux surtout qui portent, comme celui de du Vair, le titre de *Consolations*, le livre si chrétien *De l'utilité qu'on peut retirer des ennemis*, l'ouvrage de Boéce enfin, *La Consolation de la philosophie*, auquel Juste-Lipse avait aussi fait des emprunts, tous ces trésors de la sagesse antique lui ont fourni leur tribut.

On n'a jamais fait connaître, que je sache, par une analyse bien complète le *Traité de la Constance et Consolation*, un des plus beaux monuments de notre littérature au XVIe siècle, un livre qui a souvent l'attrait des meilleurs chapitres de Montaigne, et qui n'est, à aucun égard, inférieur au chef-d'œuvre de saint François de Sales; un livre qui est à la fois un éloquent discours, un bon traité de morale, et qui renferme d'excellentes pages d'histoire. A défaut d'une édition nouvelle que nous voudrions voir publier, nous essaierons de donner, par un ample résumé et surtout par des extraits, une idée exacte de cet ouvrage aussi remarquable par les idées que par le style, qui a eu le privilége d'émouvoir le cœur sec et insouciant de Brantôme (1), et d'être proclamé par l'apologiste d'Épicure, Gassendi, au temps de Descartes et de Pascal, l'œuvre d'un esprit supérieur (2).

Comme Juste-Lipse, du Vair suppose un entretien sur les affaires du temps. Il y a trois livres ou, si l'on veut, trois dialogues, comme dans le *De Oratore* de Cicéron. La scène se passe à l'époque de la Ligue et pendant le siége de Paris, vers 1589, après l'assassinat de Henri III (3). L'auteur raconte que, comme il se promenait dans son jardin, « pleurant du cœur et des yeux, » arrive un de ses amis qu'il

(1) *Grands capitaines;* François 1er, au commencement.

(2) Gassendi, lettre citée, 1652.

(3) Cette date est précisée par un passage du IIe entretien, où il est parlé de Christophe de Thou, comme étant mort depuis « *tantôt huit ans.* » Or, cette mort est du 1er novembre 1582.

appelle Musée, et qui est, dit-il, « consommé ès bonnes lettres et mesme en sciences mathématiques, mais plus recommandable beaucoup par sa singulière probité et fidélité, rares vertus en ce siècle. » Nous ne pourrions faire que des conjectures sur ce personnage (1), de même que sur ceux qui interviennent bientôt dans le dialogue, sous les noms de Linus et d'Orphée. Remarquons plutôt combien il est regrettable que du Vair, dans un livre qui d'ailleurs n'a rien de romanesque, ait ainsi travesti ses personnages, au lieu de leur laisser leurs vrais noms, comme Platon et Cicéron lui en donnaient l'exemple et comme le fit quelques années plus tard Ant. Loisel, dans son *Dialogue des Avocats*. Juste-Lipse n'avait pas eu cette bizarre idée : il se met tout simplement en scène avec son maître Langius. Du Vair aurait bien dû ici l'imiter tout-à-fait. Musée, dans son livre, commence à peu près comme Langius dans celui de Juste-Lipse. Il s'étonne de voir pleurer son ami, dont il connaît l'âme forte et grande ; il lui demande ce qu'est devenue sa philosophie ; et, comme du Vair lui répond qu'elle est bien faible, « ceste sagesse humaine, à l'escole de la fortune ; qu'elle n'est qu'vne brauache et vne vantarde, triomphant à l'ombre d'vne salle, les brettes à la main ; » il lui réplique avec non moins d'énergie « qu'il ne faut pas déshonorer et diffamer la philosophie qui les a si tendrement et si chèrement esleués » ni permettre aux passions « de lui mettre le pied sur la gorge. » Il rappelle l'éloge brillant qu'en des temps plus paisibles, en faisait son ami, la nommant

(1) M. Sapey *(Essai sur la vie et les ouvrages de Guillaume du Vair*, p. 32.) suppose que c'est Peiresc. Mais la scène des dialogues *De la Constance* se passe en 1589 ; le livre a été publié en 1594, et du Vair n'a connu Peiresc qu'en Provence, où il n'a été qu'à partir de 1596.

d'après Cicéron (1), « la Royne de la vie, la maistresse de nos affections. » Il pense que la philosophie peut contenir, resserrer les passions dans de justes bornes, « empescher qu'elles n'occupent plus de lieu et d'authorité en nostre âme qu'elles ne doiuent, les amollir et adoucir, voire mesme auec le temps, du tout estouffer et amortir. » Mais son ami a le cœur trop « aigri ; » et il désespère de l'amener à son sentiment, quand surviennent deux amis communs, Linus et Orphée, qu'il prend pour arbitres.

Ainsi, on le voit, la question est nettement posée : c'est celle de l'utilité pratique de la philosophie, de son importance pour la conduite de la vie. Nous avons déjà entrevu cette intention de du Vair dans les autres ouvrages que nous avons examinés. Ici, il n'y a pas à s'y méprendre : plus de subtilités métaphysiques, plus d'arguties scolastiques ; en demandant à la philosophie à quoi elle est bonne, en la mettant en demeure de faire montre de sa force (et certes, l'occasion n'était que trop belle), on annonce une lutte à outrance contre le doute et le découragement. Il faudra répondre aux sceptiques et aux peureux, ce double fléau des époques d'agitation et de révolution. Ceux-là vous disent : il n'y a rien à faire, vous êtes impuissants ; ceux-ci vous demandent en se cachant : quel remède ? Et les uns et les autres ajoutent aux calamités dont on souffre les plus grands des maux : le désespoir et l'hésitation. « Ces gens-là, dit énergiquement du Vair, ne trahissent-ils pas volontairement la raison ? ne prostituent-ils pas de gayeté de cœur leur virilité ? » C'est donc pour la philosophie une expérience décisive : elle est en présence de la réalité, d'une horrible réalité ; les nouveaux venus en ont retracé les hideux tableaux : des femmes qui se sont pendues de désespoir,

(1) *Tuscul.*, v, 2.

n'ayant pu trouver du pain à donner à leur famille, une pauvre fille morte de faim dans la rue, et, à trois pas de là, des pauvres gens dévorant un chien tout sanglant, des lansquenets mangeant des enfants. Ce n'est donc plus l'heure des belles théories, ni des savantes spéculations ; il faut des remèdes prompts et sûrs, et Musée peut tout de suite en essayer l'efficacité sur ses amis. Qu'il leur rende la confiance et il aura cause gagnée. Musée accepte le défi, mais à la condition que les autres, se souvenant qu'ils travaillent tous « à vne besogne commune, » seront plutôt pour lui des auxiliaires que des contradicteurs.

Après avoir posé en principe « qu'il n'y a rien qui serue tant à la guérison du mal que d'en cognoistre la cause (1), » Musée établit qu'il en est de la nature humaine comme d'un « estat royal ; » tant que le prince qui commande voit les magistrats lui obéir à lui et aux lois, et les sujets obéir aux magistrats, « l'estat se maintient en grande paix, florit et prospère merueilleusement. » Au contraire, quand chacun veut être maître, tout se remplit de désordre et de confusion. De même, « en l'homme, la plus haute et souueraine puissance, qui est l'entendement, a estée posée en plus haut lieu, comme en vn throsne pour conduire et gouuerner toute sa vie et toutes ses actions. » Tant que la raison, « cette dame lige, » *legitima domina*, comme dit Juste-Lipse, de qui est imité tout ce beau passage (1), commande et ne se laisse point dominer par l'opinion, par l'*estimative*, cette puissance subalterne, l'état de l'homme est heureux ; il est digne de son créateur. Mais l'opinion s'égare aisément, et, comme elle tend toujours à usurper une direction qui ne lui appartient pas, ses erreurs peuvent avoir les plus fâcheuses conséquences.

____

(1) *De Constantia*, I, 3. V. sur l'opinion et sa funeste influence, les chap. 4 et 5. Du Vair en a profité.

Du Vair fait une peinture détaillée des funestes effets de l'opinion. C'est un traité complet, un peu long, mais assez bien lié au sujet et tout rempli d'excellents traits dont Charron, selon sa coutume, a largement profité (1). L'opinion s'attaque surtout à l'avenir ; elle l'exagère. le façonne à son gré, l'embellit ou l'enlaidit. Les maux qu'elle nous annonce, peuvent très bien ou n'arriver pas, ou être détournés. Et certes, quelque grands qu'on les suppose, ils sont moindres que nous ne nous les figurons. Tout ce morceau est d'un style nerveux, pittoresque, et, sauf quelques expressions vieillies, semble écrit d'hier.

La conclusion est la même que dans Juste-Lipse (2) : il faut à « cest ost de maux... qui ne sont que valets de bagages qu'on a mis en bataille pour nous estonner, » opposer la constance qui a son fondement dans la raison et nous empêche de désespérer. Voyez les Romains : dans leurs plus grands désastres, ont-ils perdu courage ? non : aussi en sont-ils sortis plus forts et plus terribles. Et la France elle-même, «ce pauvre estat, couché par terre tout de son long à l'aduenement de Charles septième, » ne s'est-il pas relevé en peu de temps ; au point « d'estendre ses bras sur toutes les prouinces voisines ? » Quels sont d'ailleurs les maux que nous craignons ? l'exil ? la perte de la patrie ? Préjugé. Votre patrie, vous la quittez pour mille raisons, et sans vous trouver malheureux, et puis, « c'est le ciel qui est le vray pays et le commun pays des hommes, d'où ils tiré leur origine et où ils doiuent retourner.... Toute terre d'ailleurs

(1) *Sagesse*, I, 16.
(2) Ch. VI. « Donc, comme vous voyez, Lipsius, la légèreté est compagne de l'opinion. Son propre est de changer et de se repentir ; mais la compagne de raison est la constance ; et, à bon escient, ie vous exhorte d'en vestir vostre esprit. »

est pays à celuy qui est sage. » Juste-Lipse avait dit moins énergiquement : *Sapiens, ubicunque est, peregrinatur ; fatuus semper exulat (1).*

Tout ce passage, imité du professeur hollandais et des anciens philosophes, est un peu déclamatoire. Ce sont des lieux communs qui peuvent fournir matière à d'ingénieux développements, mais qui semblent bien impuissants en présence de faits tels que ceux dont on nous a retracé l'horrible tableau. Nous en dirons autant des arguments par lesquels on prétend prouver ensuite que nous ne devons pas redouter davantage la pauvreté, la perte de nos enfants, de nos amis, de la santé, de la vie. Toutes ces idées sont d'un stoïcisme un peu violent, et il y a lieu de craindre que le remède ne paraisse aussi cruel que le mal. C'était bien dans la *Philosophie morale des stoïques,* où pourtant nous y avons trouvé moins d'excès : ici, il eût fallu être encore plus pratique.

Toutefois, il y a dans ces pages de nobles pensées sur la mort : elles ne dépareraient pas les sermons de nos plus éloquents prédicateurs. « Qui est-ce qui peut se garantir d'appréhender ce coup duquel la nature mesme a horreur ? Car la mort, encores qu'elle vienne à son terme, si est-elle espouuantable. Combien plus le sera-elle, quand elle s'aduancera, et nous cueillera en verd, au fort de nostre ieunesse ? Nous nous trompons : la mort n'a rien en soi d'effroyable, non plus que la naissance. La nature n'a rien d'estrange ni de redoutable. La mort est tous les iours parmi nous et ne nous fait point de peur : nous mourons tous les iours, et chaque heure de nostre vie qui est passée est morte pour nous. La dernière goutte qui sort de la bouteille n'est pas celle qui la vuide, mais qui acheue de la

(1) II, 19.

vuider ; et le dernier moment de nostre vie n'est pas celui
qui fait la mort, mais seulement l'acheue. La principale
partie de la mort consiste en ce que nous avons vescu. Plus
nous désirons viure, plus nous désirons que la mort gagne
sur nous (1). »

Et cependant, c'est la crainte de ces maux qui ne sont
jamais aussi grands que « nostre ambitieuse opinion nous
les propose, » c'est cette funeste passion qui, s'emparant,
comme dit Platon, de la citadelle de nostre âme, y loge la
tristesse, et cet hôte dangereux nous absorbe, nous rend à
charge à nous-mêmes, et nous remplit de honte, si bien que
« nous cherchons quelque coin pour nous accroupir et fuir
la veüe des hommes.... » — « Ah ! c'est bien -habiller les
hommes en eunuques, voire les châtrer du tout que de les
laisser tomber en ceste tristesse qui leur oste tout ce qu'ils
ont de masle et de généreux... » — « C'est pitié alors que de
nous voir : nous nous en allons, la teste baissée, les yeux
fichez en terre, la bouche sans paroles, les membres sans
mouvement, les yeux ne nous seruant que pour pleurer. »
Toute cette vigoureuse peinture a passé dans l'ouvrage de
Charron (2), dont le pinceau n'a pas reculé devant certains
traits un peu crus. Cette touche hardie allait bien d'ailleurs
à ces impétueux esprits du xvıe siècle, et c'est encore là ce
qui nous charme dans les plus beaux écrits de la première
moitié du xvııe.

Ces fiers caractères, on le conçoit, devaient particulièrement s'indigner de ces langueurs, de ces découragements,
de ces affaissements de l'âme en face des difficultés de la
vie : le temps n'était pas encore venu où la mélancolie devait être intéressante, où le bon sens français devait s'égarer

(1) *La Constance . etc .*. p. 914.
(2) Liv. 1, ch. 32.

dans les rêveries inquiètes des Werther et des René. Sans doute quelques cœurs tendres, mais timides, effrayés des luttes incessantes, horribles, auxquelles chacun se trouvait malgré soi mêlé, au moins comme spectateur, étaient déjà tentés de se replier sur eux-mêmes et de chercher un indigne repos dans une sorte d'anéantissement moral, croyant soulager leur douleur, et, pour ainsi dire, « la destremper dans les larmes. » Du Vair a bien connu cette funeste maladie, « des mains de laquelle l'esprit ne sort que gasté, froissé et brizé; » il lui arrache un peu rudement le masque trompeur sous lequel elle est parvenue plus tard à exciter l'intérêt, multipliant ses ravages par la contagion de la pitié. Pourtant, et ceci est encore à noter, il ne conseille pas l'impassibilité du *stoïque aux yeux secs;* il comprend les larmes, « ces premières larmes qu'espreint vne fraische et récente douleur; ces larmes qui peuuent tomber des yeux du philosophe et qui gardent l'humanité auec la dignité. » Il en a versé lui-même sur le tombeau d'une sœur chérie (1), « mais ceste tristesse enuieillie qui, pénétrant iusqu'à la moüelle de nos os, fane nostre visage et flestrit nostre âme, » il faut la repousser, la chasser bien loin, « luy fermer la porte au nez; elle est lasche: elle est iniuste, impie, outrageuse à la nature et à la loi commune du monde. »

Passer et périr, telle est en effet la condition de tout ce qui existe ici-bas. Les villes et les États sont, comme les plus faibles êtres, sujets à la dissolution et à la ruine. Les nations ont leurs périodes de gloire et de puissance, de décadence et de chute. « Nous avons veu nostre pays si comblé de biens, de richesses, de gloire, de délices, qu'il ne se

---

(1) *Discours sur la mort de damoiselle Ph. D. V., sa sœur,* p. 166 et suivantes.

pouuoit dire plus. Nous sommes maintenant sur le retour ; nostre bonne fortune est sortie de chez nous comme d'vne maison creuassée de tous costez ; nous sommes demeurés attendant la cheute : les vns crient, les autres regardent, les autres s'enfuient : qu'y a-il tant à s'estonner ? Un vieil homme meurt, vne vieille maison tombe ; que faut-il tant crier ? Qu'y a-il en cela que ce que vous voyez tous les jours et partout ? Les fruits fleurissent, se nouent, se nourrissent, se meurrissent, se pourrissent ; les herbes poindent, s'estendent, se fanent ; les arbres croissent, s'entretiennent, se seichent ; les animaux naissent, vivent, meurent ; le temps mesme qui enueloppe le monde, est enueloppé par sa ruine et se perd en coulant ; il roule doucement les saisons les vnes sur les autres, et toutes celles qui se passent, se perdent. De toutes ces choses muables, que voulez-vous faire de constant ? De toutes choses mortelles, que voulez-vous faire d'immortel ? (1) »

Voilà certes un langage auquel on n'était guère habitué en France au XVIe siècle. Il est parfois, si l'on veut, un peu trop cicéronien ; l'orateur se complait dans ses belles paroles ; il s'enchante lui-même ; mais on ne peut méconnaître ici des traits qui annoncent la grande manière de Bossuet et de ses contemporains.

L'auteur, imitant ensuite un morceau fameux de P. Orose, jette un rapide coup d'œil sur la face du monde : on dirait qu'il résume en une page cette troisième partie du *Discours sur l'histoire universelle*, qui est intitulée : *Les Empires;* et ce tableau succinct n'est pas indigne du chef-d'œuvre dont nous venons de le rapprocher (2).

Bien des signes semblent révéler la décadence de la

____

(1) *La Constance, etc.* . 931-932.
(2) *Ibid.*, 932-933.

France ; elle a eu de grandes maladies, et maintenant, elle se renie elle-même : elle se fait italienne, espagnole. La corruption a tout envahi, la noblesse, l'église, la magistrature ; et, « pour couronner tant de désordres, sont suruenues les querelles de religion. » Il est donc possible que la France soit près de sa ruine : s'il en est ainsi, il faut se résigner. Mais l'heure de sa mort n'est peut-être pas encore venue : il y a espoir de guérison. Les chefs du peuple sont las de courir à la servitude de l'étranger ; et puis, Dieu a fait naître, « pour succéder à la couronne, vn prince capable de releuer, ou par la paix ou par la guerre, le faix de cet Estat penchant. » Après un brillant éloge de Henri de Navarre et des vœux pour que « Dieu, qui tient les cœurs des rois en sa main, » le ramène à la religion de ses prédécesseurs, Musée conclut son discours par de nouvelles paroles de résignation et d'espoir. Il avait déjà presque gagné la cause de la philosophie, car il était parvenu à remettre le calme dans l'âme de ses amis. Mais, comme il avait dit en finissant, *qu'il n'arrive rien que par la Providence éternelle,* et qu'il avait remis à un autre le soin de développer cette pensée, l'heure étant avancée, on l'invite à désigner celui qui, le lendemain, devra prendre la parole à sa place. Ici du Vair, par un gracieux souvenir de la branche de myrte des banquets antiques, et peut-être aussi de la charmante royauté du *Décaméron,* nous représente Musée « baisant vn bouquet qu'il tenoit à la main, » et l'offrant à Orphée, qui l'accepte avec modestie.

Les quatre amis avaient pris rendez-vous pour le lendemain, au même endroit ; mais, dans la journée, « il se donna une alarme à la ville, » et, comme ils étaient du même quartier, c'est au corps-de-garde qu'ils se trouvèrent d'abord réunis. Heureusement, le tumulte passa bientôt, et ils s'empressèrent de regagner les paisibles ombrages du jardin de du Vair, pour reprendre cet entretien qui les avait tant charmés, dit l'un d'eux, qu'il eût souhaité d'en avoir la suite dès la veille, « voire, ajoute-t-il naïvement, à la charge de perdre le souper, voire à la charge de ne souper de l'année. »

Les plus grandes questions de la morale religieuse, la Providence, la Liberté, le Destin, le Mal moral et le Mal physique, sont traitées dans ce second livre. Parfois l'auteur s'élève à une véritable éloquence, et souvent aussi, il rencontre le vrai style philosophique. Sans aucun doute, il n'y a rien de bien neuf dans les idées qu'il expose ; les philosophes anciens et les Pères de l'église lui fournissent le fond et quelquefois les détails de ses arguments. Mais, nous l'avons dit, la grande originalité de du Vair, c'est d'avoir osé le premier traiter ces importants sujets en langue vulgaire, et d'une manière suivie, et surtout à propos de nos malheurs. Le Plutarque d'Amyot avait bien déjà familiarisé les esprits avec ces nobles études ; mais il n'offrait que les leçons de la sagesse antique ; Montaigne les avait aussi presque tous effleurés : mais on ne sait jamais bien ce que veut Montaigne ; et puis, s'il donne souvent plus qu'il ne promet, il promet souvent aussi plus qu'il ne donne. Le mot de Pasquier est vrai : « Il saute d'vn propos à vn autre (on pourrait dire d'une opinion à une autre) ainsi que le vent de son esprit donne le vol à sa plume (1). » On trouvait pour la première fois réunies dans les œuvres de du Vair toutes ces questions qui intéressent si fort l'humanité. Gassendi avait bien remarqué que du Vair, en les rattachant à notre histoire, dans le *Traité de la Constance*, en avait rendu l'intérêt plus grand et plus vif (2) ; mais, habitué à exposer ses idées

(1) *Lettres*, liv. XVIII, t. 1, p. 515. Edit. d'Amsterdam, in-f°, 1723.
(2) *Habet hoc lectio Varii, quod res nostras propius attingens, possit nos magis afficere.* (Loc. cit.)

en latin , il n'avait pas aperçu la portée d'un tel livre écrit dans la langue de tout le monde, d'un style si attrayant, et sous une forme si dramatique. Les ouvrages de du Vair ont pu, après un demi-siècle, tomber dans l'oubli; mais la révolution, commencée par les traducteurs , était accomplie (1). C'en était fait, en France du moins , du latin comme langue scientifique : le vulgaire avait été admis au banquet de la philosophie ; il ne fut plus permis de cacher la science de la vie, la morale, sous les formes d'un idiôme qui ne la livrait, pour ainsi dire, qu'à un petit nombre d'adeptes. Chacun put dès-lors, tout à son aise, toucher à ces grands problêmes desquels du Vair avait sans scrupule écarté tous les voiles. Au lieu de ténèbres effrayantes où l'œil ne plongeait jamais sans inquiétude, sans remords même, on eut, je ne dirai pas une pleine lumière , mais une clarté qui dût rassurer ou éveiller bien des esprits, en satisfaisant la légitime curiosité des uns, et en tirant les autres d'une déplorable indifférence.

Les plus difficiles de ces questions sont précisément celles qui sollicitent le plus la raison, et il n'est guère d'homme qui ne se les soit posées bien des fois dans sa vie. Du Vair, nous l'avons déjà remarqué, les aborde toutes ; il les expose avec netteté , et plusieurs de ses solutions étonnent par leur clarté et leur précision. Ainsi, s'agit-il d'accorder la prescience de Dieu et le libre arbitre de l'homme, il écrit : « La loi diuine qui a préordonné toutes choses, a ordonné que nostre volonté seroit libre , tellement qu'en nostre volonté, s'il y a quelque nécessité, c'est qu'elle soit nécessairement libre. Et quant à ce que nos volontés ont esté préueües, telles qu'elles doiuent estre, elles ont esté préueües pource qu'elles deuoient estre telles, et ne sont pas telles pource qu'elles ont esté préueües. » Il reconnaît aussi nettement

____

(1) V. à ce sujet le livre de M. A. de Blignières sur Amyot.

que l'ont pu faire les psychologues modernes, le vrai caractère de l'activité libre, qui ne consiste pas dans l'action, mais « *dans le mouuement à l'action.* » Le destin, et par ce mot du Vair entend comme Juste-Lipse, la loi primordiale des êtres, ne pèse donc aucunement sur la volonté, et le fatalisme est une folie. Le hasard n'explique rien ; c'est le manteau de l'ignorance ou de la mauvaise foi. La main de la Providence, cause intelligente et souveraine, se montre dans tous les événements humains. Rien de plus simple que les phases diverses par lesquelles ont passé toutes les nations qui se sont succédé sur la face de la terre. Leur splendeur et leur ruine n'ont été ni des jeux d'une puissance malfaisante, ni des caprices d'une force aveugle. « Tout a esté plus clément enuers elles qu'elles-mesmes, et de tous les maux qu'elles ont endurés, il n'y en a pas eu de plus cruels que ceux qu'elles se sont faits. »

C'est maintenant le tour de la France. Sans répéter ce que Musée en a dit dans le premier entretien, Orphée montre la Providence employant au châtiment de ses vices toutes les forces que le roi, les grands et le peuple avaient cru réunir et combiner pour affermir sa puissance. C'est l'histoire de toutes les révolutions; on est étonné de les voir éclater tout-à-coup, et d'une étincelle sortir un vaste incendie. « Vne émotion de peuple éleuée sous vn faux bruit » a suffi pour produire cette tempête, et tant de gens prudents se sont trouvés surpris et n'ont pu empêcher la catastrophe. C'est que les véritables causes, cachées peut-être, et échappant à tous les yeux, n'en agissaient pas moins dans l'ombre, et les effets ont dû suivre. Qu'on n'accuse donc pas la Providence : tous nos maux ne sont imputables qu'à nous; ce ne sont le plus souvent que des avis que Dieu nous donne : « Ces mauuaises rencontres sont faites pour parler à nostre conscience. »

Ici se trouve le jugement sur François Ier, contre lequel Brantôme a cru devoir protester : « Prince vrayement grand, avait écrit du Vair, car il auoit de grandes vertus, et aussi de grands vices (1). » C'est ce dernier mot si juste qui a choqué le chroniqueur gascon, sans toutefois le rendre injuste envers l'auteur du traité de *la Constance*, dont il se plaît à reconnaître le savoir, l'habileté et l'éloquence. Etrange préoccupation du courtisan ! il invoque contre l'opinion du philosophe le témoignage « des grands seigneurs et des belles dames qui estoient en ce temps-là (2). »

Du Vair arrive ensuite, et naturellement à la question des châtiments et de leur répartition ; question à laquelle se rattache celle du mal physique et du mal moral. Répondant à toutes les objections contre la bonté et la justice de Dieu, il montre l'utilité de ce qu'on appelle le mal, dans le plan et le gouvernement de l'univers. Le mal est pour le juste l'exercice de la vertu, et pour le méchant, une punition. Or, la punition, dit-il, d'après le *Gorgias* de Platon, est chose bonne en soi : c'est une expiation ; de plus, montrant à l'homme sa faiblesse, elle peut lui apprendre à mieux user de ses facultés. Du reste, il est rare qu'on échappe au châtiment, même dans ce monde, et le plus souvent, le coupable porte l'enfer dans son cœur. Cette pensée de Lucrèce (3), du Vair la développe au point de vue chrétien.

Résignons-nous donc à la volonté de Dieu : « suiuons gayement vn si sage capitaine et qui nous aime tant ; s'il nous meine aux coups, il nous meine à la gloire. » C'est par cette pensée qu'on retrouve dans la bouche de Polyeucte (4),

<hr>

(1) *La Constance et Consolation*, etc., p. 968.
(2) *Grands Capitaines*, François Ier, *init*.
(3) Lib. III, 991-1036.
(4) Act. V, sc. 3.

et qui est à la fois si stoïque et si chrétienne, que se termine le discours d'Orphée. Il ajoute, pour conclure, ces paroles d'une sublime énergie : « Embrassons donc la constance et nous plantons droits sur les pas de nostre devoir, tournans tousiours le visage deuers l'aduersité ; nous vaincrons estans surmontez ; les coups qui nous frapperont nous affermiront dauantage ; nous lasserons et estonnerons le mal par nostre asseurance. Les afflictions qui sont portées constamment et auec le contrepoids de la raison, nous entretiennent droits et fermes : au lieu qu'autrement nous pencherions trop vers la terre, elles nous relèuent vers le ciel. » L'orateur, par quelques mots, ouvre à l'âme la perspective de l'autre vie, et lui montre, avec son immortalité, le bonheur pour les justes. Il s'arrête sur ces consolantes idées qui appellent de plus longs développements.

Ses trois amis se lèvent avec peine, pensant qu'il doit parler encore ; et Musée exprime le regret de ne l'avoir pas entendu citer à propos de la vie future, les paroles que tint, à son lit de mort, « ce bon vieillard qui occupoit la première place en nostre Sénat de France. » C'est le président Christophe de Thou qui est désigné par ces mots ; et nous savons par le témoignage de son fils l'historien (1), qu'il n'y a pas là, comme on l'a dit, seulement une touchante fiction et un souvenir des dialogues *de l'Orateur (2)*. Si l'on voulait voir dans cette scène imposante, et dont le fond est historique, une réminiscence de l'antiquité, ce serait plutôt au *Phédon* qu'il la faudrait comparer.

Orphée s'est excusé de ne pas rappeler les derniers enseignements du vénérable président de Thou, sur ce qu'il n'en avait entendu que la fin ; et il a cédé à Linus, qui a pu les

(1) *Histoire*, liv. LXXV.
(2) *Essai sur du Vair*, par M. Sapey, p. 100.

recueillir en entier dans sa mémoire, l'honneur de satisfaire au désir de ses amis.

Le lendemain, quand les quatre philosophes sont de nouveau rassemblés, on rappelle à Linus l'engagement qui a été pris en son nom : mais il n'en sera pas quitte à si bon marché « de ne contribuer que de sa simple mémoire ; » il faut qu'il « donne quelque chose de son invention » et montre tout d'abord l'utilité des belles spéculations développées la veille. Tel est l'objet de la première partie de ce troisième dialogue.

L'orateur commence par répondre à cette question : De ce qu'on a dit de la Providence de Dieu, de sa sagesse et de sa justice, ne doit-on pas inférer qu'il faut s'abandonner aveuglément, passivement à sa conduite? Les avis sont partagés sur ce point. Linus lui-même a pensé d'abord que le plus sage était de céder à cette force suprême, Providence ou Destin, de quelque nom qu'on l'appelle. Mais depuis, il a bien changé d'opinion, et cette prétendue confiance en la bonté de Dieu, ce *quiétisme*, comme on l'appellera plus tard, lui a paru lâcheté et « mollesse d'esprit. » Les desseins de la Providence nous sont cachés, tant mieux ! l'assurance de notre bonheur nous eût enorgueillis ou énervés ; la certitude du malheur « eust flétry nostre courage. » Il nous faut donc espérer et croire ; mais

> La foi qui n'agit point, est-ce une fois sincère?

L'action est donc un devoir pour l'homme : la vraie philosophie et la religion lui imposent cette loi et lui font cet honneur. Quand même il n'espérerait point le succès, il n'en doit pas moins agir selon sa conscience ; faire le bien, quoi qu'il puisse arriver ; autrement la croyance à la Providence aurait le même effet que le dogme désolant de la fatalité.

Comme conséquence de ces principes, du Vair établit que

le bon citoyen ne doit jamais, au milieu des troubles et quand les méchants dominent, abandonner son pays : c'est la condamnation indirecte des membres du Parlement qui se retirèrent à Châlons et à Tours ; c'est en même temps son apologie et celle de ses collègues qui, comme lui, préférèrent rester à Paris. Les premiers furent alors regardés par le roi comme des fidèles ; et cependant ce furent, à n'en pas douter, les autres qui sauvèrent la royauté et peut-être la France. Henri IV le reconnut bien après la victoire, quand, au milieu du calme, il fut possible enfin de juger la conduite de chacun de ceux qui avaient pris part aux affaires.

Parmi les motifs qui peuvent déterminer le bon citoyen à rester dans le pays en temps de révolution, du Vair, épuisant les arguments et courant le risque de ne rien prouver en prouvant trop, en indique de purement personnels : l'amour des siens, la crainte de la pauvreté. C'est là une défaillance de ce grand esprit qui avait si nettement posé le principe de la loi morale et qui s'y conforma toute sa vie. Mais peut-être était-ce une concession qu'il jugeait nécessaire à la faiblesse de quelques-uns de ses contemporains, plus disposés à écouter les conseils de l'intérêt que la voix impérieuse du devoir. Cette considération était assurément d'un grand poids aux yeux de ceux qu'on appelait les *Politiques :* pour quelques-uns d'entre eux elle était peut-être la première ; pour du Vair, tout prouve qu'elle n'était qu'accessoire. Sans aucun doute, la nécessité où il aurait été de laisser sans appui au milieu des Ligueurs son père paralytique a dû contribuer à le retenir dans Paris (1) ; sans doute aussi son plan fut d'opposer la prudence à la violence, mais en respectant toujours la justice. Telle est du moins la ligne de

(1) V. les *Mémoires* de du Vair, Collect. du Puy, t. 661-662, Manuscrits de la Bibliothèque impériale.

conduite qu'il trace dans ces paroles par la bouche de Linus : « En tout ce que nous entreprenons, après auoir considéré si la fin est iuste, nous deuons examiner les moyens que nous auons de l'effectuer, et ne pas nous perdre à crédit ; et, quand nous n'auons pas le moyen de faire tout ce que le salut public désireroit de nous, tascher à faire dextrement le mieux que nous pouuons. Or, croi-ie qu'en l'estat où nous sommes tombez, il n'a rien resté aux gens de bien qu'ils peussent faire pour s'acquitter de ce qu'ils deuoient à leurs charges, que de rompre, par beaucoup de doux et gracieux moyens, beaucoup de mauuaises et dangereuses entreprises, et alentir par artifices le cours de la violence qu'ils ne pouuoient du tout arrester. Car comme ceux qui se sont prostituez aux nouueautez et ont seruy de leur esprit la passion des autres, sont inexcusables deuant Dieu et deuant les hommes ; aussi n'estimé-ie pas louables ceux qui voyans la force establie, se sont perdus de gayeté de cœur. En quelle que condition que soit réduit nostre pays, il a grand intérest d'auoir des gens de bien qui se conseruent en réputation de n'être point contraires au peuple, afin que l'occasion se présentant de donner bon conseil, ils le puissent faire, et auec vne main gracieuse et non redoutée sonder et souder les playes des dissensions ciuiles (1). »

Tel était le rôle des meilleurs parmi les Politiques ; rôle dangereux et pour les *prudents* qui le jouaient, et pour les *violents* contre qui ils le jouaient. Ceux-ci ne s'y trompaient pas : les prédicateurs de la Ligue ne cessaient d'exciter contre les Politiques la fureur populaire. Nous avons vu à combien de tribulations et de dangers du Vair lui-même fut

(1) *De la Constance*, etc., liv. III, p. 985

exposé ; ce qui n'empêchait pas quelques-uns de son parti de calomnier sa prudence. C'était un *finet*, disait-on, et tout ce qu'il avait fait « n'auoit esté que pour se conseruer sans aucun hazard, taschant de plaire à tous les deux costés (1). » Le reproche eût été fondé, si du Vair n'eût été que prudent : mais nous savons que, suivant la loi de Solon (2), qu'il semble s'être plu à développer dans le livre qui nous occupe, il paya souvent de sa personne.

Ces détails historiques, ces considérations politiques, dont la vie de du Vair ne fut que le commentaire vivant, donnent, comme nous l'avons observé déjà, un singulier intérêt à ce traité « *De la Constance et Consolation dans les calamités publiques;* » et l'on comprend l'admiration des contemporains autant que l'on comprend peu l'indifférence de la postérité pour ce livre qui aurait dû, ce me semble, être consulté avant tous par les historiens de la Ligue.

Après ces vues toutes pratiques sur le rôle du bon citoyen pendant les guerres civiles, l'auteur revient aux considérations que nous offrent la philosophie et la religion pour soutenir notre courage. La principale, à ses yeux, est celle qui n'a été qu'effleurée par Orphée, le mépris de la mort inspiré par la pensée de l'immortalité de l'âme.

Avant de donner les preuves de l'immortalité de l'âme, du Vair répond aux sceptiques et aux matérialistes : à ceux qui s'obstinent à ne pas croire et à ceux qui ne veulent croire qu'aux données des sens. Pour les premiers, « ils sont assez punis, dit-il, par la maligne opinion qui leur rauit d'entre les mains l'vnique espérance qui adoucit et assaisonne cette fascheuse et amère vie, et ie dirois volontiers qu'on les laissast estre malheureux puisqu'ils le veulent

(1) Lettre à M. de Villeroi, Collect. du Puy, t. III.
(2) Plutarque, *Vie de Solon*, xx.

estre. » Pour les autres, qui peuvent être de bonne foi, il suffit de leur démontrer qu'ils confondent deux choses parfaitement distinctes, l'esprit et la matière. Mais comment faire cette distinction? Des raisonnements scolastiques n'y pourraient suffire; il faut une autre méthode; il faut étudier la nature de l'âme en elle-même et par elle-même, ainsi qu'on observe les objets sensibles au moyen des sens, dont les organes corporels nous mettent en rapport avec les qualités des corps.

Ces idées qui tranchaient si nettement avec la vieille philosophie officielle, du Vair les exprimait six ans avant la naissance de Descartes, et quarante ans avant l'apparition du *Discours de la Méthode*. Sans doute il les trouvait trop hardies pour l'époque qui avait proscrit le platonicien Ramus, car il les mit, ainsi que toutes les doctrines exposées ensuite, sous le patronage du vénérable président Christophe de Thou. Ce sont les enseignements que ses amis disent avoir recueillis de sa bouche, la veille de sa mort.

Mais, pour qu'on ne croie pas que nous inventons, en attribuant au philosophe oublié du XVIe siècle la découverte de la vraie méthode psychologique, laissons-lui la parole: assurément, l'idée n'a pas chez lui toute la netteté avec laquelle elle sera exposée plus tard dans le *Discours* de Descartes; cependant il est impossible de la méconnaître sous les formes un peu embarrassées d'une langue qui s'essayait pour la première fois sur de tels sujets: « Pour cognoistre les choses dont les formes sont noyées en la matière, il faut se seruir des sens; et, par le moyen de ce que nous touchons et voyons, venir, comme par degrez, à l'intelligence de ce qui est plus esloigné: mais vouloir comprendre la nature de nostre âme de ceste façon, c'est ne la vouloir pas cognoistre. Car, estant simple comme elle est, il faut qu'elle entre toute nue en nostre entendement; ayant à remplir toute la place, tout ce qui l'accompagneroit, l'empescheroit. Es choses mesme sensibles, dont le sens est fort aigu, le sentiment s'en fait si soudain, qu'il nous fait perdre la cognoissance de la façon dont il se fait. Aussi des choses intelligibles, celles qui sont toutes pures, occupent si promptement nostre entendement que vous ne pouuez dire sinon qu'elles sont, mais vous ne pouvez dire comment, car elles ne se font pas cognoistre par témoignages empruntez : elles se manifestent d'elles-mesmes et sont plus connues que tout ce qui les veut recommander. Et pour ce, *le vrai moyen de cognoistre la nature de nostre âme, c'est de l'élever par dessus le corps, et la retirer toute à soy, afin que réfléchie en soy-mesme, elle se cognoisse par soy-mesme (1).* » N'est-ce pas là exactement le moyen employé par Descartes, parvenant, dans sa studieuse solitude de Hollande, « à feindre qu'il n'avoit aucun corps, » afin de mieux observer « l'essence ou la nature » de son être ? C'est par cette méthode que du Vair, étudiant l'âme, avait si bien reconnu les vrais caractères de son activité libre ; c'est par elle qu'il entreprit de démontrer son immortalité. Et d'abord, l'observation attentive de ses manifestations ne lui révèle en elle aucune des qualités de la matière, telle que, par exemple, l'étendue finie. Au contraire, l'âme a des moyens d'action, l'intelligence, la volonté, qu'on ne peut reconnaître dans les corps ; la volonté libre, « ayant en soi le principe de son mouvement ; » l'intelligence ou la pensée, que rien ne limite, qui s'enferme en elle-même, ou sort d'elle-même « pour embrasser toute chose ; » puis revient en elle-même, sans trouver jamais de quoi se satisfaire entièrement, sans cesser d'aspirer à l'infini qu'elle reconnaît bien n'être pas de ce monde. L'entendement ne s'arrête pas aux données des sens qui n'atteignent

(1) *De la Constance*, etc., p. 1000.

que les qualités particulières des objets matériels ; il pénètre
par sa vertu propre « ce qui est de la vraye nature et essence des choses, » comprend ce qui est général et universel, ce qui est permanent et immuable, les idées et les
espèces (1).

A cette soif insatiable de connaître, ajoutez le désir non
moins ardent de vivre dans la mémoire des hommes ; représentez-vous l'âme « iettée et aduancée sur l'aucnir, pre-
uenant de pensée le temps qui sera après la mort du corps,
et se pouruoyant de gloire comme de munition convenable
pour vne vie heureuse et glorieuse à laquelle elle aspire. »

De plus, l'âme trouve en elle-même l'idée de la perfection
absolue en sagesse, en puissance, en justice, en durée; et,
comme rien ne réalise ici-bas cette idée, elle arrive à la
conception d'un être à qui seul elle la peut rapporter. Cet
être, c'est Dieu ; dont l'âme dès-lors se reconnaît l'image
imparfaite et raccourcie. C'est à lui ressembler de plus en
plus qu'elle se sent destinée, heureuse dès cette vie toutes
les fois qu'elle fait un pas vers ce but ; inquiète et tourmentée, mécontente d'elle-même, toutes les fois qu'elle s'en
éloigne. Cette fin dernière, ce bien suprême, elle comprend,
quelques efforts qu'elle fasse pour y parvenir, qu'elle n'y
peut atteindre sur la terre, et qu'il ne lui sera donné d'y
arriver que dans une autre existence dont celle-ci est le
prélude, et, pour ainsi dire, l'initiation. Comme toutes les
initiations, celle-ci comporte de rudes épreuves ; mais,
pour se soutenir dans cette pénible carrière, l'âme a le sentiment de sa dignité, de sa divinité : « exilée pour vn temps
du ciel, son vrai domicile, elle fait continuellement effort
pour se relancer à ceste heureuse et céleste habitation... Or
ce qui a tant de divinité et tend perpétuellement à la source

(1) *De la Constance et Consolation*, liv. III, p. 1001.

de la divinité, qui doutera qu'il ne soit immortel? Donc, l'immortalité de l'âme reluit en toutes ses actions. »

Enfin la Providence, ni la justice de Dieu ne se peuvent comprendre sans la croyance en une autre vie. Voilà ce que la conscience a pu révéler aux philosophes ; mais « nous autres chrétiens, combien nous sommes plus heureux, » puisque, « outre le livre commun de la nature, » nous avons la parole de Dieu ! Il nous l'a apportée lui-même « enflammant en vne claire et pleine lumière les premières estincelles de ceste espérance naturelle. » Dès-lors devons-nous craindre la mort qui n'est que le passage pour arriver à cette véritable vie? Ah! les athées, les matérialistes, les méchants seuls, peuvent en avoir peur ; mais le vrai philosophe et le vrai chrétien l'attendent sans trembler.

Le vieillard mourant termine ces saintes leçons en se rendant témoignage à lui-même; et, en prédisant à ses amis des calamités plus affreuses que celles qu'ils ont vues, il les engage à maintenir leur cœur haut et ferme : « Si la vague, dit-il, a à vous emporter, qu'elle vous accable le timon à la main. »

Les paroles de Linus et surtout les divins enseignements du Socrate chrétien ont consolé et raffermi les âmes, et les quatre amis se séparent, pour reprendre leur route dans la vie, bien résolus à ne s'étonner jamais des difficultés qu'ils pourront rencontrer sous leurs pas.

Voilà la substance de ce beau livre *De la Constance et Consolation ès calamitez publiques*. C'est le fruit des méditations d'un noble esprit en présence d'une triste réalité, qui semblait donner un démenti aux plus précieuses leçons de la philosophie : il s'était replié sur lui-même, il s'*était ramené en soi*, comme dit Corneille, *n'ayant plus où se prendre* dans le monde extérieur, et il avait cherché au fond de son être *le roc et l'argile* des croyances qui sont le plus cher trésor de l'humanité. Sa conscience interrogée lui a répondu; elle lui a donné ce principe solide qu'il cherchait, et qu'il établit, comme fit peu après Descartes avec plus de netteté et de précision, mais non pas avec un plus vif amour pour la vérité. Quelle grandeur et quelle force se sont révélées aux yeux du moraliste dans cette étude de l'âme humaine, œuvre et image de Dieu! Que de motifs d'espérer! Quel immense avenir! A toutes les époques semblables on a senti le besoin de revenir à ces sublimes idées, inébranlables au milieu des plus rudes secousses, toujours lumineuses pour qui les sait et les veut voir, quelles que soient les ténèbres dont elles sont par moments entourées. On s'efforce alors de s'en pénétrer; on y cherche des remèdes contre le découragement, des consolations pour d'amères souffrances. Cicéron, nous l'avons déjà remarqué, y recourut plus d'une fois; et c'est à son désir d'échapper à la funeste influence des événements, que nous devons ses chefs-d'œuvre philosophiques. Comme les mêmes causes produisent toujours des effets pareils, les traités de du Vair font penser aussi, surtout par le ton de généreuse émotion qui y règne, à plus d'un livre éloquent offert de nos jours aux cœurs et aux esprits profondément troublés, ou faussés par les révolutions (1).

(1) V. entre autres, *Morale sociale*, par M. Ad. Garnier ; *Le Devoir et la Religion naturelle*, par M. Jules Simon ; *Le Vrai, le Beau et le Bien*, par M. V. Cousin.

§ IV. — Les *Méditations* de du Vair, complément de ses œuvres morales et religieuses. — Les *Consolations*, application des mêmes doctrines. — Jugement général sur les ouvrages philosophiques de du Vair. — Le stoïcisme mal apprécié par saint François de Sales; il lui avait préparé la voie par les livres de du Vair. — Leur influence sur les contemporains. — Lettre de M. de Villeroy à du Vair. — Simon Marion; le stoïcisme dans ses discours. — Influence sur le XVIIe siècle. — Corneille, le stoïcisme de ses personnages procède plus des œuvres de du Vair que des Anciens.

En même temps qu'il écrivait le *Traité de la Constance*, sous la même inspiration et tendant au même but, du Vair composait ses *Méditations* sur le livre de Job, sur les *Lamentations* de Jérémie, sur les *Psaumes* de David et sur l'*Oraison dominicale*. Cherchant partout des motifs de consolation et d'espoir et des moyens de perfectionnement moral, du Vair rencontra naturellement les antiques et divines leçons de la Bible, les instructions plus touchantes de l'Évangile. Il en arma son âme et s'appliqua à en faire les armes spirituelles de son siècle, « armes, dit-il, ici pendues parmi les trophées de la constance et exposées au public pour tous ceux qui voudront estendre les bras, les prendre et s'en seruir. » Job en effet offre le plus parfait modèle de patience, et aussi le plus humain; ce n'est pas le stoïcien antique que rien n'ébranle, et qui est aussi indifférent au plaisir qu'à la souffrance, homme qui n'est plus homme : l'humanité se reconnaît en lui avec sa force et ses défaillances; il avoue la douleur et gémit; mais cet aveu de sa faiblesse, ces plaintes déchirantes n'ôtent rien à sa résignation. Enfin son courage est récompensé, et Dieu, qui ne fait souffrir le juste que pour l'exercer et l'éprouver, lui rend les biens dont il avait été dépouillé.

Jérusalem, livrée au mal et oubliant son Dieu, a été abandonnée à ses ennemis : elle n'est plus que ruine et désolation ; mais elle doit reconnaître la justice du bras qui la frappe et ne s'en prendre qu'à elle-même de ses malheurs. Qu'elle se repente, qu'elle fasse comme son vieux roi David, et, comme lui, elle pourra compter sur la miséricorde de Dieu ; comme lui, après les tristes chants de la pénitence, elle pourra faire entendre l'hymne joyeux et triomphant de la consolation.

Enfin, quels doivent être les souhaits de l'homme sur la terre ? Ils sont tous compris dans la courte prière que lui a enseignée un Dieu qu'il peut appeler son père.

Ces *Méditations,* qui ne sont que des commentaires parfois éloquents, et quelquefois des paraphrases exagérées de l'Écriture, peuvent donc être regardées comme le corollaire des ouvrages moraux de du Vair. La résignation à la volonté de Dieu, la punition qui efface la faute et qu'on doit subir sans murmurer, parce que de l'être absolument bon il ne peut venir rien que de bon ; le repentir qui purifie l'âme et la soulage ; la consolation et l'espérance qui en sont les suites nécessaires, n'est-ce pas là presque toute la vie humaine ? Faible et imparfait, l'homme peut chanceler et tomber : mais que de moyens il a de se relever, pour marcher avec plus de force dans les voies que Dieu lui a tracées, que lui révèle sa conscience et qui seules peuvent le mener à sa fin !

Tel est l'ensemble des œuvres morales de Guillaume du Vair. Propres à tous les temps et à tous les lieux, comme le doivent être, selon la remarque de Gassendi (1), toutes les

(1) *Ubivis ac omni œvo eamdem cantilenam audiri : ut quod humanœ sortis est ac devitare non possumus, ferre leniter condiscamus.* (Loc. citat.).

leçons de la philosophie, ces livres ont été écrits surtout pour son époque et destinés à retremper l'âme de ses contemporains dans les fortes doctrines de l'antiquité profane, complétées par la Bible et l'Évangile.

Saint François de Sales, venu après du Vair et dans cet apaisement des esprits lassés de plus d'un demi-siècle d'agitation et de confusion, a méconnu les services rendus par la philosophie et s'est particulièrement appliqué à démontrer l'impuissance du stoïcisme (1). « Les Stoïciens et notamment le bon Épictète, dit-il, colloquoient toute leur philosophie à s'abstenir et à soûtenir ; à se déporter des plaisirs, voluptés et honneurs terrestres, à soûtenir et supporter les iniures, trauaux et incommoditez. Mais la doctrine chrestienne, qui est la seule vraye philosophie, a trois principes sur lesquels elle establit tout son exercice ; l'abnégation de soy-même qui est bien plus que de s'abstenir des plaisirs ; porter sa croix, qui est bien plus que de supporter, etc. (2). » Le saint évêque veut ainsi mener directement l'âme à Dieu, sans l'intermédiaire de la sagesse humaine. On peut dire qu'au temps où du Vair écrivait ses traités moraux, cette entreprise eut été chimérique : ce fut du Vair qui la rendit possible ; c'est lui qui fraya la route à cet enseignement tout religieux, ayant du reste parfaitement marqué le progrès ; et, comme il avait affaire à un siècle raisonneur, étant parti de la raison pour aller à la foi. Il semble donc que saint François de Sales n'a pas rendu justice au stoïcisme et surtout au stoïcisme chrétien de du Vair, dont il avait lui-même, comme tout son siècle, subi, à son insu peut-être, l'heureuse influence. Je ne veux pas dire qu'il en devint meilleur, il n'en avait pas besoin ; mais il reconnut en quel-

(1) *De l'amour de Dieu*, liv. I, ch. 3 ; liv. II, ch 18.
(2) *Ibid.*, liv. IX, ch. 2.

que sorte, dans le cœur humain, les premières assises du
bien déjà posées et toutes prêtes à recevoir l'édifice plus
sublime qu'il y voulait élever. Tout prouve qu'il s'empara de
ce point d'appui et de ce point de départ pour monter plus
haut et pour aller plus loin. Voyez par exemple, la V\ Méditation du premier livre de l'*Introduction à la Vie dévote*. Il s'agit
de la Mort, et, dans les sages considérations que présente
l'évêque chrétien, il est impossible de ne pas reconnaître,
sinon des emprunts textuels, du moins des souvenirs bien
marqués de cette « vaillante » philosophie stoïque, vulga-
risée par du Vair (1). Le beau livre de saint François prête
en bien des endroits à de pareils rapprochements (2).

Cette influence de du Vair sur ses contemporains est plus
manifeste encore dans d'autres ouvrages célèbres. Nous avons
déjà remarqué, et on l'avait fait avant nous (3), que Charron,
dont le livre n'a paru que longtemps après les siens, se
borne souvent, de son propre aveu, à les copier. Mais on ne
saurait trop rappeler que le mot de Balzac (4) est vrai dans
toute son étendue, et que ce ne sont pas seulement deux ou
trois morceaux qui ont passé textuellement dans le livre *De
la Sagesse* : on peut même dire sans exagération qu'au moins
un tiers de l'ouvrage de Charron appartient à du Vair. Ainsi,
en attribuant le reste, comme il convient, à Montaigne, à

(1) Cf. *La Sainte Philosophie*, p. 1224.

(2) Comp. notamment le ch. XXI du premier livre de l'*Introduction
à la vie dévote*, avec les pages 1028-1029 de *la Sainte Philosophie*,
et les ch. XII et XIII de la troisième partie, *Sur la Chasteté*, et XXXVIII-
XXXIX *Sur le Mariage*, avec les p. 1030-1033 du même traité de du
Vair.

(3) Balzac, Bayle, Amaury Duval, édit. de Charron, 1820. —
Sapey, *Essai sur la vie et les ouvrages de du Vair.* — Sainte-Beuve,
Charron.

(4) V. Sorel, *Bibl. franç.*, p. 95.

Bodin et à quelques auteurs anciens, on voit que, selon son expression, la forme et l'ordre seuls sont à lui (1). Il importe de remarquer encore que « le disciple et le second » de Montaigne, en s'appropriant les meilleures pages de du Vair, les a corrompues par l'usage qu'il en a fait, menant, comme l'a dit un maître illustre, à l'insouciance par le stoïcisme (2).

Le conseiller-historiographe P. Matthieu, qui a pu connaître particulièrement du Vair, suivant, comme lui, la cour, et mort comme lui et la même année que lui, durant l'expédition de Louis XIII contre les Huguenots du Béarn, n'a fait souvent que rimer dans ses *doctes Tablettes* les pensées du sévère moraliste. Ainsi ce quatrain :

> Le fruit sur l'arbre prend sa fleur, et puis se noue,
> Se nourrit, se mûrit et se pourrit enfin ;
> L'homme naist, vit et meurt : voilà sur quelle roue
> Le temps conduit son corps au pouvoir du destin (3).

n'est que la traduction d'un passage du traité *de la Constance* que nous avons cité (4).

Du Vair, en nous montrant les interlocuteurs de ses dialogues sur *la Constance et la Consolation dans les calamités publiques*, raffermis et consolés par les bonnes paroles qu'ils venaient d'échanger, n'avait pas exagéré l'effet de son livre. Des faits authentiques prouvent que cette influence fut reconnue. Ainsi, M. de Villeroi, joué calomnieusement dans

---

(1) Préface de la première édition.

(2) M. Saint-Marc-Girardin, *Tableau de la littérature française* au XVIe siècle.

(3) IIe centurie ; IIe quatrain.

(4) Page 124. — *La Constance*, p. 932. — V. encore Ire centurie, XIVe, XXXVIe et XXXIXe quatrains ; IIe centurie, LXXXVIe quatrain, et comp. du Vair, *Morale des Stoïques*, p. 832, 888 ; *Sainte Philosophie*, p. 1024 et *passim* ; *La Constance*. p. 924.

la *Satire Ménippée*, au lieu de s'affliger de cette attaque, avait eu le courage d'en rire : il écrivit à du Vair pour lui faire hommage de la sagesse qu'il avait montrée dans cette circonstance :

« Iugez, s'il vous plaist, s'il y auoit subiect de s'altérer, et si ie ne l'ay faict, combien ie suis obligé à vostre vertu, car vous ne pouuez faire l'vn sans l'autre ; non que vos enseignemens m'aient rendu insensible, mais appris que les gens de bien sont plus subiects à calomnie que les autres et toutesfois que l'on ne peut les priuer d'honneur. Comme au lieu de m'en offenser ie me suis mis à rire, ie me suis soudainement souuenu de vous, *recognoissant deuoir ce fruit aux saints et sages préceptes de vostre Constance*, sans le secours desquels i'aduoue que i'en eusse vsé autrement, voyant qu'il n'y a vérité si claire qui ne soit subiette d'estre obscurcie par enuie et par malice (1). »

Ces principes stoïques, du Vair, nous l'avons dit et il l'a reconnu lui-même, les avait trouvés dans quelques nobles cœurs ; ils avaient dirigé les l'Hospital et les de Thou ; ils armaient d'un courage invincible A. de Harlay, dont du Vair a rappelé, dans ses *Mémoires*, plus d'un trait héroïque, et ce Simon Marion, par lequel les glorieux parlementaires de ce siècle s'unissent à Port-Royal, cette autre pépinière de stoïciens. Ce dernier, qui fut le beau-père d'Antoine Arnauld, après avoir soutenu devant Henri III, et au risque d'être envoyé à la Bastille, de justes réclamations contre un impôt vexatoire (2), résumait ainsi, dans un autre plaidoyer,

(1) Collection du Puy, t. III, p. 5. Lettre datée de 1594, en partie citée par M. Feugère dans un excellent article sur le livre de M. Sapey. (*Revue encyclopédique*, avril 1843.)

(2) Plaid. IV, p. 45. — V. l'Estoile, *Iournal* de Henri III, aoust 1581. — V. aussi notre Etude sur la Vie et les Ouvrages de Simon Marion. Nevers, 1849.

l'obligation morale et la loi du devoir : « Quoiqu'on pense auoir fait tout ce qui se peut, toutesfois on se doit exciter à plus et à surmonter par vn effort extrème, l'extrémité mesme de nostre puissance (1). » Je ne sais pourquoi, mais j'aime à voir, sans oser rien affirmer, dans cette belle pensée un écho des graves enseignements répandus par les livres de du Vair.

Dans toute la première moitié du XVIIe siècle, ces livres ne cessèrent d'être lus, et Gassendi, en 1652, recommandait encore au prince Louis de Valois la lecture du traité *De la Constance*. Si l'on ne peut assurer que Descartes ait puisé le germe de sa Méthode dans quelques pages d'observations psychologiques, disséminées au milieu d'un traité de morale pratique, il semble incontestable que ces ouvrages contribuèrent beaucoup à donner aux hommes de cette époque cette force et cette grandeur d'âme, cette fierté de caractère qui éclate dans les chefs-d'œuvre de Corneille. Un contemporain de l'auteur du *Cid*, qui eut l'honneur d'en être loué, le menuisier-poète, Adam Billaut, adressa cette épigramme à un nommé Granchamp qui lui avait promis les œuvres de du Vair et ne les lui donnait pas :

> Ta promesse m'est inutile,
> Puisqu'elle ne produit aucun éuénement ;
> Et tu n'es qu'vn *grand champ* stérile
> Qui ne donne *du verd* que difficilement.

Certes, cette petite pièce est loin de prouver en faveur du bon goût du *Virgile au rabot*, mais elle montre du moins avec quel empressement on recherchait les ouvrages du moraliste stoïcien. Comme elle fait partie des *Chevilles* qui furent publiées pour la première fois en 1644 (2), peut-être se

(1) Simon Marion, *Plaidoyers*, xv, p. 566.
(2) In-4°, p. 135.

rapporte-t-elle à la dernière et belle édition in-folio de du Vair imprimée à Paris en 1641. Mais auparavant, il y en avait eu dix autres, sans compter les éditions partielles qui, du vivant de l'auteur, paraissaient chaque jour, même sans son aveu. Il est donc plus que probable que Corneille, comme tout le monde, voulut lire les écrits de du Vair. On croira mieux encore qu'il les eut de bonne heure entre les mains, si l'on songe qu'il s'en publia à Rouen même une édition en 1614, et qu'en 1617 du Vair se rendit dans cette ville avec Gaston d'Orléans pour y tenir l'assemblée des Notables qu'il avait provoquée. Corneille avait alors onze ans ; il dut être frappé de l'événement extraordinaire dont la capitale de la Normandie était le théâtre, et il entendit sans doute prononcer souvent chez son père, qui était magistrat, le nom de du Vair ; sans doute aussi, il ne tarda pas à lire les ouvrages de l'illustre garde des sceaux (1). Vingt ans après, en même temps que Corneille lui-même donnait *le Cid*, une nouvelle édition de ces livres paraissait encore à Rouen et attirait nécessairement l'attention du grand poète. Aussi, bien que nous n'ayons pas de témoignages certains, il nous paraît difficile, d'après tous ces indices, de ne pas admettre que Corneille a connu les œuvres de du Vair. La sublimité des principes stoïques qui y sont développés plaisait à son génie amoureux de la grandeur et de la force ; et, suivant toute vraisemblance, ce ne furent pas seulement les traités et les tragédies de Sénèque et la *Pharsale* de Lucain qui lui fournirent les germes de cet esprit héroïque qu'il donne à ses personnages. On aperçoit

(1) Peut-être même les Jésuites chez qui il étudiait, les lui mirent-ils entre les mains. C'était l'époque où le savant Petau, qui était de la compagnie, dédiait à du Vair son édition du *Breviarium historicum, s. Nicephori* (1616).

même que fort peu de traces de leur influence dans les premiers chefs-d'œuvre de Corneille. Qu'y a-t-il dans le *Cid*, dans *Horace*, dans *Polyeucte* surtout, qui rappelle de près ou de loin les maximes propres du philosophe ou les héros des deux poètes ? J'y vois éclater à chaque page ce sentiment de l'honneur fier, désintéressé, dont du Vair parut même aux sévères moralistes de Port-Royal la plus complète personnification (1). J'y vois surtout cette lutte ardente de la passion et du devoir, qui se disputent éternellement le cœur de l'homme ; la passion déployant toutes ses séductions, toutes ses finesses, toutes ses violences pour l'entraîner ou le précipiter ; la raison, tantôt calme et fière, et constatant ces secousses ou ces perfidies de sa rivale, pour constater son propre triomphe ; tantôt se faisant, pour ainsi dire, passion elle-même, mais passion du bien et du beau ; et puis, ces mille nuances si délicates du même sentiment, pur et généreux dans de certaines limites, désordonné ou misérable, s'il les dépassé ou s'il reste en deçà ; enfin cette admirable échelle des obligations morales, cette sainte gradation des devoirs, qui descend de Dieu jusqu'à nous par la patrie, par la famille, par les amis et par le prochain en général, par les plus douces affections, par les plus héroïques dévouements. Voilà ce que je vois dans les grandes tragédies de Corneille et ce que l'on trouverait difficilement dans les auteurs anciens à qui l'on fait cet honneur insigne d'avoir animé son génie et de l'avoir poussé vers son sublime faîte, quand il hésitait à prendre son essor. Au contraire, nous avons pu remarquer dans les œuvres de du Vair cette peinture des passions dont « la naïveté et la richesse » émerveillait Charron, et ces hautes et puissantes idées de devoir et d'honneur dans l'expression desquelles venaient se

(1) V. l'*Honneur françois*, par de Sacy.

retremper les contemporains froissés ou découragés par l'injustice ou la trahison, et surtout ces souveraines prescriptions de la loi morale qui pourraient effrayer notre faiblesse, si nous ne savions que celui qui s'en fit l'interprète, en offrit dans sa vie la plus constante application.

Ces œuvres furent donc, croyons-nous, la véritable et héroïque nourriture du génie de Corneille : il mit en scène l'âme humaine telle que l'avait dépeinte le vieux moralïste. Et d'abord, voyez Rodrigue, Chimène ; quel « *respect d'eux-mesmes,* » pour parler comme du Vair, « *et encore que personne ne les regarde que leur propre conscience!* » L'amour et l'admiration arrachent à Chimène ce cri du cœur :

> Sors vainqueur d'un combat dont Chimène est le prix.

Mais elle s'empresse d'ajouter :

> Adieu ; ce mot lâché me fait rougir de honte.

Quel sévère examen ils font de leur conscience dans ces monologues que Voltaire, qui ne comprit pas la haute portée morale des drames de Corneille, lui reproche comme des sacrifices au goût des comédiens et du public (1). Et, dans ces grandes âmes, quelle soumission d'enfants pour leurs parents ! « Ils les tiennent vraiment comme des dieux en terre (2). »

Mais mieux encore ; voyez les personnages de la tragédie d'*Horace :* Sabine, si vaillante et si douce ! et Curiace, quel touchant amour de la famille et de la patrie ! le vieil Horace, quelle ardente passion pour Rome ! il ne semble vivre qu'en elle et par elle ! Et cependant, ce stoïcien du patriotisme ouvre son cœur, comme le veut du Vair, à de plus doux sen-

(1) *Commentaires sur Médée,* III, 1.
(2) *Morale stoïque,* p. 850.

timents ; lui aussi, il connaît les larmes ; il s'étonne de pleurer, mais il pleure.

> Moi-même en cet adieu j'ai les larmes aux yeux (1).
> Loin de blâmer les pleurs que je vois répandre,
> Je crois faire beaucoup de m'en pouvoir défendre (2).

Et avec quelle énergie il dispute à cette patrie qu'il aime tant, ce fils qu'il aurait voulu voir mourir pour elle ! Camille, comme Emilie, dans *Cinna,* « cette adorable furie (3), » c'est la passion incarnée : c'est l'amour et la douleur dans l'une ; dans l'autre, c'est la haine, la vengeance, « ceste fièvre d'esprit (4) ; » et dans toutes les deux, « ces fumées qui esblouissent l'œil de la raison (5). »

Mais montons plus haut ; suivons la voie que nous a tracée du Vair ; allons jusqu'à « *la Sainte Philosophie ;* » allons jusqu'à *Polyeucte.* Nous y retrouvons la famille et les devoirs sur lesquels elle repose, et les douces vertus qui la sanctifient, la chasteté du mariage et « cette révérence réciproque » des époux, « cette union d'esprit et de volonté » qui devient bientôt une communion de foi et de dévouement ; nous y trouvons bien plus, nous arrivons au faîte des devoirs de l'homme, à cette soumission complète à la volonté de Dieu, à cet élan de l'âme « vers le principe de tout bien, » vers la source de toute vertu. Quand cette solide et ardente piété, vit au fond du cœur, en vain « les affections, comme vents violents, nous surprennent et emplissans de mille délicieuses bouffées les voiles de nos désirs, cherchent à nous entraîner loin de nostre propre nature ; » en vain ces char-

(1) Act. ii, sc. 7.
(2) Act. iii, sc. 5.
(3) Mot de Balzac. Lettre à Corneille, du 17 janvier 1643.
(4) *Morale des stoïques,* p. 851.
(5) *Ibid.,* p. 820.

mants « nuages de volupté » nous entourent de leurs décevantes illusions, nous sentons qu'ils ne sont que « l'ombre
du bonheur, » et nous nous élançons « vers la souveraine et
perdurable félicité. » La mort même ne saurait nous effrayer;
« *l'heureux trépas* » nous décharge « d'un vil et pesant bagage,
et nous pouuons bondir à plein saut par dessus le précipice,
et nous jeter dans cette plaine belle et florie que nous
voyons à l'autre bord, qui est la vie de l'éternité (1). » Ne
sent-on pas dans ces paroles, et plus encore dans les lignes
qui terminent ce beau livre de la *Sainte Philosophie*, et que
nous avons citées, ne sent-on pas cette ardeur religieuse et
ce souffle d'enthousiasme qui emporte Polyeucte « vers les
saintes douceurs du ciel, » — « vers les immortelles délices, » pour parler comme du Vair? Sévère, enfin, n'est-il
pas le vrai sage que nous dépeint le moraliste, juste, ferme,
mais bon et tolérant?

Quelquefois, ce ne sont pas seulement les pensées, les
sentiments, l'esprit général de du Vair qui vient animer les
personnages de Corneille : on retrouve dans les vers du
grand poète les habitudes de langage, les expressions du
vieux prosateur. Nous avons déjà remarqué que le mot
sublime de Polyeucte : « A la gloire ! » se retrouve dans une
phrase du traité *De la Constance (2)* qui forme, à une syllabe
près, un beau vers :

Mais s'il nous meine aux coups, il nous meine à la gloire.

Du Vair avait déjà dit plus haut (3) : « Quand nous sommes
inuitez au combat, nous le sommes à la gloire, » paroles
qui rappellent aussi ces vers de *Rodogune (4) :*

(1) *Sainte Philosophie*, p. 1012, 1024.
(2) P. 976.
(3) P. 966.
(4) Act. III, sc. 5.

Le ciel par les travaux veut qu'on monte à la gloire ;
Pour gagner un triomphe, il faut une victoire.

« Embrassons la Constance, » s'écrie le philosophe, et Horace, encourageant Sabine, répète :

Embrasse ma vertu pour vaincre ta faiblesse (1).

Enfin la fière parole de Rodrigue :

Dans les âmes bien nées
La valeur n'attend pas le nombre des années (2).

n'est que la traduction en vers de cette pensée de la XIVe *harangue* funèbre de du Vair : « La vertu aux âmes héroïques n'attend pas les années, elle fait son progrès tout-à-coup. »

Il serait facile de multiplier ces rapprochements de détail, mais il nous semble que c'est surtout l'inspiration générale du stoïcisme chrétien qui, passant des œuvres du moraliste dans l'âme du poète, a nourri ce puissant génie d'un aliment fait pour lui.

(1) Act. IV, sc. 7.
(2) Act. II, sc. 2.

CHAPITRE IV.

RHÉTORIQUE ET ÉLOQUENCE.

§ Ier. — Du Vair théoricien. — Le traité de l'*Eloquence françoise et des raisons pourquoy elle est demeurée si basse ;* analyse et critique. — Omissions importantes dans l'histoire de l'éloquence française. — Sages idées, judicieuses appréciations de quelques orateurs. — Abus des citations, son origine selon du Vair et selon Pasquier. — Examen des différentes causes de l'infériorité des Français dans l'éloquence. — Excellence des Anciens. — Caractères de leur éloquence. — Nécessité de les étudier. — Sommaire de rhétorique. — Célébrité du livre de du Vair.

Les deux chapitres précédents nous ont montré dans du Vair l'homme et le philosophe ne faisant qu'un : nous l'avons trouvé, comme disaient ses contemporains, toujours ferme dans son intégrité et non moins stoïcien dans sa conduite que dans ses livres : « *Stoïcorum philosophiam scripto tradidit et secutus est (1).* »

Cette sévérité de principes, cette persévérance à chercher

(1) Gramond, continuat. de de Thou. *Hist. gallic.*, lib. IX, p. 424, in-f°. — Cf. Id. *Histor. prostratæ rebellionis,* p. 291-293, Toulouse, M DC XXIII, in-4°. — Matthieu, *Histoire de Louis XIII*, p. 163-164, M DC XXXI, in-f°.

le bien, à l'enseigner et à le pratiquer, cette union constante du précepte et de l'action, du Vair les montre également dans l'usage de la parole. A ses yeux, l'éloquence n'était que la splendeur de la vertu, et combattre pour la vérité ou célébrer ses louanges, le seul rôle digne d'elle. Il travailla donc à mettre son langage à la hauteur de cette grande morale à laquelle il avait donné son cœur, à le rendre assez fort pour la défendre, assez beau pour la faire aimer. Ce fut l'objet de sa constante application ; quelques-uns s'y sont trompés : Perrault, prenant en lui le moyen pour la fin, a dit, après Richelieu (1), que l'éloquence fut sa principale passion. De Sacy l'a mieux jugé : ce fut l'honneur ; l'éloquence ne fut que l'instrument ; il l'aima comme l'ouvrier aime l'outil sans lequel son œuvre est impossible ; il la soigna de même.

Aussi, pour devenir orateur comme pour devenir philosophe, pensa-t-il devoir unir aux études spéculatives tous les efforts, tous les apprentissages de la pratique. De là une foule d'essais, de tâtonnements, de consciencieux travaux, du Vair nous en a laissé l'intéressante histoire dans son « *Traité de l'Éloquence françoise et des raisons pourquoy elle est demeurée si basse.* »

Cet ouvrage, son titre l'indique, est à la fois historique et critique ; bien plus, malgré la déclaration expresse de l'auteur, qu'il préfère à toutes les écoles l'étude intelligente des bons modèles, et qu'en conséquence, au lieu d'écrire une rhétorique, il a mieux aimé traduire quelques chefs-d'œuvre des auteurs anciens, son livre est aussi une théorie à peu près complète de l'art oratoire. Comme tous ses autres écrits, il est nourri des idées de l'antiquité. Platon, Aristote, Cicéron surtout, Quintilien et l'auteur du *Dialogue des*

____

(1) *Mémoires*, t. ii, p. 145

Orateurs, lui ont fourni des observations, des préceptes, d'utiles conseils. Mais en général, du Vair a su si bien, selon son habitude, s'approprier toutes ces richesses étrangères, en y joignant les fruits de sa propre expérience, que tout semble venir de lui, et qu'on y peut tout au plus reconnaître des souvenirs, rarement des emprunts. Ce livre, qui a été longtemps lu et fort goûté et dans lequel certains auteurs (1) ont puisé comme Charron dans les traités moraux, a été assez soigneusement analysé par Gibert (2), dont le travail a été morcelé et reproduit avec quelques erreurs de plus et plusieurs bonnes remarques de moins dans l'informe compilation de l'abbé Gouget (3). L'article de Gibert est assez complet pour la partie historique et critique, mais il n'en signale pas les lacunes, et de plus, il ne fait qu'indiquer les théories oratoires de l'auteur, sans les apprécier, sans même en donner une idée.

Du Vair, dès les premières lignes, se montre à l'égard de nos vieux orateurs de la fin du Moyen-Age presque aussi injuste qu'on l'a été plus tard envers lui : « Ie me suis, dit-il, quelquefois esbahi comment ce Royaume ayant esté si grand et si florissant, l'éloquence y a esté si peu heureusement cultivée que tous les siècles passez ne nous ont laissé tesmoignage d'vn seul homme qu'on puisse appeler à bon droit éloquent. » Ici se révèle déjà la préoccupation à laquelle obéit du Vair dans tout le cours de son livre : il ne voit que le barreau et ne tient presque aucun compte de l'éloquence religieuse et de l'éloquence politique. Pourtant, sans

(1) Chevalier de Sainte-Croix, selon Michaut de Dijon (Art du Vair, dans les *Mémoires* du P. Niceron, t. 41), n'a fait que le copier dans son *Orateur françois*.

(2) *Anti-Baillet*, Amsterdam, 1725, p. 217, in-4°.

(3) *Bibliothèque*, t. I et II, in-12.

remonter jusqu'au pape Urbain II et à saint Bernard, dont la voix puissante, remplissant les populations d'une ardeur enthousiaste, les poussait à la guerre sainte, les chroniques de Saint-Denis, par exemple, lui offraient au moins les souvenirs de bien des discours qui, soit dans les États généraux, soit sur la place publique, pendant les troubles du XIV⁰ siècle, soit dans la chaire chrétienne, avaient dominé les esprits ou remué les cœurs. Sans doute, les harangues populaires de Charles de Navarre et de Robert-le-Coq, les sermons politiques et religieux de Jean Gerson (1), une foule d'autres discours que des études récentes nous ont fait connaître, ne réalisent pas complètement l'idée de la véritable éloquence. A cet égard, l'appréciation de du Vair est juste ; mais il eût dû indiquer au moins, d'après les historiens, ces essais remarquables pour le temps. Evidemment, parmi ces morceaux oratoires, il en est qui ont été arrangés par les Chroniqueurs eux-mêmes ; et le Moine de Saint-Denis, faisant haranguer les bourgeois de Paris en leur *Parlouer*, se contente de leur prêter dès phrases un peu emphatiques, presque textuellement tirées de Tite-Live (2). Chez lui, Philippe Artevelle répète devant les Gantois ces paroles de Manlius, si naïvement admirées par Fénelon comme authentiques (3) : *Quousque ignorabitis vires vestras? etc. (4).* Mais il

----

(1) E. Pasquier *(Recherches,* liv. IV, 27) cite un grand nombre de discours politiques et judiciaires prononcés pendant le XV⁰ siècle, et entr'autres la harangue de Gerson parlant, au nom de l'Université, sur la réformation du royaume en 1405. Ce discours, qui commence par les mots *Vivat Rex!* trois fois répétés, est analysé sommairement par le Moine de Saint-Denis, et les défauts, la prolixité, la diffusion, en sont judicieusement indiqués.

(2) V. *Chronic. Karol. Sexti,* le discours d'un mégissier de Paris, liv. I. — Edit. des *Documents inédits.* — Cf. Tite-Live, IV, 3.

(3) Lettre sur l'éloquence, IV.

(4) *Chronic. Karol.* VI, liv. II et III. — Cf. Tite-Live, VI, 18.

reste de cette époque des discours qui ont bien réellement été prononcés, et l'on y trouve une remarquable énergie, une dialectique vigoureuse, des mouvements d'un vrai pathétique.

Si du Vair ne pouvait porter un jugement bien motivé sur certains orateurs dont les discours restés manuscrits, n'étaient alors qu'imparfaitement connus, il devait au moins une mention très honorable à cet Alain Chartier, qu'un siècle à peine séparait de lui, et qui peut-être aurait le droit de revendiquer pour son *Curial* et son *Quadriloge invectif* l'honneur d'avoir inspiré quelques belles pages du traité de *la Constance et Consolation (1)*. Estienne Pasquier, avait dèslors attiré l'attention sur le vieux prosateur, et, avant d'en citer, selon son expression, *des mots dorez* et de *belles sentences*, il l'avait qualifié *grand poète et encore plus grand orateur (2)*. D'ailleurs du Vair avoue qu'il connaît tous les « *témoignages* » écrits, relatifs à nos anciens écrivains; et il est probable même qu'en combattant dans ce passage de son livre, l'opinion de ceux qui, selon lui, s'en exagéraient les mérites, il fait particulièrement allùsion à maints chapitres des *Recherches de la France (3)*. Craignant aussi de paraître trop hardi dans son jugement, il le modifie en disant que rien ne lui persuadera qu'aucun de nos vieux auteurs « soit iamais paruenu à l'excellence des Anciens. » Voilà qui est d'une incontestable vérité, et, si du Vair eût tout de suite exprimé ainsi son opinion, il n'aurait pas eu à craindre

(1) V. pour l'*Histoire de l'Eloquence française au Moyen-Age*, le cours de M. Gérusez, professé à la Sorbonne en 1836. — V. aussi dans l'*Histoire de la Littérature française* de M. Nisard, un beau fragment d'un sermon de J. Gerson, t. ı, p. 190.

(2) *Recherches de la France*, liv. vı, ch. 16.

(3) V. liv. vıı et vııı.

qu'on ne doutât de son patriotisme et de son attachement à toutes les gloires de la France (1).

Son jugement sur la littérature du XVIe siècle est également incomplet. Les auteurs de la première moitié de ce siècle « ont eu, dit-il, quelque naïfueté, vn stile pur, et qui suit assez communément la nature des choses qu'ils descrivent. » — « Quant à ceux qui ont vescu depuis quarante ans en çà, ils se sont vn peu esueillez et ont tasché d'enrichir nostre langue des despouilles de la grecque et de la latine, et essayé d'imiter les artifices de ces braues anciens-là. » Cela est vrai, mais il y avait, ce semble, quelque chose de mieux à dire sur Comines, Calvin, Rabelais, Montaigne, Amyot, François de La Noue, Blaise de Montluc et tant d'autres; et, si du Vair voulait s'en tenir aux orateurs, on s'étonne qu'il ait oublié le chancelier de l'Hospital. Il aurait pu aussi, quoi qu'il ne voulût pas parler des contemporains, indiquer pour la chaire, un progrès notable, dont quelques discours de Duperron et surtout les sermons de saint François de Sales lui offraient des preuves. Il a préféré « s'arrester à l'éloquence meslée aux affaires du monde, » (et par là il comprend seulement celle du barreau), trouvant l'éloquence sacrée « qui deuroit estre la plus parfaicte, si basse qu'il n'a rien à en dire; » il ne regardait sans doute qu'aux ignobles déclamations des prédicateurs de la Ligue ou à de plates oraisons funèbres, comme celles de l'archevêque Regnaut de Beaune.

Enfermé dans ces étroites limites, du Vair se borne à quelques noms, Pibrac, Mangot le père, Versoris, Mangot, l'avocat du roi, le président Brisson et d'Espeisses. Il donne

______

(1) Antoine Loisel essaie de combler cette lacune de l'ouvrage de du Vair, au moins pour ce qui regarde l'éloquence judiciaire. — V. son *Dialogue des aduocats*, p. 13 et suiv., édit. de M. Dupin, 1844, in-18.

en passant, une larme à la mort de Brisson, qu'il a racontée ailleurs en détail (1), et porte sur chacun de ces orateurs des jugements que Loisel, qui les avait aussi connus, a adoptés (2) et que la postérité a pleinement ratifiés. Tous ont manqué de passion; tous sont tombés dans cette erreur du peuple qui prend, selon la remarque de la Bruyère, pour de l'éloquence la faculté qu'ont certaines personnes de parler seules et longtemps : « Ils ne se pouuoient estancher, » dit Pasquier (3); enfin tous ont eu la manie des citations érudites; Versoris, plus que tous les autres. Dans son plaidoyer, d'ailleurs très sec, pour les Jésuites (4), il cite, en moins de trente lignes, Socrate, Ovide, Lucain, Eschyle, Plutarque, Cicéron *contre Vatinius*. Pasquier tombe rarement dans ce défaut que son bon sens condamnait (5). Cet abus si général, du Vair, qui n'y a pas toujours échappé, ainsi qu'il le confesse ingénuement ailleurs (6), en attribue l'introduction au président Brisson. Le savant auteur *du Gouvernement royal chez les Perses* se plaisait à montrer son immense érudition, et son exemple trouva tant d'imitateurs qu'il n'était plus loisible, même aux meilleurs esprits, « de se despartir de cette mode (7). »

Pasquier qui, dans un curieux chapitre de ses *Recherches (8)*,

(1) *Suasion pour la loi salique*, p. 77-78. — Cf *Mémoires* manuscrits, collect. du Puy, t. 661-662.

(2) *Dialogue des aduocats*, p. 104 et suiv., p. 137 et suiv. — V. surtout la note 2 de la p. 140.

(3) *Recherches*, IV, 27.

(4) A la suite des œuvres de Pasquier, t. I, p 1103.

(5) V. son plaidoyer pour la ville d'Angoulême (*Lett.* VI, 1.) et son plaidoyer pour le duc de Lorraine.

(6) Note de l'édition de 1621, p. 233.

(7) Du Vair, *ibid.* — Cf. Maucroix, lettre au P*** de la compagnie de Jésus. *OEuvres posthumes*, p. 376-377, in-12, 1710.

(8) Liv. IV, ch. 27.

a prononcé sur les mêmes orateurs des jugements de tous points semblables à ceux de du Vair, rapporte l'origine de cette coutume au premier président Christophe de Thou, « qui prenoit vne infinité de plaisir à tous ces braues esprits et leur respondre; simbolizans tous en vn point qui estoit de remplir leurs harangues d'eschantillons de diuers autheurs : chose du tout incogneûe aux anciens orateurs tant grecs que romains. » Ailleurs, dans une lettre à Loisel, il déplore encore cet abus, l'attribue à la même cause, et souhaite que, puisque celui à qui l'on voulait plaire, en parlant ainsi, n'est plus, « auec luy soit enseuelie ceste nouuelle manière d'éloquence. » Non pas qu'on doive s'abstenir absolument des citations ; « mais il faut que cela ne soit affecté, et que nous soyons si nécessitez de le faire, que l'obmettans, nous aurions perdu vne bonne partie des nerfs de nostre intention (1). »

Rien de plus facile du reste que de se donner cet air d'érudition : n'a-t-on pas ces mines, ouvertes à tous, de la *Concordance* et du *Polyanthea,* dont parle Fénelon? D'Espeisse, à ce que raconte Pasquier, lui avait confessé qu'ayant voulu faire un discours « à l'antique, » c'est-à-dire sans citations, il y dépensa plus de temps et de peine qu'en trois des autres « qu'il auoit rapiécés de diuers passages (2). »

D'autres n'y mettaient pas tant de façons : pour satisfaire la mode à peu de frais, ils inventaient des textes. « Il y a un homme que vous connaissez, dit Gabriel Guéret, qui n'eut jamais Tertullien ni saint Augustin entre les mains et qui les a toujours à la bouche; il a mesme la hardiesse de les citer

(1) Lettres, vii, 12.

(2) *Recherches,* iv, 27. — V., dans ce genre, ses *Remonstrances* au Parlement de Paris. M. Ed. Faye de Brys en cite de curieux passages. *Trois Magistrats français du* xvie *siècle,* 1845, in-8º, p. 180-192.

avec éloge, et l'on ne voit dans ses livres que ces façons de parler : « Tertullien me charme à son ordinaire ; saint Augustin auoit bonne grâce, quand il disoit... (1). »

Du Vair termine son tableau de l'éloquence française par l'éloge d'un de ses contemporains qu'il ne nomme pas, et qui lui semble approcher le plus des Anciens, au moins d'Isée et de Lysias. Quelque soit celui qu'il désigne ainsi, Simon Marion ou Pasquier, on pourra trouver le portrait un peu flatté, bien qu'il ne lui accorde pas les qualités qui font, pour nous servir de ses expressions, le grand, le divin orateur. Enfin il conclut en mettant ceux de son temps autant au-dessus « de tous nos anciens François qui se sont meslez de parler ou d'escrire, » qu'il les place au-dessous des Grecs et des Latins ; et il annonce qu'il va rechercher les causes de cette infériorité.

Est-ce donc que l'espèce humaine est vieillie et épuisée ? ou bien, dans le partage des talents, la France qui a eu l'honneur des armes, « n'a-t-elle peu acquérir celui des lettres ? » Du Vair rejette bien loin ces explications, en remarquant que « depuis vn siècle, la France a flori plus que nation de la terre en toutes espèces de sciences. » D'ailleurs « la grâce de bien dire » semble être un apanage de son heureux climat. L'éloquence gauloise était célèbre chez les Anciens : on cite un grand nombre d'orateurs de cette nation, et d'imposantes autorités, celles de Caton (2) et de

(1) G. Guéret, avocat au Parlement de Paris ; *Entretiens sur l'Eloquence de la Chaire et du Barreau* ; Paris, Jean et René Guignard, M DC LXVI, in-12, p. 156-159. — Michaut de Dijon (article cité) a fait tort à cet auteur en lui reprochant d'avoir copié du Vair mot à mot. Guéret adopte simplement les opinions de l'auteur du *Traité de l'éloquence françoise* sur l'abus des citations.

(2) *Gallia duas res industriosissime persequitur, rem militarem et argute loqui.* — Cat. apud Charisium.

saint Jérôme (1) attestent que « la Gaule a tousiours flori en hommes très vaillans et très éloquens. » A cette inclination naturelle se sont joints les exemples et les leçons de l'antiquité. Comment donc expliquer l'abandon de cet art divin? L'a-t-on jugé plus agréable qu'utile? mais il est impossible que les avantages de l'éloquence aient échappé à nos ancêtres. Du Vair les rappelle dans un brillant éloge dont les traits, empruntés pour la plupart à Cicéron, à Quintilien, et à l'auteur du dialogue *des Orateurs (2),* sont arrangés et complétés par lui avec un art que Duperron n'avait pas montré dans son « *Avant-Propos de Rhétorique,* » où il ne fit guère que traduire. Cette brillante peinture se termine par cette phrase : « Ie ne doute point, quant à moy, que celui à qui vne grande action (3) a bien réussi, et qui, en sortant de là, entend l'applaudissement des escouteurs, et le doux murmure de sa louange, ne soit tout ravi en soy-mesme, et que son cœur ne s'espanouisse au leuer de cet astre, comme vn bouton de rose nouuelle au premier rayon d'vn clair et gay soleil (4). » La figure gracieuse et un peu mignarde qui finit cette phrase, fait assez voir comment du Vair imitait

(1) *Sola Gallia monstra non habuit, sed viris semper fortibus et eloquentissimis abundavit. Epist.* XXXVII, *advers. Vigilant.,* t. IV, 2ᵉ partie, p. 281. Edit. des Bénédictins, Paris, M DCC VI, in-fᵒ. — Cf. *Epist.* XCV, p. 771. *Ad Rusticum monachum : Studia Galliarum quæ florentissima sunt.... Ubertatem Gallici nitorem que sermonis.*

(2) Cicéron, *De l'Invention,* 1-2 ; *De l'Orateur,* II, 8-9; Quintilien, II, 16, XII, 11 ; *Dialogue des Orateurs,* V-VIII. — Cf. un autre éloge de l'éloquence judiciaire, placé par du Vair dans un de ses discours de rentrée au Parlement de Provence, 1602. Jamais on n'a mieux démontré la puissance de la parole, soutenue de la raison et animée d'une généreuse ardeur.

(3) *Action,* dans le sens de discours judiciaire, accusation ou plaidoyer.

(4) P. 345.

les Anciens, et savait mêler aux grands traits qu'il leur prenait, les couleurs vives, et les fleurs délicates que lui offrait sa riche imagination.

Pour faire abandonner l'éloquence, « une fiévreuse austérité » pourrait en exagérer les dangers et rappeler la fameuse loi de l'Aréopage qui défendait à l'orateur d'émouvoir les juges (1). Du Vair lui répond avec Aristote et Quintilien, qu'on peut abuser des meilleures choses, de la raison même, ce divin apanage de l'homme. Vaudrait-il mieux qu'il en fut privé ?

Ce n'est donc pas à un dédain absurde, à une crainte aussi peu fondée de dangers imaginaires, qu'on doit imputer la faiblesse de l'éloquence française. Ne serait-ce pas plutôt que cette puissance de la parole n'a pas trouvé à s'exercer chez nous comme chez les anciens, comme à Athènes et dans Rome républicaine, où elle dominait, où le grand orateur « estoit comme vn perpétuel magistrat entre ses citoyens (2) ? » Et puis, la liberté, du Vair le constate, est à l'éloquence un aliment nécessaire. Il lui faut aussi de grands intérêts à défendre, de grandes luttes à soutenir, dans d'imposantes assemblées, telles que ce sénat de Rome « qui sembloit vn consistoire de rois, » ou bien telles que ce Pnyx et cette *agora* d'Athènes, mer orageuse où la voix de l'orateur, « comme vn grand vent, se leuoit et emmonceloit les vagues les vnes sur les autres emportant tout ce qui se présentoit deuant lui (3). » Un état monarchique, plus paisible, et dans lequel, comme en France, « la puissance souueraine des rois a tiré à soi toute l'authorité du gouuernement (4), »

(1) Aristote, *Rhétorique*, I, 1. — Cf. Quintilien, VI, 1.
(2) P. 347-348.
(3) *Ibid.*
(4) *Ibid.*

n'offre pas à l'orateur des conditions aussi favorables. Cette raison, empruntée pour le fond au discours de Maternus dans Tacite (1), et parfaitement développée par Duperron (2), n'est pourtant pas aussi forte qu'elle le paraît. La religion, en effet, offre à l'éloquence, même sous les gouvernements absolus, une carrière aussi vaste, aussi glorieuse que la liberté dans les républiques. On l'a bien vu en France sous Louis XIV. Il est étonnant que Duperron, qui était évêque, qui prêcha souvent et non sans talent, n'ait pas entrevu cette possibilité d'un grand éclat oratoire pour la chaire chrétienne. Préoccupé des déplorables excès auxquels s'étaient livrés les prédicateurs de la Ligue, il se borne à remarquer leur redoutable influence sur le peuple, et il ne songe pas que la foi dégagée de tout intérêt mondain, peut inspirer de nobles cœurs, de sublimes esprits et ramener le temps des Chrysostôme, des Basile et des Grégoire. Il n'est pas moins étonnant que du Vair et lui, qui connaissaient si bien les Pères de l'Eglise grecque, et qui même parfois surent assez dignement les interpréter, n'aient pas appris d'eux que la chaire peut rivaliser avec le barreau et la tribune.

Une seconde cause du peu de progrès de l'éloquence « est que nos rois, nos princes et la noblesse françoise ont d'ordinaire négligé cette étude. Quelle impression leur exemple n'auroit-il point faite sur les esprits, s'ils s'y étoient appliquez? On a dit que la terre étoit beaucoup plus fertile, lorsque ces consuls, ces dictateurs, vainqueurs des nations, la cultivoient. On peut dire avec plus de fondement que l'éloquence auroit fleuri dauantage, si elle auoit eu pour disciples la haute noblesse, les princes et les rois mêmes.

(1) *Dialogue des Orateurs.*
(2) Ouvrage cité, p. 760.

C'est ainsi du moins qu'à Athènes et à Rome, les moindres bourgeois s'animoient à l'acquérir, par l'exemple de ce qu'il y auoit de plus illustre dans la République (1). »

Cette raison, comme la première, est tout au plus applicable à la tribune politique : encore, du Vair aurait-il pu trouver, sous ses yeux mêmes, des exemples qui en montraient la faiblesse ; et, moins d'un demi-siècle après lui, la chaire française prouvait, par des chefs-d'œuvre, que, pour arriver à la haute éloquence, elle n'avait pas besoin que des princes ou des rois lui en ouvrissent la carrière. Pour la parcourir dignement, il y avait d'autres conditions à remplir. A un véritable sentiment religieux, il fallait joindre un esprit élevé, un vaste savoir, une profonde connaissance de l'homme ; mais surtout un grand cœur et beaucoup de désintéressement. Ces qualités se sont trouvées réunies, à des degrés divers, dans les Bossuet, les Fénelon, les Bourdaloue. Presque toutes sont également nécessaires dans les autres genres d'éloquence. Les unes sont naturelles, les autres sont acquises : celles-ci, il faut les demander à l'étude ; le travail, un travail sérieux peut seul les donner. Or, du Vair croit que la nation française, si bien douée d'ailleurs, manque de persévérance ; elle est, selon lui, incapable d'efforts longtemps soutenus (2). C'est la troisième explication qu'il donne de son infériorité dans l'art de la parole. Mais cette explication peut sembler encore plus insuffisante que les autres, et, pour s'en apercevoir luimême, du Vair n'aurait eu qu'à regarder autour de lui, et à considérer les merveilles d'érudition entreprises et exécutées par les savants français de son siècle. Ce n'est donc pas à

(1) Analyse de Gibert.
(2) Le docteur Molinier, dans son *Eloge funèbre* de du Vair, donne cette même raison de la faiblesse de l'éloquence française, p. 42.

une prétendue légèreté excessive du caractère français qu'il faut attribuer notre infériorité dans l'art oratoire jusqu'à la fin du XVIe siècle. La seule, l'unique cause, parfaitement reconnue par Pasquier (1), du Vair n'a fait que l'entrevoir, et l'a à peine indiquée, c'est qu'il n'y avait pas encore eu d'hommes qui eussent offert, selon son expression, « l'heureuse rencontre de tant de choses nécessaires. » La Grèce et Rome, il aurait pu le remarquer aussi, n'eurent de tels génies ni à leur berceau, ni dans leur robuste jeunesse. Si dès leurs premiers siècles, on trouve chez les Grecs, en dehors de leur admirable poésie, et chez les Romains, quelques germes d'éloquence, nous n'avons pas été moins bien traités qu'eux à cet égard, et, nous l'avons remarqué, il y aurait injustice à ne pas le reconnaître. Les Anciens savaient mieux que nous se faire valoir (2).

Ici commence à proprement parler la deuxième partie du traité, la partie théorique, qui est de beaucoup la plus importante. Jamais en effet on n'a mieux reconnu que ne l'a fait du Vair, le vrai caractère de l'éloquence, qui est tout à la fois un don et un art, et « en laquelle, » pour parler comme lui, « outre les naturelles inclinations, il faut vn grand estude (3). » Ces *naturelles inclinations*, comme tous les théoriciens, il n'y insiste pas assez, et il fait trop large la part du *grand estude*. Mais longtemps avant la Bruyère (4) et Buffon (5), et sous une forme aussi vive que le premier, il avait caractérisé l'exubérante et futile faconde à laquelle le vulgaire se laisse prendre, mais qui ne fait pas grand effet sur *ceux dont*

(1) Lettre au libraire Langelier, XV, 10. « S'il y a quelque tare chez nous, elle prouient de la disette de nos esprits. »

(2) V. le *Brutus* de Cicéron, ch. XIV et suiv.

(3) P. 351.

(4) *Caractères*, I.

(5) *Discours de réception à l'Académie française.*

la téte est ferme, le goût délicat et le sens exquis. « Quant à ceux qui ont pensé, dit-il, que l'éloquence ne consistoit qu'en vn flux de vaines paroles, bien agencées pour chatouiller les oreilles, et estimé éloquens des causeurs et des charlatans qui entretiennent et estourdissent les auditeurs d'vn vain babil, ils se sont, au jugement des sages, fort trompez et ont fait grand tort à l'éloquence (1). » Longtemps avant Pascal, du Vair avait reconnu que, « comme il y a deux entrées par où les opinions s'insinuent dans l'âme (2), » la vérité ne saurait « se défendre assez de soi-mesme, » — « le commun des hommes estant partie par naturel, partie par mauuaises mœurs, partie par artifice, preuenu et préoccupé (3). » Longtemps enfin avant Fénelon, et suivant les saines doctrines des Anciens, il avait fait à l'orateur une loi d'acquérir *un grand fonds de science (4)*, sans lequel, dit-il, « la parole n'est qu'vn vent et vn son perdu; » il avait insisté sur la nécessité d'apprendre lentement, et non pas *au jour la journée*, à mesure que le besoin se fait sentir. « Vous aperceuez aisément quand ceux qui parlent en public vous apportent des estudes mal digérées et des inuentions qui ne sont pas recuites en vne longue et profonde méditation, tout y entrebaille, beaucoup de choses y bouclent et se iettent hors de leur vray et droit allignement; au contraire, l'ouurage de ceux qui n'apportent rien de leur creu, et qui ont par vne soigneuse estude tourné en suc et en sang ce qu'ils ont appris ès autres arts et sciences, ressemble à celui de la nature qui, croissant vniment et se formant auec vne belle proportion, reluit d'une naïfue beauté (5). »

(1) P. 352.
(2) *Pensées*, 1re partie, art. III.
(3) *Eloquence française*, p. 346.
(4) 1. *Dialogue sur l'éloquence, in fin.*
(5) C'est aussi l'avis de Pasquier. — V. sa lettre à Loisel, VII, 12.

Outre cette variété de connaissances générales, il faut que l'orateur se soit spécialement familiarisé avec la philosophie et surtout avec la morale et la dialectique. La première lui enseigne la nature des passions et leur rôle dans la vie humaine ; l'autre lui montre les ressources de la raison, et, en le mettant à même de s'en servir, le prémunit contre les artifices de ceux qui en abusent : elle donne aussi à l'esprit l'habitude de l'ordre *qui est le père de l'ornement et de la beauté.* Or, c'est là toute l'éloquence : bien penser, bien sentir et bien rendre, comme dit Buffon ; avoir à la fois du cœur, du bon sens et du goût ; du cœur surtout, « car la force et l'excellence du discours consiste au mouvement des passions ; c'est par elles qu'il exerce son souverain empire. » L'émotion est contagieuse, la parole qu'elle anime « mesle et pestrit les âmes. » — « C'est vn feu allumé qui, rencontrant vn autre corps, l'allume et l'enflamme. » Ajoutez-y l'art du raisonnement et « cette spécieuse face d'oraison, composée de mots bien choisis, proprement agencez ; tombans à vne iuste cadence, en laquelle reluit comme le teint et la couleur de l'éloquence. » Joignez-y enfin « vne graue et naïfue action, où l'on voye le visage, les mains et les membres de l'orateur parler auec sa bouche et suivre de leurs mouuements celui de son esprit (1), » et dites si ce n'est pas là une puissance merveilleuse. Mais comment l'acquérir, ou du moins la développer et la diriger, quand on a reçu de la nature les dons précieux qu'elle suppose ? Étudier l'art ? Méditer les règles que les rhéteurs ont multipliées à l'infini ? « C'est vn chemin bien long, » et le succès est fort hasardeux. Du Vair pense que l'étude attentive des chefs-d'œuvre est plus profitable : elle échauffe notre ardeur en nous montrant tout à la fois le but et les moyens de l'at-

____

(1) P. 354-356.

teindre. Mais il faut que cette étude aille jusqu'à *vne accoustu-mance*, *vne familiarité intime* avec les grands génies universellement reconnus et admirés. Démosthène, Eschine, Cicéron, les deux premiers surtout, lui paraissent offrir les meilleurs modèles. Toutes les plus précieuses qualités de l'éloquence se trouvent réunies dans leurs discours : « il n'y a sorte de précepte, sorte d'ornement en cet art dont on n'y trouue les sources viues et saillantes : » composition admirable, force des arguments, grandeur, vérité des pensées, « le suc et la vigueur de la philosophie, et néantmoins le goût et la couleur de la vie ciuile ; » exordes bien appropriés, narrations bien liées, brèves, claires, vraisemblables ; belle et forte armée de preuves rangées selon la savante tactique du sage Nestor ; péroraisons vigoureuses résumant tout le discours, « le restraignans comme dans des escluses, pour redoubler sa force et l'animans du feu des passions, » et pour le style, « vne douceur, vne grâce dont on ne cognoist point la cause ni l'artifice, qui reluit par toute l'oraison, comme le teint en vn corps naturel (1). »

Voilà le merveilleux ensemble de qualités que du Vair a reconnues dans les chefs-d'œuvre oratoires de l'antiquité. Il insiste sur les mérites du style, sur le naturel parfait qui y règne, sur l'emploi des métaphores dont *on use si desbordément* de son temps, sur la sobriété nécessaire à l'égard de cette sorte d'ornements et de tous les autres. Il fait remarquer combien est ferme le tissu de ces discours, quelle agréable variété on y rencontre, et cette habile gradation « représentant par la suite des paroles le progrez de la nature, » et cette harmonieuse composition des périodes qui charme l'oreille de l'auditeur, et, loin de fatiguer la voix de l'orateur, la règle et la soutient.

(1) P. 363.

Du Vair, on le voit, en signalant ces précieuses qualités pour que ceux qui voudront, suivant son conseil, étudier les grands modèles antiques, les y reconnaissent plus aisément, a donné, d'une manière originale et parfois éloquente, un traité complet de rhétorique. Joignant, comme toujours, l'exemple au précepte, il a commencé par appliquer lui-même les moyens qu'il indique, et il s'en est bien trouvé. Il a traduit, nous dirons bientôt avec quel succès, les chefs-d'œuvre d'Eschine et de Démosthène, leurs plaidoyers dans l'affaire de la *Couronne*, et le discours de Cicéron, que ce grand maître a le plus travaillé, la défense de Milon.

Telle est l'idée qu'on peut se faire de ce livre qui fut long-temps ce que nous appelons un livre classique. Quand il parut en 1594 (1) sans nom d'auteur, comme la plupart des ouvrages de du Vair (2), Pasquier écrivit au libraire A. Langelier, qui le lui avait envoyé, que la lecture de ce livre avait produit sur lui le même effet que le bon vin sur les ivrognes; « ils ne le laissent iusques à ce qu'ils soient yures (3). » Ce *noble Kalendrier* d'avocats illustres dressé par

(1) Et non en 1614, comme l'a dit l'abbé Gouget.

(2) Notamment le traité *De la Constance*. — V. Brantôme, *Grands Capitaines françois*, vie de François Ier, *init. :* « Ie ne sçay pas *qui c'est qui l'a fait*, mais c'est un docte, habile et bien disant personnage. » Selon M. Barbier, *Dictionnaire des Anonymes*, cet ouvrage fut imprimé chez Mamert-Patisson, in-12, 1594. — Le savant bibliographe, dans ce même dictionnaire, t. III, p. 241, nº 16758, attribue par erreur le livre de *La Sainte Philosophie* à Jean du Vair. L'édition anonyme qu'il cite est de 1603, Rouen, in-16.

(3) Cette lettre de Pasquier, la Xe du liv. XV, est datée de *Melun, 15 mars 1594.* Ainsi l'édition citée par M. Barbier, *ibid.,* nº 18103, avec les initiales, par le Sr D. V., Pr. Pr. au Parl. de Pr., Paris, Abel Langelier, 1595, n'est pas la première. Elle prouve avec quelle faveur étaient accueillis tous les ouvrages de du Vair, et celui-ci en particulier, puisqu'en moins de deux ans il y en eut deux éditions.

du Vair, l'empêchait de dormir ; dans l'espoir d'y être enregistré, il voudrait être mort. Si du moins il pouvait inscrire son nom à la belle place anonyme, la seule qui ait été laissée, « pour fermer le pas, » à un personnage vivant !

Dans un pamphlet daté de 1622, l'auteur, après avoir raconté la fable *des Lièvres et des Grenouilles,* ajoute : « L'vn d'eux qui auoit possible estudié l'Éloquence françoise de messire Guillaume du Vair, remonstra à toute l'escouade qu'ils deuaient bien tenir dorénauant leur valeur en autre estime que par le passé, etc. (1). » Ce trait montre combien était répandu le livre que nous venons d'analyser. Seize ans plus tard (1638), La Mothe le Vayer n'y trouvait à reprendre que *quelques paroles rudes et dictions fascheuses,* et il adoptait la plupart des idées de du Vair (2). Maucroix enfin (3), en plein XVIIe siècle, le cite encore avec éloge et en reproduit presque textuellement le passage sur l'abus des citations.

§ II. — Du Vair traducteur. — Son but : le progrès de l'éloquence. — Principes de traduction au XVIe siècle. — Les principaux traducteurs de cette époque. — Changement de méthode au commencement du XVIIe siècle ; Malherbe, Vaugelas, d'Ablancourt. — XVIIIe siècle. — Examen des traductions de du Vair : la *Milonienne,* citations ; Eschine et Démosthène : les discours *sur la couronne.* — Influence des événements contemporains sur les traductions de du Vair. — Le *Manuel* d'Epictète. — Témoignages favorables des critiques.

Du Vair, on le comprend déjà, n'est pas comme Amyot, comme Blaise de Vigenère, comme Vaugelas et d'Ablancourt, un traducteur de profession : il ne traduit pas pour traduire.

(1) *La Chronique des Favoris,* p. 1.
(2) *Considérations sur l'Eloquence,* p. 18-19, in-f°.
(3) Lettre citée plus haut, p. 159.

Pour lui, comme pour Loys Le Roy (1), avant lui, pour Duperron et Pasquier, ses contemporains et ses admirateurs, *tourner en françois* quelques discours des anciens orateurs, c'est affaire d'étude, exercice de style. Plus tard, **J.-J. Rousseau**, une foule d'autrés feront des travaux du même genre pour arriver au même but (2). Du Vair a annoncé tout d'abord son intention. « **En maniant et remaniant les œuures des Anciens**, i'ay espéré pouuoir auec le temps acquérir quelque conformité à leur façon d'escrire (3). » C'était aussi pour lui un moyen de relever l'éloquence française qú'il lui était cruel de voir « demeurer si basse. » En « ressuscitant quelque nombre des orateurs anciens, » il voulait convier les écrivains à l'étude de ces grands modèles, parce qu'on doit « tousiours prendre garde à imiter ce qui est le plus parfait. » Voilà pourquoi il a traduit, pour son profit et pour celui de quiconque aspirait comme lui à la gloire de l'éloquence. Loys Le Roy avait eu exactement la même idée (4), et Henri IV, qui, nous le savons, professait pour du Vair la plus haute estime, Henri IV, qu'on peut regarder comme ayant écrit en français aussi bien qu'homme de son temps, avait adopté ces principes. Rodolphe Le Maistre nous apprend que ce prince « considérant l'excez trop affecté du

---

(1) V. l'*Epistre* à Monseigneur (le duc d'Alençon) en tête des *Olynthiaques* et des *Philippiques*. Paris, Fr. Morel, M D LXXV, in-4º, p. 4 et 6.

(2) « Quand j'eus le malheur de vouloir parler au public, je sentis le besoin d'apprendre à écrire, et j'osai m'essayer sur Tacite. » J.-J. Rousseau, *Avertissement* sur la traduction du Ier livre de l'*Histoire* de Tacite.

(3) *De l'Eloquence françoise*, p. 359, in-8º; 406, in-fº, 1641.

(4) **En** traduisant quelques discours de Démosthène, il avait voulu « représenter aux François par les escripts de cest excellent et parfaict orateur, l'effect et vray vsage de l'éloquence autant honorable et vtile qu'elle est nécessaire. » *Ouvrage cité*. p. 3.

vain langage et des inutils discours de la plupart des autheurs (1), » l'engagea à « habiller Tacite à la françoise (2). »
Henri IV aurait pu choisir pour le grand historien un meilleur interprète.

Du Vair pensa, lui aussi, qu'il valait mieux faciliter la
connaissance des chefs-d'œuvre que de « dresser des Insti-
tutions oratoires, vn sommaire de rhétorique, contenant les
préceptes abrégez de cest art, ou vn traité de la diuersité
des styles et de la meilleure façon d'escrire, » autant de
« desseins diuers qui luy estoient passez par la pensée. »
Parmi les orateurs de l'antiquité, il propose de préférence
les Grecs pour modèles, « parce que leur style est plus
commode et proportionné à nos mœurs. » Observation bien
juste ! les contemporains de du Vair auraient dû en faire leur
profit, et, selon son expression, « imiter plustôt que la
pleine et hardie éloquence de Cicéron, la pureté d'Eschine
et de Démosthène qui empruntent si frugalement les paroles
qu'on ne les peut arguer de luxe et de profusion (3). » Ils ne
seraient pas tombés « dans ces excez et enfleures qui sont
comme des gouëstres et abcez d'oraison (4). »

Tels sont bien en effet les défauts auxquels l'imitation

(1) *Les Œuvres de Tacite,* traduction nouvelle, par R. Lemaistre,
Paris, M DC XXXVI, *Epistre à Monsieur.*

(2) *Epistre au Roy.*

(3) *Eloquence françoise,* p. 364, in-8°.

(4) Ronsard avait déjà signalé cet abus, cette tendance de certains
écrivains à l'exagération et à l'emphase : « Les autres sont trop am-
poulez et presque creuez d'enfleures comme hydropiques, lesquels
pensent n'auoir rien fait d'excellent, s'il n'est estrauagant, creué et
bouffy, plein de songes monstrueux et de paroles piaffées, qui ressemblent plus tost à vn iargon de gueux ou de boëmiens, qu'aux paroles d'vn citoyen honneste et bien appris. » Préface de la *Franciade,*
p. 13, 1586, in-12.

maladroite de Cicéron conduisit l'éloquence française vers la
fin du xvi⁰ siècle et dans la première moitié du xvii⁰. Du Vair
pourtant n'exclut pas absolument l'orateur romain ; avec les
discours des deux illustres rivaux athéniens dans l'affaire
de la Couronne, il traduisit le plaidoyer pour Milon, « comme
estant la pièce la plus exquise et élabourée de toutes celles
qui sont sorties de sa main (1). »

Fidèle à son habitude de remonter aux sources les plus
pures, lorsqu'il chercha les caractères de la véritable éloquence, pour la recommander à son siècle et s'y essayer
lui-même, il pensa devoir l'étudier d'abord dans les plus
grands orateurs de l'antiquité ; et il lui sembla que le meilleur moyen de se pénétrer de leur génie était de les suivre
pas à pas et d'exprimer dans sa propre langue les idées et
les sentiments qu'ils avaient si bien rendus dans la leur.
Voilà, nous l'avons vu, quel fut son objet ; voyons dès à
présent comment il comprit sa tâche. « Ores que de bonne
foy, dit-il, i'ay laissé à ces maistres tout l'ornement que i'ay
peu, si recognois-ie ingénuement qu'ils ont perdu de leur
grâce en changeant de pays. Ie pense que l'on trouuera dans
nostre trauail, les membres, les nerfs, la charneure entière, mais quant au teint et la couleur, ie ne me le promets
pas (2). »

C'étaient là les vrais principes. Plus de trente ans auparavant, Estienne Dolet les avait reconnus en partie ; il avait
insisté notamment sur la nécessité de reproduire les mouvements du style, « cette liaison, cet assemblement de dictions
auec telle doulceur que non seulement l'âme s'en contente,
mais aussi les oreilles en sont toutes rauies et ne se faschent

____

(1) *Eloquence françoise*, p. 360. in-8⁰.
(2) *Ibid.*, p. 361.

iamais d'vne telle harmonie de langage (1). » Malheureusement il avait ouvert en même temps la porte aux *belles
infidèles*, en faisant au traducteur une loi de prendre une
certaine liberté, en lui recommandant de *n'auoir esgard à
l'ordre des mots et de s'arrester aux sentences*. « Car c'est,
ajoute-t-il, superstition trop grande (diray-ie besterie ou
ignorance ?) de commencer sa traduction au commencement
de la clausule : mais si, l'ordre des mots peruerti, tu ex-
primes l'intention de celuy que tu traduis, aulcun ne t'en
peult reprendre (2). »

En s'arrêtant aux idées, *aux sentences*, comme dit Dolet,
il est bien difficile de conserver l'harmonie du style de l'original, plus difficile encore d'être fidèle. Si l'on a peur de
manquer à ce qu'on croit être l'intention de l'auteur, on
tombe dans le commentaire, on développe le texte, on y introduit la glose. C'est ce qui est arrivé à Dolet : de deux
lignes de latin il en a fait huit de français (3) ; c'est ce qui
est arrivé à presque tous nos vieux traducteurs ; ils ne font
pas parler l'original, ils le font babiller. C'est ce qui est
arrivé à Amyot lui-même : il avait, lui aussi, les idées les
plus justes sur la manière de traduire et les exprimait plus
nettement encore : « L'office d'un propre traducteur ne git
pas seulement à rendre la pensée de son auteur, mais aussy
à représenter aucunement et à adombrer la forme du style
et manière d'iceluy (4). » Mais de ces excellents préceptes

(1) *La Manière de bien traduire d'vne langue en aultre*, par Estienne Dolet, natif d'Orléans, à Lyon, chés Dolet mesme, M D XLII,
in-4º, p. 15, vᵉ régle.
(2) *Ibid.*, p. 13.
(3) V. une phrase du 1ᵉʳ liv. des *Tusculanes* avec la traduction qu'il
en donne. C'est l'exemple qu'il cite à l'appui de sa théorie.
(4) *Aux lecteurs*, en tête des *Vies*.

il n'en pratiquait que la moitié. On peut affirmer en effet que, plus occupé de la pensée que du style, il fait plus ou autre chose que traduire ; il explique, il commente (1), « il déucloppe, » c'est le mot de Montaigne (2), qui ne l'en blâme pas, je crois. Mais il est loin, certes, bien loin dans son Plutarque et dans son Longus de reproduire « avec ses longueurs, ses redites, ses *traisnées* de paroles (3), » les mouvements de la phrase grecque et les allures variées de ce langage de rhéteur, si finement travaillé. En échange de ces formes savantes qu'il ne pouvait s'approprier, il donna à ses originaux la naïveté, et cette qualité fit la fortune de la médiocre pastorale du sophiste grec, comme elle ne contribua pas peu à la popularité des *Vies parallèles (4)*. Ce livre devint, grâce à son traducteur, « le bréviaire » de tout le monde, et même des dames.

Du Vair prit pour règle invariable le double principe posé par Amyot : fidélité au sens, fidélité au style. En essayant de s'y conformer, il gémissait sur la pauvreté de notre langue, qui le contraignait d'imiter par des ombres et des nuages le relief des corps naturels (5), et souvent trompait ses efforts. Pourtant les difficultés ne le rebutaient pas, et il marcha résolument dans la voie qu'il avait prise, que d'autres avant lui avaient entrevue, mais dans laquelle nul ne l'avait précédé.

(1) « La traduction d'Héliodore par l'évêque d'Auxerre a pour but d'interpréter le texte original, si bien que même elle le commente à n'en plus finir. » *Avertissement* des éditeurs de 1822.

(2) *Essais,* ii, 4.

(3) *Traduction d'Héliodore,* même édition *Avertissement,* p. 14.

(4) Préface de la traduction de Longus, p. 111, édit. de 1803, in-12. — Cf. Villemain. Essai sur les romans grecs, *Mélanges,* ii, p. 330. — Pour tout ce qui regarde Amyot et ses traductions, V. l'ouvrage de M. A. de Blignières, cité plus haut, p. 127.

(5) *Avertissement* sur la traduction de l'épître de saint Bazile, p. 1055.

Toutefois, on ne peut le nier, Amyot et la plupart des traducteurs du XVIe siècle sont fidèles à leur manière : ils forment ce qu'on peut appeler l'école des traducteurs interprètes, comme on peut désigner leurs successeurs par le nom de traducteurs indépendants. Ils donnent ou essaient de donner mieux qu'on le fit plus tard, la pensée de leurs auteurs, et l'on exagère lourdement quand on prétend relever dans leurs ouvrages les fautes par milliers (1); ils peuvent se tromper, mais ils se trompent rarement, et plus rarement encore ils rejettent le sens ou le modifient de parti pris. Quant à la forme, nous l'avons vu, ils recommandent bien expressément de la respecter; par malheur, ils la respectent si bien qu'ils la laissent tout entière à l'original et ne savent guère se l'approprier. La bonne volonté sur ce point non plus ne leur manque pas; mais l'instrument dont ils se servent est rebelle. Ils s'en plaignent tous, et tous annoncent qu'ils ont pour but d'enrichir, d'assouplir la langue française. En vain Dubellay leur a signifié que tous leurs efforts seraient inutiles et qu'en allant des originaux à leurs copies, on *semblera toujours passer de l'ardente montagne d'Ætne sur le froid sommet du Caucase (2).* Ils marchent tous à ce but commun, et leur courage se retrempe dans l'indignation que leur cause la gêne qui leur est imposée. Pasquier seul avoue qu'il est rebuté par les difficultés; et, s'il entreprend une

(1) Méziriac *(Commentaires sur les Epitres d'Ovide, 1632.)* y trouvait « quatre lourdes fautes en une dixaines de paroles. » — V. *Lettres choisies de M. Simon,* Rotterdam, M DCC II, in-12. — La lettre XXIV, p. 213 et suiv., contient une excellente appréciation des traductions d'Amyot et des renseignements très intéressants sur les travaux du célèbre écrivain

(2) *Défense et Illustration de la langue françoise,* liv. Ier, ch. 5. « Que les traductions ne sont suffisantes pour donner perfection à la langue françoise. »

traduction de la *Milonienne*, ce n'est que pour faire plaisir à un ami. En se sacrifiant, il déduit longuement tous les embarras, les impossibilités même et l'inutilité *du travail ingrat* qu'il abhorre (1). Blaise de Vigenère ne se dissimule pas non plus les écueils, mais il espère s'en tirer à force d'adresse. Tout en déplorant « *la contrainte où il est asservy, qui l'empesche d'estre luy-mesme ni à luy,* » il se compare modestement « *à vn adroict escuyer qui voudroit picquer vn bon cheual en vne rue estroite et sur le paué glissant.* » Pourtant ses traductions marquent un progrès ; il tâche de conserver l'harmonie, et quelquefois il y réussit. Sauf un peu d'embarras dans les mouvements, il prend assez bien, pour parler comme lui, l'allure de son auteur, et ne bronche pas trop. Il s'efforce aussi de donner de la dignité à notre prose ; mais il a encore des expressions d'une trivialité bien étrange (2).

Chose remarquable ! la plupart de ces traducteurs du XVIe siècle voyaient bien ce qu'il fallait faire ; il donnaient d'excellents préceptes, les appliquaient même assez souvent ; et puis, soit par cette indécision naturelle à ceux qui commencent et ne vont qu'en tâtonnant, soit par la force des habitudes déjà prises, ils renversaient par une règle ce qu'ils avaient établi par une autre, et, dans la pratique, se contredisaient cent fois sur un même point. Ainsi Vigenère, qui est un érudit, qui joint à ses traductions des notes critiques justement estimées, et de longs commentaires, conserve fidèlement les noms des magistratures romaines et tous ces détails des mœurs et des usages de l'antiquité où Pasquier trouvait tant d'obstacles ; il francise le mot *quirites* (auquel toutefois il accole bizarrement celui de *seigneurs*) ; il

(1) Lettres, liv. XI, 6, à M. Tournebu.
(2) Croirait-on par exemple qu'il traduit quelque part dans Tite-Live, *libentius inciperemus,* par *nous l'enfournerions plus volontiers ?*

est même pour tout cela plus exact que du Vair qui, disons-le dès à présent, ne s'est pas assez attaché à ce que Fénelon appelle, d'après les Italiens, *il costume :* eh bien! il n'ose pas être en tout aussi scrupuleux, et il substitue les noms modernes des peuples et des villes aux noms anciens, « disant *François* pour *Gaulois*, *Bourguignons* pour *Séquanois*, » tout cela par respect pour le « decorum, » et aussi « par une manière d'anticipation pour s'accommoder à ceux qui n'entendent pas le latin. » Il fait d'autres infidélités sous prétexte d'harmonie et en prenant « à témoings les bénins lecteurs que les phrases ainsi arrangées sonnent bien mieux à leurs oreilles. »

La bienséance, l'harmonie, ces prétextes seront bientôt invoqués par tous les traducteurs et couvriront un sans-gêne et des prétentions souvent très comiques. On ne s'attachera plus qu'à saisir l'idée en gros, dans son ensemble, et l'on reproduira encore moins qu'au XVIᵉ siècle le style de l'original : on cherchera à le *tourner* en bon français, en beau français surtout. On se vantera d'ailleurs de s'être assimilé son auteur au point de le faire parler comme il eût parlé lui-même dans la langue qu'on lui prête (1).

C'est dans cet esprit que furent faites les traductions de Malherbe, celles de Vaugelas, celles de d'Ablancourt surtout ; toutes les traductions de cette époque, à l'exception de celles de du Vair, de Baudoin et de Coëffeteau. Malherbe, selon son habitude, y traite cavalièrement les auteurs qu'il

(1) Le malin Montaigne, qui, dans son éloge d'Amyot, a déjà employé le mot *développer,* si propre à caractériser la traduction de Plutarque, ajoute que le *bonhomme a bien entendu l'imagination* de son auteur « où ayant par une longue conversation planté vivement dans son âme une *idée générale* de celle de Plutarque, *il ne luy a au moins rien presté qui le desmente ou le desdise.* » *Essais.* II, 4.

traduit, plus cavalièrement encore ses lecteurs : « Si en quelques lieux i'ay adiousté ou retranché quelque chose, i'ay fait le premier pour esclaircir des obscuritez qui eussent donné de la peine à des gens qui n'en veulent point ; et le second pour ne pas tomber en des répétitions ou autres impertinences dont sans doute un esprit délicat se fust offensé. Pour ce qui est de l'histoire, ie l'ay suiuie exactement et ponctuellement ; mais ie n'ay pas voulu faire les grotesques, qu'il est impossible d'éviter quand on se restraint dans la seruitude du mot-à-mot. Ie sçay bien le goust du collége, mais ie m'arreste à celui du Louure (1). » On croirait lire une préface de Scudéry.

Ce mode de traduction fut parfaitement goûté. Godeau, dans son *Discours* sur les œuvres de Malherbe, tout en exprimant certains regrets, loua fort le traducteur de Sénèque d'avoir pris toutes ces licences (2). Mlle de Gournay protesta seule, et trouva que ce livre n'était *qu'un bouillon d'eau claire (3)*. Mais qui est-ce qui se souciait des réclamations de Mlle de Gournay ? La fille d'alliance de Montaigne fut seule de son avis, et bientôt l'on ne traduisit plus qu'à la façon de Malherbe ; mais en imitant ses hardiesses, on ne lui prenait pas sa belle prose, si simple et si noble, si nette surtout et si franche dans ses allures. Baudoin et Coëffeteau furent les derniers qui, à l'exemple de du Vair, s'asservissant à une exactitude scrupuleuse, essayèrent de faire passer dans leurs versions, en même temps que le sens, le

(1) Il ajoute : « Si le lecteur est iniuste, ie luy rendray la pareille, qui est deüe à ceux qui offensent les premiers ; le mespris qu'il aura fait de mon ouurage, ie le feray de son iugement. » — *Aduertissement* sur la traduction du xxxiiie liv. de Tite-Live. — *OEuvres*, Paris, 1630, in-4°, p. 472.

(2) *Discours* cité en tête de l'édition indiquée ci-dessus.

(3) Baillet, *Jugement des Savants*, in-4°, Paris, 1732, t. iii, p. 132.

style de leurs auteurs : encore montrent-ils déjà une certaine
timidité; selon l'expression de Godeau, *ils adoucissent les
figures pour ne pas offenser leurs lecteurs.* Ce fut là désormais le
grand souci des traducteurs : la beauté de la phrase, l'élégance du langage. Vaugelas, qui mit alors Quinte-Curce en
français, employa trente ans à cet ouvrage, faisant et re-
faisant chaque période de cinq ou six manières différentes (1), s'attachant bien plus à la grâce de l'expression
qu'à la fidélité, et se trouvant forcé de remanier les premiers
livres après avoir achevé les derniers, parce que, pendant
la durée du travail, la langue avait changé. Or, comme il
était d'une extrême délicatesse en fait de langage et, par
essence, homme de bon ton, attaché au goût du jour, il
avait changé lui-même. D'abord, admirateur de Coëffeteau,
ne jurant dans ses *Remarques* que par Coëffeteau, ne prenant
dans son Quinte-Curce que Coëffeteau pour guide, il avait fini
par trouver le traducteur de Florus trop diffus et trop mou,
et, les lauriers de d'Ablancourt troublant son sommeil, il ne
rêva plus que traductions dans le goût de celles de d'Ablancourt, « et se résolut de refaire la sienne d'après de si
charmants modèles (2). » Dès-lors il se mit à l'aise avec son
auteur, ajouta, retrancha à son gré, et du Ryer nous
apprend que, s'il eût vécu, il avait l'intention de « *corriger
toutes les redites et les affectations de Quinte-Curce,* qui ne sont
pas en petit nombre. »

C'était bien là en effet le procédé nouveau, le procédé en
vogue depuis Malherbe, celui que préconisaient à l'envi tous
les traducteurs qui, sans doute, y trouvaient leur compte,
comme A. Harlay de Chanvallon, un des nombreux *bourreaux*

(1) Pélisson, *Histoire de l'Académie françoise.* — Du Ryer dit *deux
ou trois.* Préface de la traduction de Q. Curce, Paris, 1664, in-4°.
(2) Du Ryer, *ibid.*

de Tacite à cette époque. Celui-ci, tout en reconnaissant que la *traduction est une copie qui ne sçaurait estre bonne que par la ressemblance*, prétendait n'avoir pu *presser son discours comme celuy de l'autheur, parce qu'ayant eu à donner du jour à des lieux fort obscurs, il s'était trouué obligé d'ouurir toutes les fenestres.* Bizarre langage ! étrange prétention dans un écrivain qui annonce *vouloir s'éloigner de l'afféterie autant que du pédantisme !* Parler de la sorte et faire la leçon à Tacite ! Mais c'est peu encore ; il faut entendre Perrot d'Ablancourt : « Le moyen d'arriver à la gloire de son original (prétention modeste quand il s'agit d'un César ou d'un Tacite !) n'est pas de le suivre pas à pas, mais de chercher les beautez de la langue, comme il a fait celles de la sienne. » Ainsi, pour le traducteur, il s'agit presque d'un ouvrage nouveau : ce n'est pas un modèle qu'il copie, c'est un canevas qu'il brode ; c'est un autre édifice qu'il élève sur le plan d'un édifice ancien ; il en conserve l'ensemble et les dispositions principales, mais les ornements, les décors doivent être changés et remis à neuf, dans le goût du jour. D'Ablancourt a en outre, comme A. de Chanvallon, la prétention de *donner du jour* à Tacite. Pour parvenir à son double but, d'*éclaircir* son auteur et de lui *donner le bel air de la cour*, corrections, suppressions, additions, tous moyens lui sont bons ; mais, malgré tous ces *biais* intelligents, souvent il ne réussit guère, et l'on peut affirmer que si sa traduction est presque toujours *infidèle*, elle n'est pas toujours *belle*, pas toujours claire surtout. Ce dernier défaut n'avait pas échappé au malin Guy Patin : « M. d'Ablancourt, dit-il quelque part, est un habile homme ; on le blâme pourtant de s'être donné trop de licence dans son Tacite. A dire vrai, *je ne l'entends pas si bien que le latin* (1). » Il faut voir tout ce passage sur les traductions de

(1) L'*Esprit de G. Patin*, p. 76. — Balzac louait cependant d'Ablan-

son temps ; elles y sont bien jugées. Le judicieux critique leur reproche surtout de « mal copier, de gaster la gloire des bons auteurs en répandant dans leurs ouvrages du médiocre qui n'est point d'eux. »

Ce blâme, presque tous les traducteurs du xviie siècle l'ont également mérité. Le xviiie connut encore moins l'antiquité ; il la travestit plutôt qu'il ne l'interpréta ; il la mutila pour la mettre à sa taille. La Motte réduisit l'*Iliade* à douze chants, et Voltaire, qui trouve qu'il en *étrangle* les plus beaux passages, prétend et déclare en même temps qu'*il a ôté beaucoup de défauts à Homère (1)*. D'Alembert, presque à la même époque, faisait subir à Tacite une opération semblable, et souhaitait qu'on « traduisît les auteurs anciens seulement par morceaux détachés (2). » C'est ce qu'il appelle les « peindre de profil. » La métaphore est plaisante, mais peu juste. Passe encore, s'il s'agissait de ces écrivains qui trouvent par hasard deux ou trois bons morceaux, et ressemblent à ces *modèles* que les peintres et les sculpteurs font *poser* pour les pieds, les mains ou le torse, dédaignant le reste. Mais, pour les grands artistes, dans les œuvres desquels les beautés l'emportent, *ubi plura nitent*, et qui n'ont pas été moins habiles dans la construction de l'ensemble que dans l'exécution des parties, les traiter, comme le veut d'Alembert, ce n'est pas seulement les mutiler, quoi qu'il en dise, c'est les mettre en lambeaux : heureux encore, si, dans ces membres épars, *disjecti membra*, la traduction laisse aperce-

---

court d'avoir rendu Tacite plus doux et *moins épineux*. Mais Balzac a des éloges pour tout le monde, pour ceux-là surtout qui le flattent, et qui sont goûtés du public. — *Lettres choisies*, liv. iii, 21.

(1) *Essai sur la poésie épique*. Ch. ii, vers la fin.

(2) *Observations sur l'art de traduire. Mélanges de Littérature, etc.*, t. iii, p. 21-24, in-12. Amsterdam, 1767.

«oir quelque chose du poëte ou de l'orateur, du philosophe ou de l'historien.

Aucune de ces méthodes ne fut celle de du Vair : il nous a dit pourquoi il a traduit et comment il comprend l'art de traduire : reproduire l'original aussi complètement que possible, les idées d'abord et nécessairement, l'expression ensuite, la couleur et le nombre, les figures et le mouvement de la pensée, autant que faire se peut. C'est là en effet tout le style, c'est tout l'homme. Changer, sous prétexte de grâce ou de clarté, de noblesse ou de précision, les allures d'un Démosthène ou d'un Tacite, d'un Cicéron ou d'un Sénèque, ce n'est plus traduire, c'est travestir ; c'est ressembler au peintre qui, copiant un tableau de Raphaël ou de Rubens, se permettrait d'en modifier, selon le goût du jour, le dessin ou le coloris. Une traduction, pour être parfaite, devrait rendre l'original comme un miroir, avec tous ses défauts et toutes ses qualités, les traits difformes et les lignes les plus délicates, les contours les plus purs, la négligence inculte et les grâces mignardes, aussi bien que les plus mâles beautés. Mais une fidélité aussi scrupuleuse est presque impossible : il y aura toujours, quoi qu'on fasse, certaines formes de style, tours de phrases ou figures, qu'on ne pourra observer, le génie de la langue les repoussant absolument. Toutefois, il ne faut pas trop se hâter de prononcer à cet égard, et une étude soigneuse de l'idiôme qu'on emploie révèle presque toujours des richesses d'expression qu'on n'avait pas d'abord soupçonnées, et d'heureux équivalents pour conserver à l'auteur sa physionomie et ce que Cicéron appelle si justement les attitudes du discours, *gestus orationis*. Un bon traducteur doit peut-être mieux connaître sa langue qu'un écrivain original.

Assurément, je ne prétends pas que toutes ces qualités se trouvent dans les traductions de Guillaume du Vair ; lui-même confesse qu'il y a dans ses auteurs « mille beaux traits et attraits » qu'il n'a pas pu leur prendre. Mais, en dépit de certains critiques, on ne saurait nier que ses traductions n'aient été faites avec le plus grand soin, et que, dans sa lutte vigoureuse contre les difficultés qu'il rencontre, le vieil écrivain ne trouve souvent que des triomphes. Il y a quelques années, l'auteur d'une savante étude sur Amyot (1) s'est plu à opposer du Vair à son auteur favori ; il a cité l'exorde et la péroraison de la *Milonienne* dans une traduction qu'il attribue au savant évêque d'Auxerre (2), et, malgré l'admiration qu'elle lui inspire comme toutes celles du même écrivain, il convient souvent de la supériorité de du Vair. Je ne veux point refaire ce parallèle ; je me contenterai de prendre dans le discours de Cicéron un des passages les plus difficiles à rendre, surtout dans notre langue du XVIe siècle ; en rapprochant la version de du Vair de la traduction de Guéroult, dont la fidélité égale l'élégance, on verra que le premier avait su déjà, il y a plus de deux siècles, réunir assez bien ces deux qualités.

C'est un morceau de l'exorde : « *Unum genus est adversum infestumque nobis, etc.* » M. Guéroult traduit :

« Une seule classe nous est contraire ; et nos seuls ennemis sont les hommes que la fureur de Clodius a nourris par les rapines, par les incendies et par tous les désastres publics. Dans l'assemblée d'hier, on les a même excités à vous prescrire hautement l'arrêt qu'ils veulent que vous rendiez. Leurs cris, s'ils osent se faire entendre, doivent vous avertir de conserver un citoyen qui toujours brava

---

(1) M. A. de Blignières.

(2) Cette traduction est peut-être celle de Pasquier, qui n'a jamais été publiée. V. la lettre au libraire Abel Langelier, xv, 10 ; 15 mars 1594.

pour vous les gens de cette espèce et les plus insolentes clameurs. Que vos âmes s'élèvent donc au-dessus de toutes les craintes ; car si jamais vous avez eu le pouvoir de prononcer sur des hommes braves et vertueux, sur des citoyens distingués par leurs services ; si jamais des juges choisis dans les ordres les plus respectables ont eu l'occasion de manifester, par des effets et par un arrêt solennel, cette bienveillance que leurs regards et leurs paroles ont tant de fois annoncée aux gens de bien, ce moment heureux est arrivé : vous êtes les maîtres de décider si nous sommes pour, jamais condamnés aux larmes, nous qui fûmes toujours dévoués à votre autorité, ou si nous pouvons, après tant de persécutions, attendre enfin de votre équité, de votre courage, de votre sagesse, quelques adoucissements à nos longues infortunes (1). »

Voici maintenant le même passage interprété par du Vair :

« Il n'y a qu'vne sorte de gens qui nous soit contraire : c'est de ceux que la fureur de Clodius a nourri de rapines, d'embrasements et de ruines publiques, lesquels auoyent esté hier attirez, lorsque l'on plaidoit cette cause, pour vous deuancer par leurs cris ce que vous auiez à iuger. Leur cri, si d'auanture il s'en leue aucun, vous seruira d'aduertissement de conseruer à cette ville celui de vos citoyens qui, pour vostre conseruation, a tousiours courageusement mesprisé telles clameurs, pour si grandes qu'elles ayent esté. Soyez donc présens, Messieurs, d'esprit et de courage, et, si vous auez conceu quelque crainte, déposez-là. Car si iamais vous auez eu puissance de iuger librement de la valeur et mérite des gens de bien et bons citoyens ; si iamais personnages ont esté choisis de tous les plus grands

(1) Traduction de Guéroult, dans le Cicéron de M. Leclerc, t. XV, p. 10-11, in-18.

et honorables ordres de cette ville, et mis en lieu où ils puissent monstrer par un effect et par leur iugement, l'affection qu'ils ont tousiours tesmoigné de visage et de parole à l'endroit des gens de bien, et fidèles citoyens, vous l'estes auiourd'hui, et auez toute puissance de le faire, comme aussi de iuger s'il faut que nous qui sommes tous les iours employez à la conseruation de vostre authorité, lamentions perpétuellement nos misères, ou si, après auoir esté long-temps trauaillez par des gens perdus et abandonnez, nous pourrons un peu respirer à l'abri de vostre intégrité, vertu et sagesse (2). »

Changez trois ou quatres mots à cette traduction, rétablissez quelques particules ou articles supprimés, laissera-t-elle beaucoup à désirer? Ne doit-on pas admirer l'art avec lequel du Vair a conservé la coupe des phrases et reproduit, sans trop d'embarras, l'ingénieux agencement des membres de la grande période. On doit remarquer cependant que les deux incises du premier membre sont confondues chez lui, et qu'il était très facile d'éviter cette faute, qui, du reste, change fort peu le mouvement de la phrase.

Comme pour juger une traduction, il ne suffit pas d'un morceau pris au hasard, je citerai encore quelques lignes de la narration :

« Or Milon, ayant demeuré tout ce iour-là au Sénat, iusqu'à ce qu'on se fust leué, s'en vint en sa maison changer d'habits, et demeura quelque temps pendant que sa femme, comme c'est la coustume, s'accommodoit; puis il partit enuiron le temps que Clodius deuoit estre retenu en la ville, s'il eust eu la volonté de revenir ce iour-là. Clodius le vint rencontrer sur le chemin, bien monté, bien équippé, ne menant après lui ni coche, ni litière, ni chose qui le peust

(1) *OEuvres* de du Vair, in-8°, p. 555-556.

empescher. Il n'auoit pas vn seul Grec en sa compagnie, comme il auoit accoustumé ; sa femme n'y estoit point, ce qui ne lui aduenoit quasi iamais. Milon, que l'on appelle aggresseur, etc. »

« ... Il rencontre Clodius au-deuant de sa maison enuiron sur les onze heures : incontinent, voici vn grand nombre d'hommes qui commencent à l'attaquer d'vn lieu haut et aduantageux et l'assaillir à coups de traits. Ils tuent son cocher ; lui, se jette hors du coche, despouille son *robon* et se met courageusement en défense. Vne partie des gens de Clodius viennent l'espée au poing, les vns vers le coche pour tuer Milon, les autres, pensant qu'il fust desià mort, chargent ses gens qui le suiuoyent, etc. (1). »

On peut voir que, dans cette traduction, les évolutions savantes de la phrase cicéronienne sont, sinon complètement rendues, du moins déjà imitées avec assez de bonheur. La langue française s'essaie encore, on le sent ; les nombres et le rhythme ne lui sont guère familiers ; ces phrases d'une longueur, d'une lenteur calculée auxquelles succèdent des propositions courtes, rapides, pressées ; tous ces mouvements habilement variés et combinés, déconcertent un peu son babil enfantin, si charmant dans les naïves et longues causeries de nos vieux prosateurs qui ont toujours peur, on le dirait, de ne pas s'expliquer assez. Pourtant on ne saurait méconnaître dans ce morceau un certain ordre, une certaine mesure. Les tours sont assez bien appropriés aux pensées, à l'intention de l'orateur. Le calme de Milon se peint dans ces coupes qui rallentissent la phrase : « ... demeura quelque temps, pendant que sa femme, comme c'est la coustume, s'accommodoit. » Et la rapidité significative du dénouement ne me paraît guère moindre dans la copie

(1) *OEuvres*, in-8°, p. 565-566.

que dans l'original : « Voici vn grand nombre d'hommes...
ils tuent son cocher ; lui, se jette hors de son coche... » On
n'y peut guère reprendre que l'addition inutile du mot
« *aduantageux*, » comme plus haut, des mots « *que l'on sçait
estre*, » dans une phrase d'ailleurs fort bien faite. C'est un
reste de la vieille habitude de commenter et de développer
en traduisant.

On voit maintenant s'il est vrai de dire que dans cette
traduction « la construction des phrases est tellement vieillie
qu'elle rend cette pièce de nul usage? » Tel est cependant le
jugement porté sur la version de du Vair par un traducteur
du XVIIIe siècle, Villefore (Jos.-Fr. Bourgoin), et adopté par
l'abbé Gouget. Les mêmes critiques l'accusent encore d'infidélité : « il prend les Albaniens de la campagne de Rome
pour les Albanais de la grande Asie, et *tumuli* pour des
tombeaux, quand ce terme signifie des collines. Il est inutile
d'y faire remarquer un plus grand nombre d'inexactitudes (1). » Il serait difficile peut-être d'en relever beaucoup :
mais on reconnaît là les procédés de critique superficielle
trop ordinaires à cette époque, surtout à l'égard de nos
vieux écrivains. La première partie de l'observation doit
d'ailleurs sembler risible aujourd'hui ; car pour nous il n'y a
pas plus d'*Albaniens* que d'*Albanais* dans *la campagne de Rome*,
mais des Albains *(Albani)*. C'est donc simplement une question d'orthographe pour la désinence des noms propres,
et cette question n'est pas même encore complètement dé-
cidée (2).

(1) De Villefore, préface de sa traduction des *Oraisons* de Cicéron.
— L'abbé Gouget, *Bibliothèque*, t. II, p. 226, Paris, 1741, in-12.
(2) V. les observations de M. Amb. Firmin Didot en tête de sa traduction de Thucydide ; et le Démosthène de M. Stiévenart, préambule,
p. II, où il déclare suivre, pour les noms propres, l'exemple de du
Vair.

Quant au mot *tumuli* rendu par *tombeaux,* c'est sans doute un contre-sens, mais assez léger, et la suite de la phrase a bien pu égarer le traducteur. Il n'y avait pas de quoi, on le voit, faire fi de l'essai de du Vair et plaisanter sur la prétendue ignorance d'un homme qui passa pour un des plus doctes de son siècle, le siècle des Pithou, des Duchesne, des Peiresc, des Casaubon et de tant d'autres, ses admirateurs et ses amis.

Tourreil ne juge guère plus favorablement les traductions que fit du Vair des discours d'Eschine et de Démosthène dans le procès *de la Couronne.* « J'admire, dit-il, qu'un homme de ce rang ait pu et voulu l'entreprendre; mais il n'est pas possible de dissimuler qu'assez souvent, pour ne rien dire de pis, elle se ressent du peu de loisir que lui laissaient ses importantes occupations (1). »

Je ne voudrais pas ressembler aux traducteurs qui défendent à outrance leur auteur, soutenir que les essais de du Vair sont des modèles et prétendre que tous ceux qui en ont médit, n'avaient pas le sens commun. Toutefois, comme ces jugements se transmettent d'un siècle à l'autre, religieusement copiés par les biographes et les critiques qui aiment les opinions toutes faites, je ne puis m'empêcher de remarquer combien est vague l'appréciation de Tourreil et de noter la grossière erreur de fait qu'elle contient. Il imagine que cette traduction date de l'époque ou du Vair *remplissait les premières places* et semble ignorer qu'elle remonte au commencement de l'année 1594, l'auteur étant encore simple conseiller clerc au Parlement de Paris. Cette date, si Tourreil y eut songé, aurait pu lui donner à penser qu'une pareille œuvre était alors plus possible que de son temps.

(1) Préface de la *Traduction des Plaidoyers sur la Couronne*, t. II, p. 6, Paris, 1721, in-4°.

L'esprit démocratique dominait au milieu des orages de la Ligue, comme dans les murs d'Athènes ; chaque jour, on en appelait à l'opinion publique, même du haut. des chaires chrétiennes changées en tribunes ; et du Vair, mêlé à ces grandes luttes, placé à la tête d'un parti considérable, comme Phocion à qui on l'a justement comparé (1), était plus que personne familiarisé avec l'éloquence politique.

Il aurait pu lui-même se faire cette illusion, sans outre-cuidance ; mais nous savons qu'il n'eut pas de si ambitieuses visées : ses traductions sont des études oratoires et rien de plus. Il a pensé qu'il pouvait, *sans faillir, choisir, pour s'exercer, ce qu'il y a de plus de haut :* « Si l'imbécillité de nostre nature, dit-il, ne nous y peut porter, nous en approcherons du moins au plus près qu'il nous sera possible et relèverons ce qui est de trop bas en nos esprits par le contre-poids d'un généreux exemple (2). »

Assurément, l'influence du temps ne lui a pas été inutile, et s'il a mieux réussi que bien d'autres après lui, à interpréter les grands orateurs politiques d'Athènes, c'est que lui-même a été maintes fois obligé de prendre la parole dans des circonstances semblables et l'a fait avec succès. Mais il ne se rend pas compte de ce que le traducteur en lui doit à l'homme d'État. Aujourd'hui, à distance, et grâce aussi à l'éducation des événements, nous sommes mieux à même de le juger, et, quand nous lisons dans sa traduction le récit de certaines scènes, nous nous le représentons aisément lui-même jouant son rôle dans des scènes à peu près semblables. Démosthène s'emporte-t-il en ardentes invec-

(1) Molinier, *Discours funèbre sur la mort de Mgr du Vair, éuesque de Lisieux et garde des sceaux de France,* p. 28. Paris, Guillaume Loyson, sans date.

(2) *Eloquence françoise,* Œuvres, p. 366, in-8°.

tives contre Eschine et ses pareils, il nous semble que son interprète n'a eu qu'à laisser parler la vertueuse indignation avec laquelle il flétrissait « *les pernicieux desseins de ceux qui auoyent délibéré de vendre et de trahir la France, les langues vénales qui régnoyent dans les chaires, exaltant la grandeur, la valeur de la nation espagnole, et déprimant la françoise, comme vile et abiecte et née pour seruir (1)*. » Aussi je ne sache pas qu'on ait mieux rendu ce beau passage où les traîtres sont si bien caractérisés et couverts d'un si légitime opprobre.

« ...... Bref, ils estoyent tous (les citoyens des villes grecques) frappez de cette maladie qu'ils pensoyent que le mal commun ne viendroit iamais iusques à eux, et que, quand ils voudroyent, ils se retireroyent du danger qui menaçoit tous les autres. Ainsi leur est-il arriué à mon aduis à la plus-part, que, par vne trop grande nonchalance et paresse hors de saison, ils ont perdu leur liberté; et les principaux d'entre eux qui pensoyent auoir tout vendu fors qu'eux, se sont trouuez les premiers liurez. Car, au lieu que lors qu'on les corrompoit, on les appelloit hostes et amis, maintenant on les appelle flatteurs, ennemis des dieux et autres mots qui leur appartiennent bien. Il n'y a personne qui vueille despenser son argent pour faire le profit des traistres, ni qui se serue puis après de leur conseil, quand il est une fois maistre de ce qu'ils lui ont vendu : autrement les traistres seroyent les plus heureuses gens du monde, mais cela n'est point, cela n'est point ! Et pourquoy cela seroit-il ? sans doubte il s'en faut beaucoup. Au contraire, quand celui qui cherche de s'emparer d'vn Estat, s'est vne fois establi et rendu maistre de ceux qui le lui ont liuré, cognoissant leur meschanceté, dès-lors mesme il commence de les hayr, de se deffier d'eux et les diffamer (2). »

(1) *OEuvres*, in-8°, p. 67. — (2) *OEuvres*. p. 455.

On sent qu'il y a là autre chose qu'un travail de cabinet ; on entend vibrer la voix véhémente qui, la veille peut-être, à l'Hôtel-de-Ville ou aux Estats, avait démasqué les partisans de l'étranger.

Ainsi dut se faire cette traduction, souvent reprise et souvent interrompue, au milieu du bruit des armes et des déclamations violentes des tribuns de toutes sortes. Reportons-nous à cette époque, à quelque jour de ce long siége de Paris : l'alarme est donnée, l'ennemi approche (hélas ! un ennemi aimé, « *nostre bonne fortune* »), il faut prendre les armes, courir au corps-de-garde, rassembler quelque troupe de braves gens, et mettre à la raison un autre ennemi, l'ennemi du dedans, le véritable ennemi... Quel tumulte ! quelle confusion dans la ville ! les prudents se cachent ; en vain on les cherche, on les appelle ; ils sont sourds à toute autre voix que celle de la peur et de l'égoïsme (1). Le peuple a faim ; il hurle, il crie : La paix ou du pain ! Ici on l'apaise avec quelques paroles d'espoir ou l'annonce menteuse d'un succès qui va finir ses peines. Là, on le disperse par la force et en le menaçant de Jean Roseau (le bourreau de Paris). Du Vair rentre chez lui. Pour faire diversion à ses chagrins, il va revoir « dans son estude » ses livres chéris, demander à Épictète des leçons de patience et de courage actif ; il trouve sur sa table « un de ses braves héros, » Démosthène en qui il cherche le secret de la vraie éloquence et qui lui enseigne son infatigable patriotisme ; il se laisse aller ; il écoute l'énergique et salutaire parole ; il en murmure lui-même les accents dans sa propre langue ; pour traduire, il n'a qu'à peindre ce qu'il vient de voir.

« Il estait desià tard quand il arriua vn homme qui venoit

____

(1) V. les discours de du Vair, et surtout le traité de *la Constance*, liv. I et II *passim*.

aduertir les gouuerneurs que Elatée estoit prise. Aussitost les vns qui estoyent lors à table, se leuèrent, et chassèrent les artisans qui estoyent à la place à leurs estaux, et y mirent le feu. Les autres enuoyèrent quérir les capitaines et firent sonner la trompette : la ville estoit toute pleine de tumulte. Le lendemain, les gouuerneurs assemblèrent le conseil au lieu accoustumé, vous allastes à l'assemblée, et deuant que l'on eust tenu le conseil et en haut et en bas, tout estoit jà plein de peuple. Après cela, le conseil estant entré, les gouuerneurs proposèrent ce qui estoit arrivé, et présentèrent celui qui auoit apporté les nouuelles. Comme il vous eust fait entendre ce que ie vous ai desià dit, le héraut se leua, et demanda s'il y auoit quelqu'un qui voulust parler, personne ne comparut : et, bien que le héraut demandast par plusieurs fois si personne ne vouloit rien dire, personne ne se leua, combien que tous les capitaines et tous les harangueurs fûssent là présens, et que la voix commune de tout le pays excitast à parler ceux qui desiroyent le salut de cet Estat. Car, quand le héraut parle, par le commandement des loix, il faut estimer que c'est la voix commune de tout le pays. Que s'il faloit que ceux qui desirent la conseruation de vostre ville, se présentâssent, vous autres et tout le reste des Athéniens estiez là venus à ceste assemblée. Bien sçay-ie que vous désiriez tous la conseruation de vostre ville. Que si c'estoit aux plus riches à parler, *il y en auoit plus de trois cens.* S'il faloit que ce fust à ceux qui auoyent plus de biens et plus d'affection au public, c'estoit donc à ceux qui depuis ont fait tant de magnificences et de distributions au peuple, car il a falu qu'ils ayent eu de l'affection et du moyen pour le faire. Mais cette saison, à mon aduis, et cette iournée ne requéroit pas seulement que celui qui parloit fust opulent et bien affectionné, ains qu'il fust fort nourri aux affaires, et eust bien obserué ce qui s'estoit passé, etc. »

Les traducteurs modernes, celui même qui a su le mieux conserver le feu, la vie de cette grande éloquence (1), ont tourmenté ce morceau. On multiplie les exclamations, les interrogations. « Toutefois, pour se présenter, que fallait-il? Vouloir le salut d'Athènes? Et vous, et les autres citoyens, etc.; compter parmi les plus riches? Les Trois-Cents auraient parlé…. Ah! c'est qu'un tel jour, une telle crise appelaient un citoyen non seulement riche et dévoué, mais qui eût suivi les affaires dès le principe, etc. (2). » On change ainsi le mouvement du style, ou plutôt on substitue l'agitation au mouvement. L'éloquence grecque, l'art antique en général n'est pas prodigue de ces formes brisées, heurtées, emportées : elles sont réservées à l'expression des passions violentes, quand la raison abdique, quand l'âme est vaincue par la douleur, la joie ou la colère. Ainsi, dans la tragédie de Sophocle, vous entendez les plaintes, les cris inarticulés de Philoctète. Mais ordinairement la passion conserve chez les poètes, chez les orateurs surtout, une sorte de calme extérieur, un grand respect pour les bienséances physiques. Il en est de même dans la peinture et la sculpture antiques, et l'on a remarqué que l'artiste qui a sculpté la tête de Laocoon s'est bien gardé de traduire l'*horrendos clamores ad sidera tollit* de Virgile (3), dont un poète moderne a fait des *clameurs gutturales (4)*, montrant par là qu'il n'avait guère le sentiment de l'antiquité. C'est le grand défaut de la plupart de ceux qui nous donnent aujourd'hui des pastiches des œuvres anciennes. Non seulement, *bourreaux* à la

(1) M. Stiévenart.
(2) Traduction de M. Stiévenart.
(3) *Le Laocoon de Virgile et le groupe de sculpture*, *Mémoires de l'Académie des Inscriptions*, t. XV, in-4°, 1re partie, p. 225. Mémoire de Mollevaut.
(4) Barthélemy, traduction en vers de l'*Enéide*.

manière de Tourreil, ils veulent *donner de l'esprit* aux anciens, mais ils prétendent encore les échauffer, les passionner. Ce qu'ils ajoutent ainsi, la secousse extérieure, le tremblement nerveux, les mouvements violents des organes, ce sont autant de contre-sens (1). Cette chaleur d'un sentiment vrai, cette profonde émotion de l'âme qui se manifestent par des paroles qui vont à l'âme, du Vair, si je ne m'abuse, les observe assez fidèlement dans ses traductions; et c'est un genre de fidélité qui peut faire pardonner quelques inexactitudes comme celles qu'on a pu remarquer dans ce tableau de la situation d'Athènes à la nouvelle de la prise d'Elatée.

On voit assez quelle est la manière de du Vair; il essaye de suivre pas à pas son auteur et de régler en tout sa marche sur la sienne; il n'est pas loin de se faire d'une traduction la même idée qu'un savant critique de nos jours, et de s'efforcer « *de donner un calque fidèle de l'original, rendant sensibles toutes les qualités du style (2).* » Mais surtout il traduit, si l'on peut ainsi parler, d'inspiration, et, pour un orateur tel que Démosthène, en qui l'inspiration domine, cette impulsion, et, pour ainsi dire, ce souffle des événements aide mieux le traducteur qu'une science plus exacte. Aussi, je n'hésiterai pas à mettre la traduction des Discours *sur la Couronne* au-dessus de celle du plaidoyer pour Milon. L'œuvre de Cicéron, patiemment élaborée dans le silence du cabinet, offre une magnificence de détails, un choix délicat d'expressions, une richesse de style que, malgré tous ses efforts, du

(1) Pour toutes ces différences dans l'expression de la passion chez les anciens et chez les modernes, nos contemporains, V. surtout le *Cours de littérature dramatique* de M. Saint-Marc Girardin. Nulle part, les caractères de l'art antique n'ont été mieux reconnus et démontrés.

(2) M. Egger, *Avant-Propos* de la traduction de la *Poétique* d'Aristote.

Vair n'a pu atteindre. Chez lui, la vieille naïveté gauloise et même la verve rabelaisienne se mettent encore un peu trop à l'aise (1). Démosthène le gênait moins : il n'a pas le pompeux appareil de l'orateur romain, ni ses savants artifices de langage. Pour le bien rendre, il faut avant tout le sentir : c'est le seul moyen de lui laisser son naturel, le mouvement si vrai, la couleur nullement fardée de son style, ce cœur enfin, *qui portait en lui la patrie.*

Ce fut là la hardie tentative de du Vair : il nous l'a dit ingénûment; il aspirait à cette gloire, sans se dissimuler les périls, les écueils nombreux, mais pensant que c'était beaucoup déjà d'avoir osé, et qu'un pareil effort pouvait apporter sa récompense, et, en tout cas, n'être pas inutile à d'autres. Son espoir n'a pas été tout-à-fait trompé. Sans doute on ne saurait admettre avec Perrault que « la beauté de ses traductions n'est guère inférieure à celle des originaux (2); » mais un des plus habiles interprètes de Démosthène, qui le cite souvent, lui a rendu ce précieux témoignage : « La version de du Vair est simple et presque toujours d'une fidélité littérale, sauf quelques erreurs que les progrès d'une critique savante pouvaient seuls faire éviter (3). » C'était l'opinion de Huet : elle aurait dû garantir ces consciencieux essais d'un oubli de deux siècles. Le docte évêque d'Avranches n'hésite pas à placer les traductions de du Vair au-dessus de celles de Malherbe : « Dans l'art difficile de traduire, ils ont suivi une méthode différente : Malherbe cherchant ce qui pouvait plaire à la cour

---

(1) V. notamment le parallèle de l'état où se trouvaient Clodius et Milon, quand la rencontre eut lieu.

(2) *Hommes illustres*, p. 97-98. Paris, 1698, in-12.

(3) M. Stiévenart, *Traduction de Démosthène*, préambule, p. IV. — Cf. p. I.

(« le goût du Louvre, » comme il disait), ne s'est soucié ni de l'ordre, ni de la coupe des phrases, ni des mots; il s'est asservi tout entier aux exigences de la langue française. Du Vair, sans sacrifier la pureté de la langue, a su s'accommoder plus rigoureusement aux intentions, à tous les mouvements de ses auteurs (1). »

Cette religieuse fidélité valut à sa version d'Épictète l'honneur d'être citée comme autorité par Mer. Casaubon. Vingt fois le savant commentateur s'y réfère pour l'interprétation de passages difficiles, que personne n'avait bien entendus, et dont du Vair, avec sa sagacité habituelle, *avait dépisté le vrai sens (2)*. L'auteur de la *Morale des stoïques* et de la *Sainte Philosophie* s'était, il est vrai, si bien nourri du *Manuel,* que, dans ces ouvrages, nous l'avons remarqué, ses pensées et celles du philosophe grec se mêlent, se fondent et qu'il est souvent difficile de distinguer ce qui appartient à l'un de ce qui est à l'autre. Ici encore du Vair dût son succès à la sincérité de son rôle; c'est avec un esprit vraiment stoïcien qu'il traduisit ce livre, la plus pure substance du stoïcisme. Pensant comme Epictète, il n'est pas étonnant qu'il l'ait si bien compris ou *senti,* selon le mot de Casaubon; c'étaient presque ses propres idées qu'il exprimait.

Telles sont les conditions dans lesquelles il faudrait toujours être placé pour bien traduire. Quand il s'agit de théories philosophiques ou littéraires, et même de récits

(1) *De Claris interpretibus,* lib. ii, 185-186. Paris, m dc lxi. — M. Poirson qui, dans son *Histoire de Henri IV* (t. ii, p. 463), rabaisse un peu trop le mérite des traductions de du Vair, et restreint, pour s'en faire une autorité, le témoignage de Huet.

(1) « *Unus Vairius sensum subodoratus est.* » *Enchiridion una cum Cebetis Tabula,* græce et latine, cum notis Merici Casauboni. Londini, 1659, in-8º, c. 39. — Cf. cap. 22, 26 et alib. — V. aussi Fabric. *Biblioth. græc.,* t. v, p. 84. Hambourg, 1796, in-4º.

historiques, il n'est pas trop difficile de se mettre, pour ainsi dire, à la place de son auteur, de se pénétrer de ses sentiments, de ses idées : mais, pour la poésie, pour l'éloquence, c'est une autre affaire, *hoc opus, hic labor est*, et le succès est bien rare. Faire passer dans une autre langue l'*Iliade*, l'*Œdipe-Roi* ou les *Philippiques !* il faudrait pour cela être soi-même poète ou orateur, et, sinon un homme de génie, du moins un homme d'un grand talent. Cicéron se donnait souvent cette tâche, et s'en acquittait fort bien. Du Vair, qui lui ressemble à tant d'égards et à qui il n'a peut-être manqué qu'une langue plus parfaite pour lui ressembler entièrement, traduisit comme lui, et avec la même intention, pour se former d'après les grands modèles antiques. On peut ajouter que leurs principes de traduction étaient à peu près les mêmes : toutefois Cicéron y prenait un peu plus de liberté (1). Du Vair avait ainsi « ouvert la véritable route, dit M. Stiévenart, mais on ne devait y rentrer que longtemps après lui. » Parmi ses prédécesseurs, quelques-uns l'avaient entrevue ; nul n'y avait aussi résolument marché ; et la plupart de ses contemporains s'étaient hâtés d'en sortir. Malherbe, un de ses familiers, l'avait dédaignée, honnie, et depuis, tous les traducteurs jusqu'à nos jours, avaient préféré, se mettant de plus en plus à leur aise, le chemin très large et très commode que leur avait tracé celui dont les arrêts en littérature avaient force de loi.

(1) V. *De optimo genere dicendi*, VII, avec l'excellente traduction de M. J.-V. Leclerc.

§ III. — Exercices oratoires. — Plaidoyer d'Appius Clodius contre
Milon. — Sources. — Appréciation. — Imitation de l'éloquence de
Cicéron. — Oraison funèbre de Marie-Stuart. — Quand, pourquoi
et comment elle a été composée. — Le discours de Régnault de
Beaune, archevêque de Bourges, sur le même sujet. — D'une prétendue oraison funèbre de Marie-Stuart, par Duperron. — Analyse
du discours de du Vair.

Du Vair avait recommandé comme le meilleur moyen de
se former à l'éloquence, l'étude des modèles que nous a
laissés l'antiquité. Pour appliquer lui-même ce précepte et
montrer les beautés que renferment ces chefs-d'œuvre, il en
avait traduit quelques-uns. Enfin, pour compléter l'expérience, pour voir si ses travaux lui avaient profité, il voulut,
suivant encore en cela le conseil et l'exemple des anciens (1),
composer un discours dans leur manière, et il choisit la
cause de Clodius, tué par Milon. En s'essayant sur un sujet
antique, il se mettait mieux à même de marcher sur les
traces de ses maîtres ; de plus, comme ce n'était pas un
sujet fictif, et que des faits analogues pouvaient se présenter,
il y trouvait une préparation naturelle, une sorte de transition à la réalité, et, pour ainsi dire, un nouvel accès à cette
carrière d'orateur dans laquelle il était déjà entré non sans
gloire, mais qu'il brûlait de parcourir avec plus d'éclat.

Le sujet ne comportait qu'une discussion de fait : Clodius
avait-il été attaqué, ou avait-il attaqué ? Il y avait place pour
des mouvements pathétiques. Du Vair pensait, comme les
maîtres anciens, que la passion était l'âme de l'éloquence ;

(1) Sénèque le Rhéteur, *Contror.*, lib. 1, præfat. — Quintil., x, 2.

il ne pouvait donc mieux choisir. Appien, Dion Cassius, mais surtout Asconius lui fournissaient les circonstances du fait dégagées des détails introduits par le défenseur pour les besoins de sa cause et suppléaient à ses réticences. Il trouvait dans l'intéressant commentaire du scholiaste de précieuses données sur les dépositions des témoins, sur l'opinion publique à Rome, sur les vraies intentions de Pompée. Enfin Cicéron lui-même lui indiquait les principaux moyens de l'accusation, arguments et mouvements, par le soin qu'il avait pris de les réfuter ou de les railler (1). Le discours du principal accusateur, Appius, avait été surtout pathétique : Cicéron reproduit ironiquement les peintures qu'on avait faites de la désolation de tous les citoyens en apprenant la mort de Clodius (2). Du Vair, sans négliger l'argumentation, insista sur les circonstances du meurtre de Clodius. Il y en avait d'horribles : Milon avait fait traîner sur la route le cadavre de sa victime ; il l'avait percé de mille coups ; il s'était rendu ensuite à la maison de campagne de Clodius pour faire subir à son fils le même sort. On avait même, par son ordre, mis à la question le portier Alicor, afin de le forcer à livrer son jeune maître. Toutes ces circonstances, le désespoir des enfants de Clodius, la douleur de Fulvia, sa femme, prêtaient beaucoup aux développements passionnés. Du Vair essaya surtout d'émouvoir. Il y a dans son plaidoyer des traits que n'eut pas désavoués Cicéron lui-même.

En somme, ce discours est bien composé : il est tout-à-fait dans la manière du maître qui a fourni le modèle ; les défauts même qu'on y peut relever, viennent d'une imitation

_____

(1) V. principalement les chap. III, V, VI, VII, XIII, XVII, XXI, XXII, XXIII, XXIV.

(2) *Pro Milone*, VIII.

encore maladroite : trop de pompe, de la déclamation. Mais on aime à le voir chercher et trouver un tempérament utile dans l'imitation de Démosthène et conserver à notre langue son énergie populaire.

Nous trouvons dans les œuvres de du Vair un exercice oratoire d'un autre genre ; il est vraisemblablement antérieur au plaidoyer d'Appius ; c'est une oraison funèbre qui date de 1587. L'auteur n'avait guère que trente ans. On voit qu'il n'avait jamais cessé de travailler de toutes façons au perfectionnement de son éloquence. Ici, il ne se propose pas l'imitation d'un chef-d'œuvre ; il est mécontent de ce qu'on a fait et veut essayer de faire mieux. Le sujet du reste pouvait le tenter : il s'agissait de Marie Stuart. La malheureuse reine d'Ecosse venait d'être exécutée dans sa prison de Fotheringay, et le roi de France, à qui l'on allait jusqu'à reprocher sa mort, lui avait fait faire, pour contenter l'opinion publique, de magnifiques funérailles. Régnault de Beaune, archevêque de Bourges, avait été chargé de l'oraison funèbre (1). Selon de Thou (2), elle contenait un pom-

______

(1) De Thou *(De Vita sua,* VII, 68, édit. de 1733) montre pour Régnault de Beaune la plus haute estime. D'autres contemporains l'ont jugé moins favorablement. (V. *Démocratie des prédicateurs de la Ligue,* par Ch. Labitte, p. 32-33). L'Estoile surtout le maltraite. Suivant ce chroniqueur, chargé de l'oraison funèbre du duc d'Alençon, « *il ne fit rien qui vaille* » (Edit. de Cologne, 1720, in-12, t. I, p. 72.), « *il ne fit jamais si mal.* » (Edit. de 1719, in-12, t. I, p. 178.) On doit reconnaître que de pareils sujets étaient embarrassants pour la chaire chrétienne. Il aurait mieux valu ne pas s'en charger : c'eût été l'affaire d'un Arnaud Sorbin dont l'effrontée complaisance osa louer en pleine église les mignons de Henri III. Le digne archevêque de Bourges, dans un tel sujet, aurait sans doute encore plus compromis sa réputation d'orateur. Ses discours aux Etats de Blois, sans être éloquents, sont nettement écrits et bien pensés : ils manquent généralement de chaleur.

(2) De Thou, *Histoire,* liv. 86.

peux éloge des princes lorrains : le roi s'en montra fort
mécontent, et le passage fut supprimé à l'impression. Du
Vair, qui avait entendu cette harangue, trouva que l'orateur
« auoit obmis beaucoup de belles choses qui sembloient
bien à propos ; il se résolut d'en faire vne par escrit, *qui fust
bien élabourée*, et l'ayant monstrée à quelques-uns du parti,
ils la trouuèrent si belle et si aduantageuse pour laditte
reine qui estait fort proche de Messieurs de Lorraine, qu'elle
courut de main en main, et luy en sceut-on merueilleusement bon gré, mesme qu'enfin ils la firent imprimer à leurs
frais, *y ayant changé quelques petits mots à leur fantaisie (1).* »

Du Vair ajoute « dont il ne se plaignoit pas pour les
acquérir mieux. » On voit par ces mots qu'il avait, en faisant
ce discours, un autre but que de s'exercer à l'éloquence.
Décidé à ne pas quitter Paris, malgré les troubles et à cause
des troubles, il voulait, sans manquer en rien à l'honneur,
mettre à l'abri du danger sa vie si souvent menacée et celle
de son vieux père. C'est dans la même intention que « venant
le deceds de M. de Guyse » (tué à Blois, 23 décembre 1588),
il fit vne autre harangue qui estoit bien plus artificieuse,
où il le louoit merueilleusement. Il rejettoit la faute sur
les ministres du Roy et dudit de Guise, en excusant Sa
Majesté et exhortant ses peuples à se réunir à elle. Mais elle
ne sortit iamais de ses mains ; il se contenta de la faire voir
à cinq ou six des zélés, qui, etc. (2). » C'est ainsi qu'il
sauva sa tête.

Plus tard, l'oraison funèbre de Marie Stuart se trouva dans
les papiers de l'auteur et fut publiée telle qu'elle avait été

---

(1) *Mémoires* manuscrits, Collect. du Puy, 661-662. — Cf. le petit
avertissement de l'imprimeur dans l'édition de 1641, in-f°, p. 740. Ce
discours ne se trouve pas dans l'édition in-8° de 1621, Genève.

(2) V. les *Mémoires* manuscrits, *ibid.*

faite. Or, l'édition donnée par les Guisarts est de 1588. Le savant historien des *Prédicateurs de la Ligue (1)* ne s'y est-il pas trompé? N'a-t-il pas pris pour le discours officiel l'essai même de du Vair? Dans son appréciation sommaire de Régnault de Beaune, il cite quelques lignes comme appartenant à la harangue du prélat; mais ces lignes se retrouvent presque textuellement dans le discours de du Vair, et nous savons à qui attribuer des changements d'ailleurs insignifiants (2).

De son côté, M. Philarète Chasles (3) indique une oraison funèbre de Marie Stuart par Duperron. Il serait très intéressant de rapprocher sur ce terrain complètement identique les deux écrivains que nous avons eu déjà l'occasion de comparer pour la philosophie et les doctrines littéraires. Mais on ne trouve nulle part ce discours où le savant critique a remarqué, dit-il, « *des intentions éloquentes.* » La belle édition des œuvres de Duperron donnée par Ant. Estienne (1620-1622), et renfermant « *tout ce qu'il a fait imprimer de son vivant et tout ce qu'il a laissé qui n'avoit pas encore esté mis en lumière (4),* » contient seulement des stances « sur la mort de Marie Stuart, reine d'Écosse et d'Irlande. » C'est sans doute cette pièce qui a induit M. Chasles en erreur. Trahi par ses souvenirs, il a attribué à Duperron l'oraison funèbre faite par du Vair; ce qui me le ferait croire, c'est qu'il indique un passage où l'orateur, dit-il,

(1) Ch. I, § 3, p. 32-33.

(2) Nous n'avons pu trouver le discours de Régnault de Beaune. La bibliothèque de Bourges, qui possède plusieurs de ses harangues, n'a pas celle-ci. Peut-être n'a-t-elle pas été imprimée.

(3) *Discours sur la marche et les progrès de la Langue et de la Littérature française depuis le commencement du* xvie *siècle jusqu'en 1610*, à la suite du *Cours de Littérature* de La Harpe, Didot, 1840, t. III, p. 637.

(4) L'imprimeur au lecteur.

« appelle la vengeance divine sur la tête d'Élisabeth. » Or, on trouve quelque chose de semblable dans l'essai qui nous occupe : « O Dieu ! père et vengeur des Rois, qui nous donnez aujourd'hui des larmes pour pleurer ce spectacle, ne nous donnerez-vous point un jour des brandons pour expier un tel monstre de cruauté ? »

Du Vair ajoute : « Princes chrétiens, Dieu vous appeloit auparavant à la vengeance de ses iniures, et parce que vous auez esté négligens de les venger, il a conioint vos iniures aux siennes ; il a permis que vous fussiez tous violez en la personne de cette reyne, pour vous rallier par vne cause commune à venger sa mort. Reportez, reportez chez les barbares les flambeaux qu'ils ont depuis si longtemps allumez par toute la chrestienté ; qu'ils sentent comme sont chastiez ceux qui traittent irreuéremment la fortune des rois (1). »

Ce passage est un de ceux que M. Labitte attribue à l'archevêque de Bourges : on voit maintenant quel en est le véritable auteur.

En vérité, le destin des œuvres de du Vair a été bizarre : pendant que, sous son nom, ils étaient oubliés ou qu'on ne leur accordait qu'une attention distraite, on continuait de les lire et même de les admirer sous le nom de ceux qui s'en étaient emparés ou auxquels une erreur de critique les avait généreusement donnés. Cet essai d'oraison funèbre, qui n'a pas été trop maltraité, quand on l'a cru l'ouvrage de Régnault de Beaune ou de Duperron, a été jugé digne de l'oubli, même par les plus judicieux appréciateurs de du Vair (2).

Assurément, ce n'est pas un chef-d'œuvre ; c'est même en

____

(1) *Œuvres*, in-f°, 1641, p. 753.
(2) M. Sapey, ouvrage cité, p. 72.

général moins un discours qu'une histoire. L'auteur ne fait guère d'abord que raconter, et son ton ne s'élève pas beaucoup au-dessus de celui de de Thou. Nous avons là toute la vie de la reine, sa glorieuse naissance, sa jeunesse si heureuse, si splendide à la cour de nos rois; puis les cruelles vicissitudes par lesquelles elle a passé, ses souffrances pendant une captivité de vingt ans. Du Vair nous la montre toujours calme et forte au milieu de tant d'orages, et non moins intrépide en face de la mort affreuse que lui fit donner la reine, sa cousine, après le plus inique jugement dont on ait gardé la mémoire. Il recherche les causes de cette monstrueuse injustice, et l'attribue aux conseillers d'Elisabeth, qui, redoutant un nouveau changement dans la religion de l'Etat et dans la politique, si Marie arrivait un jour au trône d'Angleterre, où l'appelait sa naissance, éveillèrent d'abord les soupçons, puis les craintes de leur reine, et la décidèrent à *tuer l'oiseau qui s'était réfugié dans son sein.*

Ici du Vair devient orateur; il s'élève, il prend un plus libre essor. A ce triste spectacle d'une reine décapitée par le bourreau, il oppose le tableau des fêtes brillantes qu'on avait vues à Paris pour son mariage. « Plusieurs de nous ont veu au lieu où nous sommes aujourd'huy ceste Reyne que nous y plorons maintenant, parée le jour de ses nopces de son accoustrement royal, si couuerte de pierreries que le soleil n'estoit pas plus luisant; si belle, si agréable, que jamais femme ne la surpassa. Tout cecy à l'entour n'estoit que tentures de drap d'or, et précieuses tapisseries; tout estoit enuironné de throsnes et théâtres remplis de princes et de princesses venus de toutes parts, pour participer à ceste resiouissance; le palais estoit plein de toute magnificence et de superbes festins et mascarades; les rues, de joustes et de tournois. Bref, il sembloit que nostre siècle eust entrepris ce iour-là de vaincre le luxe des siècles passez et la magnificence de tous les anciens Grecs et Romains. Il s'est coulé vn peu de temps qui a passé comme vn nuage, et nous auons veu captiue celle qui auparauant triomphoit; prisonnière, celle qui mettoit les prisonniers en liberté; indigente, celle qui faisoit largesse; desdaignée, celle qui donnoit les honneurs, et enfin, entre les mains d'vn abominable bourreau, le corps d'une Reyne deux fois Réyne, ce corps, etc. (1). »

Ce contraste est d'un grand effet (2); dans ce rapprochement *de toutes les extrémités des choses humaines*, il y a des accents dignes de la chaire chrétienne, et l'on est ému, en considérant avec l'orateur « ceste majesté des Rois de la terre, ceste grandeur des princes du monde, tombant sous la main de Dieu, comme l'humble fortune des pauures plébées. » — « O Dieu! » s'écrie l'orateur en finissant, « quel changement! ô vanité humaine, ne vous connaistrons-nous iamais? O trompeuses grandeurs, ne nous deffierons-nous iamais de vous? L'histoire des ans passez nous a produit tant d'exemples de vostre fragilité et inconstance, et néantmoins, nous ne pouuons deuenir sages par les misères d'autruy (3). »

Sauf quelques taches légères et qui sont dans le goût de

---

(1) P. 753.

(2) Duperron, dont les stances ne sont évidemment qu'un pâle reflet du discours de du Vair, affaiblit, comme tout le reste, cette magnifique antithèse :

> « Ainsi serue et captiue, en triomphe est menée
> Celle que tant de pompe et de gloire suiuoit,
> Quand sa ieune beauté les peuples captiuoit,
> Célébrant dans nos murs son premier hyménée. »

(3) Du Vair. *Ibid.*

l'époque, comme la fraternité des rois expliquée par cette raison qu'ils *estoient estimez anciennement auoir leur origine de Iuppiter,* et une comparaison des ennemis de Marie Stuart avec les Cyclopes « des cauernes de Sicile, » ce discours n'offre rien qui justifie le dédain dont il a été l'objet, et l'on y rencontre beaucoup de traits remarquables. Ainsi, il y a de la délicatesse dans cette peinture du caractère de Marie, « formé d'vne grandeur de courage, destrempé toutefois et amolli d'vne telle douceur et modestie qu'il ne se pouuoit rien voir de plus royal et de plus gracieux (1). » C'est une poétique image que celle de « cet enuieux malheur qui cueille les espérances de l'homme en leur première fleur. » C'est un beau mouvement que cette apostrophe aux ennemis de la reine d'Écosse. « Accusée de quel crime! accusée d'être catholique! ô heureux crime! ô désirable accusation! C'est donc contre la piété, barbares, que sont publiées vos lois, et dressez vos prétoires? nul n'est donc innocent deuant vous, s'il n'est coupable deuant Dieu d'auoir renoncé à sa religion? Cessez vos artifices; ne fabriquez plus de témoins; elle aduouë ce crime, elle le publie, elle le presche et proteste que, comme pour les rudesses dont vous l'auez tourmentée en ceste si longue prison, elle n'a nullement fleschy, ni rien rabattu de sa foy; non plus ne changera-elle pour crainte de la mort, ny pour peur des tourmens dont vous la menacez, ny pour l'infamie dont vous pensez par vos calomnies la diffamer (2). »

(1) P. 743. — Cité par M. Ch. Labitte, comme étant de Régnault de Beaune.

(2) P. 748 — Cité en abrégé par M. Ch. Labitte. Nous avons rétabli et complété le texte d'après l'édit. de 1641, in-f°. Ce discours ne se trouve pas dans l'édit. in-8° de 1621.

§ IV. — Du Vair orateur; ses *discours funèbres;* caractère religieux et philosophique. — Abus de l'érudition. — Les *Méditations sur Job;* grandeur morale; défaut d'enthousiasme. — Citations. — *Méditations sur les Psaumes de David,* supérieures aux autres, pourquoi? — Eloquence judiciaire : *Arrêts rendus en robe rouge;* esprit philosophique. — Encore les citations érudites. — Les *Mercuriales* ou *Remonstrances* aux Parlements. — Grande variété de sujets. — Caractère pratique. — La philosophie présentée comme base de la jurisprudence. — Eloquence politique, supériorité de du Vair en ce genre. — Ses harangues sur les affaires publiques du temps de la Ligue. — Citations et analyses. — Caractères et portraits. — Importance historique des discours de du Vair. — Résumé. — Jugement des contemporains. — Molinier, *Oraison funèbre* de du Vair.

A côté de cet essai d'oraison funèbre se placent naturellement un certain nombre de discours du même genre, qui ont été réellement prononcés, mais sont loin d'avoir la même importance. Ce ne sont pour la plupart que de courtes allocutions semblables aux adieux suprêmes qu'on adresse encore aujourd'hui à des morts illustres, avant que la terre se referme à jamais sur eux. « En Prouence, et particulièrement à Marseille, nous dit l'auteur, c'est la coustume qu'ès enterremens de personnes signalées, celuy qui meine le dueil, fait vn remerciement au retour de l'église, à l'entrée de la maison, à tous les assistans, auec quelque recommandation du défunt et consolation aux parens (1). » C'est dans de telles circonstances que furent prononcés les vingt-quatre discours funèbres qui se trouvent dans les œuvres de du Vair. Ils n'offrent rien de bien saillant; un

______

(1) *OEuvres,* in-8°, p. 194; in-f°, 687.

14

seul a une certaine importance historique; c'est celui qui
trouva place aux funérailles de Libertat, viguier de Marseille, grâce à qui cette ville était rentrée sous l'obéissance
du roi Henri IV.

On ne sait pas même les noms des autres personnages
dont l'orateur rappelle les vertus : c'étaient pour la plupart
des magistrats d'Aix ou de Marseille. Il faut remarquer cependant (ne fut-ce que pour constater une fois de plus dans
ce noble et solide esprit, une perpétuelle unité de sentiments et d'idées), que l'orateur sait presque toujours
échapper à la banalité uniforme des discours de cette espèce, en développant quelques grandes pensées morales ou
religieuses, dans lesquelles on reconnaît le philosophe et le
chrétien.

Le premier président du Parlement de Provence ne pouvait pas, dans ces occasions, faire le personnage d'un
prédicateur. Mais ce rappel discret de l'homme à Dieu et à
sa vraie patrie; cette grande idée de l'immortalité de l'âme
évoquée sans cesse à côté de la mort du corps; ces conseils
de vertus qu'il reproduit chaque fois avec autant de fermeté
que de modestie, et sans sortir de son rôle, donnent à ses
allocutions funèbres une hauteur de pensée et de style qui
le rattache à nos grands orateurs du XVIIᵉ siècle. Nous avons
trouvé dans une d'entre elles (1) le fond et presque la forme
d'une des plus belles maximes de Corneille : nous aurions
pu citer celle-ci à côté : « Dans les âmes bien nées la pitié
redouble l'amitié (2). » On reconnaît l'auteur de la *Sainte
Philosophie* et du traité *de la Constance* dans ces religieuses
paroles : « En ce tournoy mondain, en cette lutte mortelle

(1) XIVᵉ discours, p. 715, in-fº. — L'édit. in-8º n'en contient que
treize. — V. ci-devant, ch. III, § IV, p. 152.
(2) IIIᵉ discours, p. 204, in-8º; 693, in-fº.

où nous sommes introduits et continuellement exercez, la
mort n'est que le héraut qui appelle à la couronne ceux qui
ont légitimement et valeureusement combattu. Heureux
combat pour tous, puisque chacun y peut espérer (1) ! » De
même que Bossuet loue la reine d'Angleterre d'*avoir usé chré-
tiennement de la bonne fortune*, du Vair remarque que « ceux à
qui Dieu a distribué de grands biens, ne méritent pas peu de
louanges, quand ils en vsent comme ils doiuent... Car rarement il aduient que l'affluence des biens ne soit la mesche
et l'amorce de la présomption, du luxe et desbordement (2). »

On est encore plus tenté de rapprocher les deux orateurs,
et de faire au vieil écrivain cet honneur insigne de penser à
l'oraison funèbre de Condé, quand on lit ces lignes d'une de
ses *harangues* :

« Aidans par nos cris et nos applaudissements au vol généreux qu'il prend vers le ciel, disons-luy : ô âme bienheureuse, qui tirez maintenant vers les cieux, iouissez, iouissez
en éternel repos du loyer de vos vertus : mais colloquée là-
haut en ceste félicité éternelle, n'oubliez par pourtant ceux
que vous auez aimé icy-bas. Et, puisqu'vne mesme charité
nous enchaîne, tournez quelquefois vos yeux et vos pensées
sur nous ; que vostre âme déliurée de ce pesant manteau,
et courant légèrement par le vol de ses pensées en toutes
les parts du monde, se retourne quelquefois vers nous, et
nous influë quelque chose de cette diuinité dont vous iouissez maintenant face à face. Retirez-vous, Messieurs, en
cette espérance, et croyez que comme il vous a aimé vivement, il vous aime, songe à vous, et veille pour vous là-
haut (3). »

(1) IIᵉ discours, p. 202, in-8º ; 692, in-fº.
(2) Vᵉ discours. — Au lieu d'*amorce*, on lit *incentif* dans l'édition
de 1621, in-8º, p. 207.
(3) XXVᵉ discours funèbre, p. 740, in-fº.

De tous ces discours on pourrait extraire de belles pensées, des traits généreux. Tous ils reflètent ce stoïcisme régénéré où l'orgueil philosophique est tempéré par la douceur de l'esprit chrétien. Pourquoi faut-il que, dans ces allocutions, à la simplicité desquelles l'auteur a su mêler une véritable grandeur par l'expression toujours renouvelée du sentiment religieux, il ait cru devoir sacrifier à la mode des citations érudites, si justement condamnée par lui? Ici, plus que partout ailleurs, il pouvait s'en dispenser. C'est surtout dans ses derniers discours funèbres que se montre cet excès. On y remarque aussi plus d'emphase, d'affectation et moins de ces grandes et solides pensées qui font le principal mérite de tous ses écrits. Il prenait sans doute, à son insu, le tour d'esprit de ces populations méridionales chez lesquelles il s'était habitué à vivre après s'y être regardé comme en exil (1).

On voit déjà quels sont les caractères de l'éloquence religieuse chez du Vair, et qu'il s'éloigne beaucoup moins que bien d'autres venus après lui, du ton convenable au discours évangélique. On peut croire que s'il eût parlé du haut d'une chaire, avec la mission sacrée d'enseigner au nom de Dieu, il aurait mieux compris, par l'habitude de la prédication, et par l'étude des Pères grecs, la juste mesure de pensée et de style qu'il n'a pas toujours su garder. Comme il ne séparait pas la parole de la réalité, ses sujets devaient lui paraître bien pauvres; il pouvait trouver aussi parfois que de tels discours n'étaient guère à leur place, quand, *à l'entrée d'une maison mortuaire*, sur la voie publique, il faisait entendre à quelques auditeurs distraits, ou préoccupés de leur douleur, les sublimes enseignements de la foi chrétienne. Il lui fallait, comme à tous les orateurs, l'inspiration

(1) V. plus haut, p. 44.

des événements, des lieux, des nombreux auditoires. C'est
là ce qui explique sa supériorité dans l'éloquence politique ;
c'est là ce qui explique aussi la faiblesse de la plupart de
ses *Méditations religieuses*. Son esprit avait plus de justesse
que d'élévation, plus d'acquis que de fécondité naturelle.
Quand il suffisait d'avoir un bon jugement et un bon cœur,
quand surtout il parlait sous l'impression des événements,
il réussissait à merveille. Aussi recherche-t-il d'ordinaire les
exemples, les comparaisons, les allégories, toutes les
figures qui donnent un corps à la pensée. L'idée pure, l'idée
abstraite lui échappe. L'exaltation religieuse ne va pas davantage à son caractère ; il l'admire sincèrement, et, dans
ses paraphrases du livre de Job, il essaye de s'élever à cette
hauteur ; il veut penser lui-même ces pensées et se les approprier en les développant ; mais, comme il se sent toujours dépassé, il s'enfle, se tourmente, grossit sa voix,
agite de lourdes ailes, et prend ses pénibles efforts pour le
vol hardi d'une âme qui monte jusqu'à Dieu et s'entretient
avec lui, ses cris forcés, pour des élans d'enthousiasme.
Encore retombe-t-il à chaque instant sur la terre, où il a
besoin de s'appuyer, de se traîner même, pour y puiser de
nouvelles forces, pour se préparer à un nouvel -essor, et
aussi, hélas ! à de nouvelles chutes. Rien de moins mystique, de moins porté à l'extase que l'esprit de du Vair : il
est peut-être aussi éloigné de sainte Thérèse que de Montaigne. Pourtant c'est un catholique fervent, aimant à
montrer l'ardeur de ses sentiments religieux ; mais en même
temps c'est un philosophe pratique, mêlé aux affaires du
monde, se plaisant dans la retraite, mais non pas dans la
solitude et la vie contemplative. Du Vair n'est bien lui-même
qu'au milieu de l'humanité : il ne veut pas, nous l'avons vu,
que le sage s'isole, se sépare des petitesses des hommes,
de leurs misères, de leurs hontes. En face des vices ou des

crimes, des travers ou des faiblesses, il trouve de vigoureux accents ou de douces paroles pour flétrir ou pour
relever, pour châtier ou pour instruire. Il continue ainsi
dans ses discours son rôle de moraliste, et l'on sent qu'il y
est, pour ainsi dire, chez lui, sur son terrain, dans son
courant habituel d'idées; il n'a pas besoin de forcer son ton,
soit qu'il rappelle à l'homme ses devoirs, le fasse rougir de
ses vices ou applaudisse à ses vertus, soit qu'il lui enseigne
ses hautes destinées et, à travers la mort, lui montre l'immortalité.

Ainsi, c'est dans ses *Méditations sur Job*, dans ce livre si
inégal où il tombe si bas, que se lisent ces simples et nobles
paroles, écrites sans doute en face du clergé de la Ligue et
de *ces langues vénales qui régnoient dans les chaires (1) :* « Vous,
sacrez pontifes, que Dieu a non-seulement esleuez par dessus les hommes en honneur et vénération; mais auxquels,
par préciput et aduantage incomparable, il a donné la garde
de son propre esprit et la distribution de ses grâces; vous
qu'il a séparez de son peuple, pour estre son héritage précieux; vous auxquels il se communique familièrement, et
avec lesquels il conuerse tous les iours, establissant vn
nouveau paradis terrestre parmi vous, si la fumée du monde
vous esblouit, et vous fait destourner les yeux du ciel à la
terre; si la vanité du monde vous enfle le courage, et vous
fait approprier à vostre honneur ce qui est deu au sien; si
les affections du sang et de la chair vous font appliquer à
vos plaisirs et commoditez, ce qui est destiné au soulage-
ment et à la consolation des pauures et des misérables, ô
que de honte! ô que d'opprobre! ô que de mespris! ô que
de gehennes! ô que de tourmens vous souffrirez en l'autre
monde! Vous qui maniez sa parole et l'annoncez, prenez

(1) P. 67, in-8°.

garde à vous ; car si vostre cœur se destourne de Dieu, si vous auez autre dessein que sa gloire, si vous pensez destourner sa sainte parole à vn autre vsage qu'à l'édifice des consciences des peuples, et que vous vous rendiez ministres de l'ambition d'autrui, il retirera la vérité de vos lèures, et y fera habiter le mensonge ; il vous fera recognoistre pour faux prophètes, et des veilles auxquelles vous vieillissez, il ne vous restera que la sottise et l'ignorance (1). »

C'est aussi, on n'en saurait douter, dans l'émotion causée par les événements qui s'accomplissaient devant ses yeux, qu'il a écrit cette autre page du même livre, qu'on croirait détachée du *Petit-Carême :*

« Que nul qui aura irrité Dieu, ne s'y fie, car il a d'estranges et inéuitables reuers. Tel prince se pense bien asseuré en son estat, croit sa puissance bien appuyée, et tenir bas dessous soy tout ce qui est sous son sceptre ; il se fie en ses gardes, il se tient fort de ses garnisons, il s'asseure sur ses officiers, et, plus que tout, sur la misère et impuissance de son peuple. Et voilà tout-à-coup que Dieu fait couler en l'esprit de ses subiets vn grand mespris de son authorité ; puis s'y glisse la haine, puis la hardiesse d'entreprendre et secouer le ioug. Vn mouuement se fait vniuersel par ses prouinces, par ses villes. Les peuples comptent leurs bras et leurs mains, et secouent le mauuais prince de dessus eux, comme vn lion qui se lèue de dormir, secoueroit la poussière de dessus son poil. Sçachez donc, ô princes, que le seul asseuré fondement de vostre domination, c'est l'amour de vos subjects, etc. (2). »

Parfois, dans ces *Méditations*, du Vair prend ses auditeurs

____

(1) *Méditations sur Job*, p. 1163, in-8°.

(2) P. 1164. — Cf. Massillon, *Petit-Carême sur l'Humanité des grands envers le peuple.*

à partie, et l'on y trouve, comme dans les sermons de Bossuet (1), des scènes dramatiques d'un effet saisissant :

« Vous vous leuerez gaillards, et direz en vous-mesmes : Ie ne me portay iamais mieux ; ie suis frais, ie suis dispos ; ie me veux donner du bon temps : çà, voyons quelle sorte de plaisirs nous choisirons pour adoucir ceste vie, et en quel plus délicieux déduit nous coulerons ceste iournée. Sus, instrumens de luxe, ministres de friandises, officiers des voluptez, consultez quels nouveaux moyens on peut trouuer pour chatouiller mes sens et flatter mes cupiditez.

« A peine aurez-vous dit cela que la teste commencera à vous faire mal, vostre veue à se troubler, vostre cœur à se débattre, les sens à vous manquer. Vous voilà sur vn lict à crier : — Ie me meurs ! — à regarder auec regret ce monde que vous laissez, à voir tous les vostres autour de vous empeschez, sans pouuoir en rien remédier à vostre mal, ni fant soit peu arrester vostre vie qui s'enfuit. L'vn crie : Hé, mon père ! l'autre : Hé, mon frère ! l'autre : Hé, mon maistre ! l'autre : Hé, mon amy ! Mais ni les enfants, ni les frères, ni les seruiteurs, ni les amis, ne vous sçauraient seulement retenir vn quart-d'heure. Il faut marcher, il faut descendre à la mort ; et, qui pis est, à la mort éternelle. Il faut périr vne fois pour toujours, changer la douceur de la lumière en l'horreur des ténèbres, les plaisirs en tourmens, la vaine gloire en abiection, misère et calamité perpétuelle. Et pourquoy ? pour ce que vous n'auez pas voulu entendre la voix de Dieu, qui vous monstroit la voye du salut, suiure son esprit, qui vous acheminoit à la félicité éternelle (2). »

(1) V. abrégé d'un sermon pour le jour de Pâques, prêché à Meaux, et surtout les sermons *sur la Passion*.

(2) *Méditations sur Job*, p. 1128. — V. un autre beau morceau du même genre, *Méditations sur les Psaumes*, p. 1384.

Je pourrais multiplier ces citations, car les passages éloquents abondent dans ce livre, un des plus imparfaits de du Vair. Ils sont plus nombreux encore dans ses *Méditations sur les Psaumes*. Cela tient, je crois, à ce que la position de David repentant ou consolé, implorant le pardon de ses fautes ou chantant à Dieu ses cantiques de reconnaissance et d'amour, était plus à la portée de l'esprit de du Vair. Il n'y a plus là en effet cette exaltation mystique dans un excès de souffrances qui semblent dépasser la mesure des forces humaines. Saint François de Sales dit quelque part (1) qu'il y a quatre parties dans l'oraison mentale : la méditation, la contemplation, les élancements et la simple présence de Dieu. C'est dans cette contemplation pure, où commence l'extase, que s'égare du Vair; et il se perd tout-à-fait dans ces *élancements*, auxquels se refusait son esprit sans cesse livré aux réalités de cette vie.

Les Psaumes de David, au contraire, ceux de la Pénitence et de la Consolation, les seuls qu'ait médités du Vair, c'est la poésie de l'humanité, telle qu'elle est ici-bas : ils la reflètent tout entière, avec ses aspirations généreuses, ses longues espérances, ses chutes honteuses, les ardents repentirs dont le feu nous épure et nous revivifie, véritables résurrections de l'âme qui secoue son linceul de matière.

Du Vair tombe souvent encore ou fléchit en suivant les pas du roi-poète, mais généralement, il se soutient mieux : car ses autres maîtres, les vieux philosophes, sont à ses côtés et, au besoin, lui donnent la main. Ainsi, quand il contemple avec David le divin tabernacle (2), la céleste patrie, et le chemin qu'il nous faut parcourir pour y arriver, « le fascheux pélerinage du monde, » n'aperçoit-on pas auprès

---

(1) Sermon *sur l'Oraison*, t. II, p 297, in-fº.
(2) Domine, quis habitabit in tabernaculo ? etc.

de lui toute une grave phalange de sages anciens, Hésiode, Prodicus, Xénophon, Thémistius, qui l'encouragent et le guident vers le sommet lumineux et fleuri de la vertu, dont ils connaissent si bien les âpres sentiers ?

« O belle et sainte montagne, qui montera iusqu'à vostre sommet ? qui se reposera dans le sein de ce tant beau et délectable séiour ? Celui qui, purifié dans les flammes sacrées d'vne saincte et déuotieuse ardeur, a allégé son âme de la lie du monde et n'a plus rien qui empesche sa course et la retarde en chemin. Car, quand le désir de nostre âme est mis à nud, il tire droict vers le but de ses souhaits, vers le siége de sa félicité. C'est alors que, despouillant l'amour de soy-mesme, vray séducteur de nostre entendement, il iuge de tout droictement, et rend à chasque chose le deuoir que la nature lui commande, conseruant la paix par la iustice, maintenant toute chose au poinct de sa création, et l'adressant à la fin pour laquelle elle est produite. Et, à vray dire, le iuste n'est autre chose que le tuteur de la nature, qui défend ses droicts, et combat pour sa conserua- tion, qui maintient en repos ce qui a esté créé en sagesse. Doncques, ô iustice, mère de paix, vous estes après l'inno- cence le premier degré pour monter à ceste montagne de béatitude éternelle. Après vous suit la vérité, transparente de tous costez, roche ferme et durable, contre laquelle se hurtent sans effect les nuages des calomnies.... Car, ô belle et saincte vérité, quand quelqu'vn vous aime, et a mis son cœur en vous, vous vous trouuez en son cœur et puis passez en ses lèures, et l'ornez d'une singulière beauté. Aussi, à dire vray, la beauté n'est que la vérité éternelle qui reluit ès -ouurages de la parole diuine... Celui doncques montera à ce sommet qui a embrassé ceste pure vérité, s'est vni de pensée auec elle, lui a dressé vn autel sur ses lèures, a chassé loing de soi le dol et le mensonge et les a exterminez de son cœur et de sa bouche. Car la menterie n'est autre chose que le mortel poison de l'âme.... (1). »

Avant l'éclatante pléiade des orateurs sacrés du XVIIe siècle, je ne connais que saint François de Sales qui ait su trouver ainsi, pour l'enseignement de la religion, ce langage tour à tour si énergique et si plein d'onction, parsemé de douces fleurs et reflétant la vérité dans sa pure lumière. Du Vair n'a pas la même fécondité; on ne trouve pas chez lui ces épanchements intarissables de sentiments pieux, qui remplissent les livres, les lettres spirituelles et les sermons de l'évêque de Genève. Mais, il ne faut pas l'oublier, bien qu'il fût évêque lui-même, et qu'il fût digne de l'être, il n'a jamais réellement prêché. Dans ceux de ses écrits qui se rattachent le plus à l'éloquence de la chaire, il ne peut pas embrassser tout le domaine de la religion; il laisse forcément de côté presque tout le dogme, les sacrements, toutes les cérémonies; il s'en tient à peu près à la morale. Nous avons vu d'ailleurs qu'il avait consacré sa vie à en propager les salutaires leçons.

Dans les *Arrêts rendus en robe rouge (2)*, les jurisconsultes reconnaissent encore aujourd'hui une science profonde du droit, une habile interprétation des lois et des coutumes. Ce sont des mérites spéciaux qui doivent être remarqués; mais ces ouvrages se recommandent en outre à l'attention du philosophe par un soin constant de rechercher dans le droit naturel, c'est-à-dire dans les propres témoignages de la raison et de la conscience, le principe de la loi écrite et la

____

(1) *Méditations sur les Psaumes de la Consolation, Psaume* XIII, p. 1388-1389, in-8°. — Les *Méditations* sur les *Lamentations* de Jérémie et sur le *Cantique* d'Ezéchias renferment aussi plusieurs passages gracieux ou pathétiques.

(2) Au nombre de huit, dans l'édit. de 1641, de cinq seulement dans celle de 1621.

véritable pensée des législateurs (1), ou, pour parler comme du Vair, « l'âme des loix et l'intention de ceux qui les ont promulguées (2). » Ces arrêts offrent souvent aussi de parfaits modèles de discussion judiciaire. Malheureusement Platon et Démosthènc, Sénèque et Plaute lui-même y sont trop souvent cités à côté de Papinien, des ordonnances royales et des décisions des parlements. Mais on croyait alors que « *la vaine ostentation d'érudition qui paroist en tels ramas de passages* » était nécessaire pour « soustenir la dignité de la justice (3). »

C'est pour cette raison que du Vair a rempli « d'allégations, » comme on disait alors, presque tous ses discours d'ouverture au Parlement de Provence. Et puis, grâce aux beaux vers des poètes grecs et latins, aux éloquentes pensées des philosophes et des orateurs, il pensait y répandre un peu « *de ceste agréable variété qui est le plus friand appast dont la nature mesme ait pu assaisonner ses ouurayes.* »

Ce soin de fuir l'uniformité et l'ennui qu'elle engendre préoccupait souvent du Vair; il avoue, au début de l'une de ses mercuriales, combien il lui était difficile, après *auoir manié seize fois un mesme argument, de rassasier la curiosité de tant de beaux esprits.* Il avait épuisé tous les sujets qu'on pouvait traitèr convenablement dans de telles occasions. « De quoy nous pouuons-nous maintenant entretenir? » disait-il, « sera-ce de la maiesté de la Iustice, de son vtilité, de sa diuinité? Vous l'avez si souvent entendu. Sera-ce de l'exccllence des magistrats, du lustre esclattant de leur pourpre, du respect qui leur est deu? Il n'y a pas long-

(1) V. particulièrement *Arrêts rendus en robe rouge*, p. 626, in-8°. — *Ibid.*, p. 655, 778.
(2) P. 610, in-8°.
(3) Note de l'édition in-8° de 1621, p. 233.

temps que vous l'avez oüy. Sera-ce du deuoir des aduocats, et procureurs, de la fidélité et suffisance qui est deuë? Combien de fois le leur auons-nous représenté? Sera-ce de la grandeur de l'éloquence, qui est la Reyne du barreau? Nous vous auons tant et tant excitez et animez à l'aymer et à la chérir, mais chastement, mais innocemment. Sera-ce de ceste sacrée philosophie, de ceste science des sciences, de la Iurisprudence, dis-ie? Nous vous auons tant coniurez de vous y deuoüer entièrement. Sera-ce de l'amour de l'équité, auquel vous vous deuez principalement adonner? Sera-ce de la puissance des loix, de l'obseruation des ordonnances? Et qui voudrait croire que vous eussiez oublié ce que nous vous en auons si amplement et si charitablement remonstré? etc. (1). »

Ce tableau sommaire des mercuriales de du Vair pendant les seize premières années de sa présidence, n'est pas sans intérêt. Il nous montre l'esprit qui y dominait; il nous apprend que le magistrat philosophe revenait souvent sur les grands principes de morale développés dans ses traités, et que, selon lui, les jugés et les avocats, ceux qui appliquent les lois et ceux qui les interprètent, doivent en être pénétrés. Et en effet, si nous parcourons tous ces discours, nous voyons qu'il n'en est pas un où ne domine cette souveraine idée du devoir que du Vair regardait comme le pivot de la vie humaine. Ainsi, c'est cette religion de la conscience qui l'inspire, quand il rappelle aux magistrats de Marseille la nécessité de donner eux-mêmes l'exemple de l'obéissance aux lois (2); quand, avec autant de fermeté que de convenance, il trace aux avocats la seule ligne de conduite digne

(1) *A l'ouverture du Parlement, en 1612.* Edit. in-f°, p. 864.
(2) *Ouverture de la Chambre de justice de Marseille (1597),* p. 756-757.

de leur profession , leur disant avec Démosthène que *l'avocat et la loi ne doivent faire qu'un (1)*, et menace des rigueurs de la justice certains procureurs, le fléau des populations, qui, au lieu de faire bénir l'empire des lois, en font un objet d'horreur ou de mépris ; quand il étale aux yeux du Parlement le *loyer certain*, *le loyer précieux*, la digne *récompense intérieure* qu'ils recevront, s'ils se montrent les vrais ministres de cette justice qui est de toute éternité, « *qui est en Dieu, qui est Dieu mesme, de laquelle les promesses sont infaillibles, de laquelle il est dit que les cieux passeront et que sa parole demeurera (2)* ; » quand il recommande aux populations et à leurs chefs le respect et l'amour de l'ordre « par qui le monde est monde (3) ; » quand il invoque cette sagesse éternelle *qui reluit* principalement dans les sociétés humaines, et la prie de lui révéler, à lui et à ses collègues, « ceste vraye et viue iustice, vne de ses plus excellentes créatures (4) ; » quand, à plusieurs reprises, et le cœur indigné, les yeux en larmes, il dépeint aux Marseillais l'état de leur ville, livrée par la trahison à la domination étrangère, et les désordres, les crimes, les misères qui régnèrent chez eux , comme dans le reste de la France, sous l'empire des passions sans frein ; quand enfin il s'écrie au milieu de cette assemblée de magistrats qui, pendant vingt ans, avaient appris à le respecter non moins qu'à l'aimer : « Voulez-vous une règle qui vous enseigne à ne rien faire contre vostre deuoir ? Ne faites iamais rien contre vostre conscience. La conscience est vn iuge que la nature a assis et installé au milieu de nostre

(1) *Ouverture de la Chambre de justice de Marseille (1597).* — Ailleurs il attribue cette pensée à Eschine , p. 843.

(2) *Ouverture de 1597*, p. 766.

(3) *Ouverture de 1599*, p. 778.

(4) *Ouverture de 1600*, p. 784-785.

cœur, qui, aussitôt que nous auons vn mauuais désir, vne mauuaise pensée, nous reprend et nous condamne (1). »

Tels sont les conseils sur lesquels il aime à revenir ; il y joint des préceptes de détail, toujours dictés par ce pur sentiment du devoir. Il recommande aux avocats d'être brefs dans leurs discours et dans leur intérêt et dans celui « des pauures parties. » Partout il leur prêche le désintéressement ; ils doivent être des instruments de paix et de concorde et chercher plutôt à amortir les passions qu'à les enflammer. Il invite les juges à chercher dans leur raison non moins que dans les textes des codes la véritable équité. Nous avons déjà vu le jurisconsulte s'appuyer sur ces fondements solides dans ses *Arrêts ;* dans ses *Remontrances,* il insiste avec plus de force encore sur la nécessité de ne pas « s'attacher à l'escorce des paroles, pour vser sainement des loix, mais à la raison qui est leur âme (2). » Parfois ces leçons ne sont plus seulement éparses dans un discours ou effleurées en passant, ce sont de vraies dissertations philosophiques sur la nature du droit, sur l'*équité naturelle* et l'*équité civile ;* malheureusement on a toujours à regretter que du Vair ne parle pas assez de lui-même et qu'il fasse parler trop souvent à sa place les sages de l'antiquité.

Parmi les sujets traités par du Vair dans ces occasions solennelles, on a dû remarquer une exhortation adressée à la magistrature et au barreau, d'unir l'éloquence à la conscience et au savoir. Par l'éloquence, il faut entendre ici la dignité et la franchise du langage. Du Vair veut que l'orateur judiciaire contribue par la noblesse de sa parole à la majesté de la justice ; mais surtout il lui recommande de ne parler que pour dire la vérité ; il supplie les avocats de maintenir

(1) *Ouverture de 1615*, p. 891-892.
(2) P. 847.

toujours à l'entrée de leur âme cette sentinelle vénérable
que Dieu y a placée et qu'on appelle la *pudeur*. « Elle ne per-
mettra point, leur dit-il, qu'aucune mauvaise intention y
loge, qu'aucun mensonge sorte de vostre bouche ; elle ne
laissera à la parole que son rôle légitime qui est d'être
l'armure et l'ornement du bon droit, et non le fard trompeur
ou les traits empoisonnés de l'iniquité (1).

Ces règles qu'il traçait aux autres, du Vair avait commencé
par se les imposer lui-même, et il y fut toujours fidèle. Nous
en avons retrouvé l'application dans toute sa conduite, dans
ses livres, dans ses discours, dans les moindres actes de sa
vie publique ou privée, dans ce traité *De la Constance* surtout,
où il s'est mis tout entier avec sa *Sainte Philosophie* et sa
sainte parole. Peut-être a-t-on reconnu les belles et grandes
qualités de son âme dans notre rapide analyse de cet ouvrage, et mieux encore dans les morceaux que nous en
avons cités. Toutefois ce n'était qu'un livre : c'est du fond
de son « estude » que du Vair fit entendre cette parole sage
et pathétique qui alla réchauffer les tièdes, enflammer les
généreux et faire trembler les méchants. Mais c'était une
voix sans nom (2), et puis, quand elle retentit au dehors,
l'orage se calmait un peu, le ciel commençait de s'éclaircir :
c'était peu de temps avant la reddition de Paris.

A l'Hôtel-de-Ville, aux Assemblées de quartier, aux
séances des Etats-Généraux ou du Parlement, c'était bien
autre chose. Là, on était en face de l'ennemi : il fallait une
éloquence toute militante, et munie de bonnes armes. Aussi
du Vair, dans ces occasions, donnait-il un plus libre cours
à sa parole ; sa verve s'échauffait de l'amour du bien public,

(1) *Ouverture de 1602*, p. 807.
(2) Le traité *de la Constance* fut d'abord publié, nous l'avons vu,
sans nom d'auteur.

et il s'y abandonnait volontiers, unissant à un pathétique
bien senti la force irrésistible d'une argumentation appuyée
sur de solides principes, sur des faits bien exposés, et ai-
guisée de traits piquants, dignes de ses amis, les sages et
spirituels railleurs de la *Ménippée*. C'est l'entrain gaulois
modéré par l'étude sévère de l'antiquité, c'est une abondance, un flot de paroles rapide et grossissant, qui rappelle
Rabelais, moins le limon qu'il roule. L'expression est souvent populaire, jamais ou rarement triviale, vaillante et
hardie, jamais cynique. Et puis, vous trouvez dans tous ces
discours animés du souffle puissant de l'époque, des pensées d'une gravité antique, d'une élévation digne du plus
noble esprit, et surtout des plans bien faits et fidèlement
suivis. Du Vair, et c'est une des qualités les plus rares dans
ce siècle, sait faire un tout : il ne perd jamais de vue son
sujet, son objet, ni son but. Ce mérite, que nous avons
trouvé dans ses livres, est encore plus saillant dans ses harangues. Je ne sache pas qu'il se soit égaré une seule fois
dans le développement d'une idée accessoire, comme Simon
Marion, par exemple, « vn des mieux disans du palais, »
qui, dans son IVe plaidoyer, parle longuement des lettres,
de l'imprimerie, de Louis XII, de tout, bien plus que de
l'affaire qu'il plaide.

Par malheur, nous sommes loin d'avoir tous les discours
prononcés par du Vair au milieu des troubles de la Ligue :
il n'en a été conservé que sept. Mais ce peu qui nous reste
donne la meilleure opinion de son talent comme orateur
politique.

On a cité souvent la *Suasion pour la loi salique*; c'est assurément le chef-d'œuvre de 'du Vair (1). Toutefois je ne sais

(1) M. Sapey, *Ouvrage cité*. — Le nouvel historien de Henri IV,
M. Poirson (t. II, p. 685 et suiv.), en donne la plus grande partie, et

s'il n'y a pas une dialectique plus vigoureuse avec non moins d'émotion, dans l'*Exhortation à la paix adressée à ceux de la Ligue*. Ce beau discours, qui n'a pas été reproduit, je ne sais pourquoi, dans la grande édition de 1641, a une vigueur de langage, un peu âpre parfois, mais une telle netteté, une telle énergie, et même çà et là tant de grâce, qu'on est saisi, entraîné et charmé en même temps. Et puis, il y a tant de grandeur, une douleur si profonde dans le double tableau par lequel il commence!...

D'abord, c'est la France, telle qu'elle a été, telle qu'elle pourrait être encore, si l'on voulait, avec son nombre « infini de belles et puissantes villes, de gros bourgs et villages, et surtout son innumérable quantitĕ de chasteaux et belles maisons, riant au milieu d'vne campagne tant belle et bien cultiuée que rien plus ; » ses habitants « de doux et gracieux naturel. › Puis d'autre part, c'est encore la France, mais telle que les guerres civiles l'ont faite, la France bien changée, désolée, ruinée, « la campagne pleurant partout ; › la *pauure France, faisant pitié à ses plus grands ennemis.*

Faut-il rechercher les causes de ces calamités ? faut-il en punir les auteurs ? Les causes, elles sont assez évidentes d'elles-mêmes ; et quant à des vengeances, elles ne serviraient qu'à multiplier les haines, et peut-être à montrer une fois de plus l'impuissance des gens de bien. Cherchons donc plutôt des remèdes à nos maux ; « proposons des loyers à ceux qui en trouveront ; » « quittons tous nos desseins, nos espérances, nos colères, nos vengeances. › Est-il rien de plus touchant et de plus sage que cet appel à l'*oubliance* du

l'apprécie en ces termes : « Parmi les monuments de l'éloquence antique, il n'en est pas beaucoup qui surpassent et effacent cette harangue. » (P 690).

passé, comme dit l'orateur, pour s'unir et guérir en commun les maux présents ?

Mais ce but si désirable, serait-il donc si difficile de l'atteindre ? Au milieu de ces fatales dissensions, n'y a-t-il pas un point sur lequel tout le monde est d'accord ? Tous les partis ne reconnaissent-ils pas qu'il faut à la France un roi, un roi catholique ? Eh bien ! qu'on se réunisse franchement sur ce terrain commun pour chercher avec loyauté et sans arrière-pensée, parmi ceux qui aspirent à ce rang suprême, celui qui en est le plus digne, ou simplement, si l'on veut, celui qui pourrait s'y maintenir.

Du Vair examine successivement les titres de tous les compétiteurs à la couronne : il analyse avec soin leur situation présente et celle qui leur serait faite par la nouvelle dignité, objet de leur ambition, et plus encore de la convoitise de leurs prétendus amis. Le premier candidat est le roi d'Espagne, puis viennent les ducs de Mercœur et de Savoie, un prince lorrain et le duc de Mayenne. L'orateur pèse dans une juste balance leurs droits ou leurs prétentions. Il s'applique surtout à démontrer que cette haute position, entourée de périls, battue d'effroyables tempêtes, ne serait tenable pour aucun d'eux, pas même pour le plus puissant, le roi d'Espagne. Il énumère et décrit toutes les charges qui écrasent le souverain de cet empire colossal ; il expose en détail tous les embarras qui le gênent, le paralysent, et qui deviendraient inextricables, si à toutes ses couronnes il joignait celle de la France, placée sur sa tête ou sur la tête d'un des siens.

Il y a là cinq ou six pages qui sont un véritable chef-d'œuvre de discussion politique, vive, animée, sans verbiage, sans emphase, reposant sur une juste appréciation des faits. Toutes armes y sont employées et à propos, jusqu'à la fine pointe de raillerie, dirigée même contre les plus forts, les Espagnols « qui sont plus deffians que tous les peuples du monde, et ne s'asseurent que de ce qu'ils tiennent ; voire des deux mains. »

Du Vair insiste (et c'est là en effet son meilleur argument) sur la lutte qui ne manquerait pas de s'engager entre le candidat préféré et ses compétiteurs moins heureux. Celui qui réunirait le plus de suffrages, à cause des services qu'il a rendus, est le duc de Mayenne : mais il ne veut pas être roi. Supposons pourtant qu'il se laissât imposer cette charge, voyez ce qui arriverait : « ... Quand M. du Mayne seroit roy d'vn pays ruiné et désolé, qu'il auroit vn fascheux et irréconciliable ennemi parmi toutes ses prouinces, à vostre aduis le duc de Sauoye diffèreroyt-il d'entreprendre sur lui ce qu'il a si hardiment entrepris sur le deffunct roy, lorsque l'Estat estoit entier ? Le roy d'Espagne diffèreroit-il à reprendre ce qu'il prétend appartenir à sa maison, la Bourgongne, la Bretagne, les villes de la rivière de Somme et autres. Ou M. du Mayne les laisseroit faire ou il leur résisteroit : s'il les laissoit faire, que seroit-il sinon qu'vn roy de tragédie, qu'on auroit vestu d'habits empruntez pour l'en despouiller ? S'il veut résister, comment feroit-il la guerre à ses amis et à ses ennemis, veu qu'auiourd'hui auec tous ses amis, il ne fait que se défendre ? Tous les peuples qui crient auiourd'hui après vn roy, pensent que sitost qu'ils l'auront, ils seront en repos, et verront tout le monde lui obéir. Quand ils verront leurs maux croistre, et les succez fascheux, comme vn prince foible, ayant affaire à de forts ennemis, ne les peut guères auoir autres, que diront-ils ? Mais quand M. du Mayne pourroit couler toute sa vie et traîner la guerre avec ceste qualité, que deuiendront ses enfans principalement, s'il les laisse ieunes ? L'élection vne fois faicte rendra le royaume électif à l'aduenir, car il y aura tousiours force princes qui espèreront estre esleus ; et les

peuples penseront, comme c'est leur naturel, mesme (1)
quand ils sentent du mal, que, changeant, ils seront
mieux (2). »

Il serait difficile, je crois, de trouver dans les meilleurs
orateurs un raisonnement plus serré et plus animé en même
temps. Du Vair sait, comme dit Bossuet, *passionner ses arguments pour les inculquer davantage (3).*

Ainsi l'on ne sortirait point des dissensions, des discordes
civiles, continue l'orateur, et de tous les désordres qu'elles
entraînent. N'en a-t-on pas assez souffert? Le peuple sera-t-il
toujours aussi résigné ?

La conclusion de ce sage discours n'est pas difficile à
prévoir. Le roi de Navarre est le seul digne de la couronne
de France, le seul capable de la porter. Il a pour lui les
droits du sang, il est français, et il a au plus haut degré le
caractère français; vaillant et habile à la guerre, nullement
vindicatif; il est décidé à se faire catholique. Que faut-il de
plus? Il peut réunir tous les partis, ou plutôt il leur ôtera
toute raison d'être.

L'orateur termine par une touchante prière : il demande à
Dieu de sauver tous les Français sans exception, et d'inspirer à tous ceux qui ont la confiance de quelque partie de
la nation, la généreuse pensée d'oublier leur intérêt particulier pour diriger ensemble leurs efforts vers le bien
général.

Ce discours, comme tous ceux de du Vair, me semble avoir
une importance historique qu'il est bien étrange qu'on ait
méconnue jusqu'ici (4). Ils abondent tous en renseignements.

(1) *Maxime*, principalement.
(2) P. 49, édit. 1621.
(3) Bossuet, *Logique*, liv. II, ch. I.
(4) L'orateur nous apprend lui-même qu'il les avait conservés comme

curieux sur l'état des esprits, sur la situation et la force des partis, sur leurs moyens d'action. On y trouve des portraits fidèlement tracés, des tableaux peints d'après nature et de main de maître. J'ai indiqué quelques-uns de ces morceaux intéressants. Il y aurait à faire sur ce sujet une curieuse étude ; mais elle demanderait d'assez longs développements, et, le cadre de cette dissertation pouvant déjà paraître trop vaste, j'ai dû renoncer à l'élargir encore.

Telle est l'éloquence de du Vair : il semble qu'elle justifie l'admiration de ses contemporains. En le comparant à ses prédécesseurs et à ceux de son temps, personne ne dut songer à contester ces assertions d'un de ses panégyristes (1) :

documents historiques. « Il a creu que beaucoup de choses qui y sont remarquées *selon le vérité* des sauuages éuénements qui ont paru sur ce théâtre de confusion, produit par nostre guerre ciuile, *pourroient aider ceux qui par vne fidelle histoire en voudront laisser la mémoire à la postérité...* » Edit. de 1621, in-8º, p. 156 ; — in-fº, 1641, p. 638, note en tête du *Sommaire des Harangues faictes en Parlement, le 15 juin 1586.*

(1) Le docteur Molinier, *Discours funèbre sur la mort de Monseigneur du Vair, éuesque de Lisieux et garde des sceaux de France,* Paris, Guillaume Loyson, sans date, p. 42-45. — Pour l'opinion des contemporains, V. E. Pasquier, *Lettre* au libraire Langelier, xv, 10. — Brantôme, *Vies des Grands Capitaines,* François Iᵉʳ. — Richelieu, *Mémoires,* ii, p. 145. — Scipion Dupleix, *Histoire de Louis XIII,* p. 181. — *Inventaire* de de Serres, in-fº, p. 996. — Legrain, *Décade de Louis XIII.* — Mathieu, *Histoire de Louis XIII,* p. 163-164, in-fº, M D XXXI. — Gabriel Guéret, ouvrage cité, p. 159. — Cf. Perrault, *Hommes illustres,* 1698, p. 97-98, etc. — V. aussi D. Petau, dédicace du *Breviar. s. Nicephori,* p. 5-6. — Abel de Sainte-Marthe, *Eleg. lib.,* p. 171 ; *Epigramm.,* lib. i, Paris, 1632. — Balthazar de Vias, *Icon Regis christianiss. Sylv.* v, p. 178 et 197. — Gramond, *Histor. gallic.,* ii, 18 ; ix, p. 424 ; Id., *Histor. rebellionis prostrat.,* p. 293. — Buccard, *Elogium funebr. Peireskii.* — *Gallia christian.,* t. xi, p. 806. — Cf. Claude Robert, *Gaule chrétienne.*

« La France auoit des illustrations dans tous les genres :
il ne lui manquoit qu'vn orateur... quand voici paroistre ce
grand esprit, orné par la nature de toutes les qualités
requises pour former *l'homme éloquent...* enrichy des thrésors
des sciences, ayant conuerty en son propre suc le meilleur
de la substance des autheurs anciens. '

« Non qu'il ne s'en trouue quelques-vns, quoyqu'en petit
nombre qui parlent et escriuent auec grâce, élégance,
pureté, ornement, mais celuy qu'on appelle orateur respire
ie ne sçay quoy de plus fort, de plus masle et de plus
vigoureux que la France n'a pu voir encore, au iugement
de tous les gens bien entendus, sinon ès harangues et liures
de son du Vair. »

CHAPITRE V.

STYLE ET LANGUE DE DU VAIR.

§ Ier. — Style de du Vair. — Qualités nouvelles qu'il introduit dans la prose française. — Comment il l'emporte sur celui des plus illustres écrivains du temps. — Influence des hommes d'Etat sur la langue et sur le style. — Caractère pratique. — Richelieu aux Etats de 1614. — Un discours de A. de Harlay. — Des principes de du Vair en matière de style. — Histoire de son style. — Sa première manière ; qualités et défauts. — Influence de son séjour en Provence ; sa deuxième manière ; abus des métaphores ; *Gongorisme et Marinisme.* — Qualités : grandeur, noblesse, harmonie. — Citations. — Comparé avec Malherbe.

Du Vair ne charma pas moins ses contemporains par la beauté de son style que par la sagesse et l'élévation de ses pensées, et, longtemps après sa mort, ses écrits fournissaient d'excellentes pages aux Recueils de morceaux choisis ou, pour parler le langage de l'époque, de *belles fleurs aux bouquets cueillis dans les jardins de la littérature (1).* Ce qui ravissait les lecteurs de du Vair et ses auditeurs, c'étaient les vives couleurs de son style, ses riches figures, la no-

(1) François de Neufchâteau cite un ouvrage intitulé : *Le Bouquet des plus belles fleurs de l'Eloquence, cueilli dans les jardins des sieurs Duperron, Coëffeteau, du Vair, Bertaud, Malherbe.* — (Etude sur les Prosateurs français, en tête des Provinciales.)

blesse soutenue de son langage, un air de grandeur auquel on n'était pas habitué, et que les préceptes et les exemples des poètes de la Pléiade faisaient désirer pour notre prose. Ces charmantes qualités, qui par leur excès devenaient de *charmants défauts*, ne s'étaient pas encore montrées ainsi réunies. Voyez les meilleurs écrivains de cette époque : Estienne Pasquier est resté fidèle aux errements du vieux français ; il est de la famille de Rabelais, de Montaigne et d'Amyot. Duperron, qui peut compter parmi les novateurs, a de la netteté et de la noblessse, mais il est ordinairement sec, et, quand il vise à l'esprit, il tombe aisément dans la bizarrerie (1). D'Urfé est abondant, mais souvent diffus et embarrassé dans les mouvements de son style ; noble et gracieux, mais trop constamment poétique ; et puis, il *traite* un peu *la langue en grand seigneur*, faisant bon marché de lois qui ne lui semblent pas faites pour lui (2). Dans les livres

(1) V. la *Harangue au Tiers-Estat* sur le serment de fidélité dû au roi par tous ses sujets (1614), et notamment ce passage : « Le serment est comme le monstre d'Horace, qui a la teste d'une belle femme, c'est-à-dire le prétexte du seruice et de la seureté du roy : mais il a la qucue d'vn poisson, c'est-à-dire la queue d'vn schisme ; et à la vérité, il peut bien estre dit auoir vne queue de poisson, puisqu'il est venu par mer et à nage d'Angleterre. » P. 641.

(2) V. t. 1, première partie, liv. 1, p. 23. « Regarde, Tircis, regarde, idolastre des morts et ennemy des viuants, quelle est la perfection de mon amitié, et apprens quelques fois, apprens à aymer les personnes qui viuent, et non pas celles qui sont mortes, qu'il faut laisser en repos, après le dernier adieu, et non pas en troubler les cendres bienheureuses par des larmes inutiles ; et prens garde, si tu continues, de n'attirer sur toy la vengeance de ta cruauté et de ton iniustice. » Il y a beaucoup de phrases de ce genre dans l'*Astrée*. D'Urfé ne sait pas bien détacher les idées principales des idées acces-cessoires. — « A peine le soleil commençoit de dorer le sommet des montagnes d'Issoire et de Marcilly... » C'est le ton habituel de d'Urfé. — Incorrections de langage : « Vne voix qui sembloit *de* s'approcher

innombrables du trop fécond Camus, tous ces défauts sont encore plus marqués, et pourtant quelques-uns sont contemporains de nos premiers chefs-d'œuvre en prose. Des phrases interminables vous font passer souvent du ton le plus élevé à une familiarité extrême, et les figures y sont en même temps ambitieuses et triviales. Et puis, que de détails inutiles ! que de négligences ! et ordinairement, quelle disproportion entre l'idée et la forme dont il la revêt (1) !

Ce rapport de la pensée et du style est plus complet chez

d'eux... » — « Ne faut-il plus tost le nommer vn fol qui croit *de bien aimer ?...* » — « Il arrive comme à ceux *qui s'estans fouruoyés, plus ils marchent,* plus ils s'esloignent de leur chemin. » — « A ce mot Galathée luy donna vne lettre qui estoit vn peu mouillée *pour seicher* au feu. » — « Je le *patienterais.* » — « Croyez, Silvie, *que* si vostre amitié pour moy vous laisse assez de dissimulation pour vous couurir à moi, *qu'elle* me donne bien assez de curiosité pour vous descouurir. »

(1) V. surtout le début de la *Pieuse Iullie*, in-8°, 1641 : « La nuict estoit au milieu de son cours, et le soleil estant au plus haut point de l'autre hémisphère, emplissoit les Antipodes de la *splendeur* et de la *clarté* de son midy, rendant le nostre par l'ombre de la terre obscurcy de noires ténèbres, qui releuoient dauantage le brillement des astres, si bien que les estoilles estincelantes dedans le ciel paroissoient autant de flambeaux allumez sous vne sombre courtine. L'air estoit tellement net et balayé de nuages qu'il sembloit que la nuict toute couronnée de brillans et couuerte d'vn manteau d'azur tout parsemé de pierreries, voulut disputer la prééminence auec le iour, et rendre ses obscuritez égalés en beauté à la lumière. Certes quoyque les meschans cherchent ce noir rideau pour mettre à couuert leurs fraudes, leur des-honnestetés et leurs tromperies, si est-ce que l'on peut dire que la nuict a ses yeux, ou s'il est permis de parler ainsi, *a des fenestres treillissées de ialousies, à trauers desquelles* le grand œil de celui qui est appelé Dieu par les Grecs d'vn certain nom qui le déclare tout voyant, voit tous les forfaits de ceux qui le pensent autant aueugle à apperceuoir leurs iniquitez, comme ils sont eux-mesmes aueuglez par leur propre malice. »

saint François de Sales : du Vair l'a rencontré presque partout au même degré ; il a en outre plus d'ampleur et plus d'harmonie, et la grâce ne lui manque pas plus qu'à l'auteur de *Philothée* : nous en avons cité des traits charmants. Assurément, les figures, chez lui, sont encore un peu forcées ; elles dépassent le vrai ; les tons, principalement dans ses premiers ouvrages, sont trop crus, et les lignes secondaires, incertaines, flottantes ; mais les grands traits sont vigoureux et bien placés ; le dessin général ne manque pas de correction. Si l'imagination se donne encore trop libre carrière dans le style de du Vair, on y reconnaît aussi la touche d'un esprit sévère, habitué à l'examen des faits, à l'appréciation des choses, les qualités qui distinguent le langage des hommes d'affaires. Ce sont eux, en effet, les hommes pratiques, les Jeannin, les d'Ossat, les Richelieu, qui, à cette époque, ont le plus contribué à maintenir la langue française dans ses habitudes de clarté et de netteté. Tandis que l'afféterie italienne et l'enflure espagnole, sous le patronage de la mode, toujours si puissante chez nous, livraient de dangereux assauts au bon sens national, ils s'en faisaient, dans leur parole comme dans leur conduite, les perpétuels défenseurs, ne cédant jamais ou presque jamais au goût passager du moment. Voyez le discours de Richelieu aux Etats de 1614. Le début un peu solennel et rappelant des souvenirs antiques, sent encore la pompe et l'étalage d'érudition alors en vogue. L'orateur a peine à se tirer de sa comparaison des États généraux avec les Saturnales (1) ; mais, une fois qu'il a secoué ce bagage embarrassant d'érudition, comme il a hâte d'en venir *aux choses, aux pensées, aux raisons,* selon l'expression de Buffon, à la réalité, en un mot!

(1) *Harangue pour la présentation des cahiers, ou clôture de l'Assemblée des Estats,* prononcée par l'évesque de Luçon, orateur du clergé. — *Mémoires,* pièces justificatives, p. 584.

Voyez au contraire le discours prononcé par le premier président Achille de Harlay, quelques jours après l'assassinat de Henri IV, dans une assemblée où se trouvaient le roi et la reine-mère, et où l'on devait délibérer sur la situation du royaume. Certes, les circonstances étaient graves, et il n'y avait pas de grands efforts à faire pour parler convenablement : les choses parlaient assez d'elles-mêmes. Pourtant l'orateur, habitué au pompeux appareil d'éloquence alors en usage au Parlement, s'occupe moins de ce qu'il doit dire que de la manière de le dire ; et dès-lors, comme il arrive toujours en pareil cas, il dit mal. Il se perd dans de longues phrases sans fin, où les idées principales sont morcelées et confondues dans une foule de détails accessoires. Les propositions s'entassent, s'enchevêtrent, s'emmêlent ; les souvenirs mythologiques s'allient à des traits empruntés à l'Écriture-Sainte ; « le grand Esculape, réunissant les parts dispersées de son Hippolyte, » Paris faisant songer à Noémy qui ne veut plus qu'on la nomme *la belle,* paraissent tour à tour dans l'exorde ; partout les figures les plus diverses se succèdent ou se croisent. Ce sont d'inextricables broussailles qui ont la prétention de porter des fleurs, et qui les portent le plus gauchement du monde, car ce sont des fleurs d'emprunt (1).

Du Vair, dans sa première manière. c'est-à-dire avant son séjour en Provence, avait souvent ce langage touffu : seulement, chez lui, c'était naturel, sans prétention ; il détestait dès-lors les ornements ambitieux, les phrases savamment

_____

(1) *Trésor des Harangues,* p. L. Gilbault, advocat à la Cour du Parlement de Paris, in-4°, 1640 — Comparez à ce morceau le tableau du règne de Henri IV, par du Vair, in-f°, p. 854-855. Sauf quelques mots et quelques tours un peu vieillis, on le dirait écrit d'hier ; il rappelle certains passages de l'oraison funèbre de Condé, par Bossuet.

tourmentées que les Anciens, ses maîtres, avaient su si bien éviter. « Certainement, dit-il, dans son *Éloquence françoise*, s'il y a vn endroit où ceux de nostre aage ayent besoin de leur exemple, comme d'une iuste reigle, pour redresser une affection intempérée et inconsidérée, c'est en l'vsage des mots empruntez. Car, pour ce qu'ils voyent qu'ils apportent quelque enrichissement à l'oraison, ils en vsent si desbordément la pluspart, et auec si peu de iugement, qu'il leur semble que c'est vice, ou au moins pauureté de langage, d'vser des mots propres à signifier quelque chose. Quelques-vns mesmes affectent d'en trouver que l'on n'entende point, et pensent que c'est estre éloquent, quand ce qu'ils disent a besoin d'estre interpreté (1). »

Ces défauts, du Vair, en les reprochant aux autres, avait su s'en garder lui-même : on peut blâmer en lui un peu d'exubérance, jamais de confusion. D'habitude, les idées principales se dessinent nettement dans ses phrases, entraînant et dominant les idées accessoires, et, suivant la règle qu'il trace lui-même, il apporte un soin particulier « à la composition et structure des clauses; il en *distingue tellement les membres qu'il n'y a rien d'obscur, rien qui ne se suiue bien (2).* » Plus tard, il donna à la construction de ses phrases plus de netteté, plus de précision, et l'on peut croire que la société de Malherbe ne contribua pas peu à former sa prose à cette discipline sévère. Il quitta aussi ce qu'il avait gardé de la rudesse gauloise, dont les traces, trop fréquentes dans ses premiers écrits, choquaient la délicatesse du XVIIe siècle. Sans affirmer avec un historien provençal, que dès-lors *il ne fila que soye et or de sa langue (3)*, on doit reconnaître qu'il y a

(1) P. 363, in-8°.
(2) P. 365.
(3) César Nostradamus, *Histoire de Provence*, p. 1011.

du vrai dans cet éloge si bizarrement exprimé. Du Vair, dès son arrivée en Provence, observa plus rigoureusement cette parfaite décence d'expression, qui, sous le nom de noblesse, ne tarda pas à être regardée comme une des qualités essentielles du style. Il n'eût plus osé représenter l'esprit de perdition *s'élançant dans l'âme entr'ouverte par l'intermission de la prière pour la fourrager, pour y houspiller la chasteté, y deschirer la continence, y terrasser la modestie (1)*. La femme de Job, « *agaçant*, harcelant, *picotant* » le saint homme, lui aurait semblé un tableau trop petit pour un tel sujet. Enfin, il avait proscrit les mots trop populaires (2) et tous ces termes qui ne répugnaient point à nos vieux auteurs, et auxquels pensait Boileau, en écrivant ces vers :

> Le latin, dans les mots, brave l'honnêteté ;
> Mais le lecteur français veut être respecté :
> Du moindre sens impur la liberté l'outrage,
> Si la pudeur des mots n'en adoucit l'image.

Son langage ainsi devint de moins en moins familier, moins libre d'allure et de gestes, moins hérissé, moins chargé de couleur. La grandeur, la solennité y dominèrent davantage : aussi bien du Vair avait toujours eu du goût pour la pompe du costume. Mais les métaphores, toujours aussi abondantes furent plus relevées ; il mit plus de cérémonie dans son style ; en retour, il perdit quelque chose de sa verve originale. Sans être plus solide, il fut moins aisé, moins vif, peut-être aussi moins agréable, avec la prétention de l'être beaucoup plus, et, pour le juger, en lui appliquant ses propres doctrines, il fut plus Cicéronien, et s'éloigna davantage de la manière simple et forte de Démos-

(1) De la prière, p. 1070.
(2) Tels que *mitan* pour milieu, *rique à rique* pour dire exactement (p. 1386), etc.

thène, bien qu'elle lui eût semblé auparavant « plus commode et proportionnée à nos mœurs et à nos oreilles (1). »

Mais le plus regrettable, c'est que, malgré son aversion bien marquée pour l'affectation et l'emphase, il se laissa aller de bonne heure à parler le jargon prétentieux de l'Italie et de l'Espagne, et subit volontiers la double influence, alors dominante dans le midi, de Marini et de Gongora. Il sembla avoir hâte de rejeter ses excellentes idées sur l'emploi des métaphores (2), sur le coloris du style « qui doit estre comme le teint en vn corps naturel (3), » sur ce rapport exact entre l'idée et l'expression, qu'il avait tant recommandé. Dès le premier discours qu'il prononça à Marseille, à l'ouverture de la Chambre de justice, il s'appliqua à vêtir et à parer son éloquence à la mode du pays (4) et fut fort goûté des auditeurs provençaux. « Le président du Vair, dit l'un d'eux, commença de donner vent à sa voix et à vne remonstrance très excellente... entamée et suiuie et close auec un si bel et net ordre, vn artifice tant exquis, vn discours du tout excellent, si délicatement tissu, et tant élégamment prononcé que les escoutans furent plustot veus sembler des corps insensibles et des statues muettes que des hommes raisonnables, doüés de sentiment et de vie, tant ils estoient attachés à la douce harmonie de sa parole et rauis en admiration, sur l'extase de laquelle, après que ce grand homme eut ainsi passé de bien loin tout ce que la renommée chantoit de luy, etc. (5). »

L'éloge est du même genre que le discours ; mais il est juste de le reconnaître, le discours n'est pas encore d'aussi

(1) *Eloquence françoise*, p. 366.
(2) *Ibid.*, p. 363. V. plus haut.
(3) *Ibid.*
(4) *OEuvres*, in-8°, p. 234.
(5) César Nostradamus. *Ouvrage cité.*

mauvais goût que l'éloge. Du Vair prit bien les défauts si généralement répandus dans le pays qu'il était venu habiter, mais jamais il ne perdit complètement les excellentes qualités qui l'avaient placé à un rang si élevé parmi les écrivains de son siècle. *Semper oratorum eloquentiæ moderatrix fuit auditorum prudentia*, dit Cicéron (1) : faut-il s'étonner que du Vair ait subi cette influence et peut-être même s'y soit abandonné un peu, quand on voit Malherbe, qui n'était pas obligé comme lui de plaire à ce même public, ne pouvoir s'en défendre et traduire en rimes quintessenciées les *concetti* que l'orateur empruntait aux Italiens pour complimenter une reine italienne :

> Belle merueille d'Hétrurie,
> Qui fais confesser au soleil,
> Quoy que l'âge passé raconte,
> Que du ciel, depuis qu'il y monte,
> Ne vint iamais rien de pareil (2).

Du Vair avait dit : « Si à son orient, Votre Majesté nous a esblouy les yeux des premiers rayons de sa présence, nous aurions à douter (craindre), maintenant qu'elle est plus esleuée sur nostre horizon, et paroist plus à son iour, qu'elle ne nous esteignit du tout la veuë, si nous la tenions plus longtemps fichée sur sa pleine et plus brillante clarté (3). »

---

(1) *Orator*, viii. — Du Vair avait admis cette maxime en la modifiant ainsi : « La dignité et qualité de ceux qui escoutent, régit et gouuerne la langue de l'orateur, lui apprend ceste décence, qui est la plus grande et difficile partie de l'oraison. » *Eloquence françoise*, p. 358.

(2) Œuvres de Malherbe, in-4°, 1638, p. 68.

(3) Discours à la reine, à son arrivée à Marseille, novembre 1600, p. 145. — Ce discours parut si beau que Palma Cayet l'inséra tout entier dans sa *Chronologie septennaire* (p. 290-291, édit. du *Panthéon littéraire*), avec quelques variantes toutefois, et qu'il y ajouta cette

Dans le compliment qu'il adressa quelques jours après à la même princesse entrant à Aix, le même orateur compara son langage indigne de célébrer le *los* de la reine à une machine trop faible pour élever une pyramide sur son *pied-droit*. Malherbe, comme pour rivaliser avec cette métaphore bizarrement technique, écrivit dans la même ode :

> Nos doutes se vont esclaircir,
> Et mentiront les prophéties
> De tous ces visages pallis
> Dont le vain estude s'applique
> A chercher l'*an climatérique*
> De l'éternelle fleur de lys.

C'était encore du Ronsardisme : le chef de la Pléiade avait recommandé « de n'oublier les noms propres des outils de tous mestiers, » et de « chercher des comparaisons des artisans de fer et des veneurs, pescheurs, architectes, massons, et brief, de tous mestiers dont la nature honore les hommes (1). »

Malherbe, non plus que du Vair, ne se débarrassa jamais tout-à-fait de cet accoûtrement bizarre, exagération espagnole, clinquant italien, métaphores étranges, forcées, formant des images disgracieuses ; et, si du Vair, en 1620, disait encore au Parlement de Bordeaux : « Le roy désire que les rayons de splendeur et d'authorité dont vous estes illustrez en son absence, se réunissant par sa présence au corps d'où ils partent, vous esclairent d'vne si pleine et entière lumière que la réflexion en puisse estre plus salutaire à ses sujets ; » Malherbe, neuf ans plus tard, écrivait au duc de Luynes, en lui dédiant sa traduction de XXXIIIe livre de

note : « Le sieur du Vair prononça cette harangue auec tant de grâce et excellence que si les plus beaux traits de l'éloquence sont jugés par les auditeurs, la sienne est hors de toute comparaison. »

(1) Préface de la *Franciade*, in-12, 1586, p. 25, 19.

Tite-Live : « Qu'est-ce que ie fais, Monseigneur, et à quoy est-ce que ie pense? le parle à vous et ne parle point du roy! le parle de chasser nos ténèbres et ne songe point à nostre soleil (1)! » L'année suivante, il disait en parlant du cardinal de Richelieu : « Pour ce qui est de l'intérest, il n'en cognoist point d'autre que celuy du public; il s'y restreint *comme dans vne ligne escliptique*, et ses pas ne sçauent pas d'autre chemin (2). » Nous ne sommes pas loin, on le voit, de Balzac et de Voiture : le genre marinesque, le cultisme et l'euphuïsme vont bientôt trouver un sanctuaire à l'hôtel de Rambouillet; le vieux Malherbe, l'ami et l'imitateur de du Vair, se laissera enrôler, en grondant, sous le nom de *Madare*, parmi les premiers adeptes. Toutefois la mode ne leur arracha à l'un et à l'autre que de rares concessions. Les *Lettres* et les *Mémoires* du président de Provence et du garde des sceaux n'offrent presque aucune trace des défauts en vogue; et si ses discours d'apparat font trop de sacrifices au goût du jour, il ne faut pas oublier que tous ceux qui nous ont été conservés, ont été, à l'exception d'un seul, prononcés dans des pays voisins de l'Italie ou de l'Espagne.

En somme, du Vair, par son style comme par ses idées, marque un progrès. Ecrivain de la fin du XVIe siècle, si par sa première manière il se rattache davantage à Rabelais, à Amyot, à Montaigne, aux vieux prosateurs gaulois, mais en montrant déjà assez souvent des qualités trop rares chez eux, la noblesse, la grandeur, la régularité, la correction dans les lignes, la délicatesse dans les couleurs, l'harmonie entre les unes et les autres; écrivain de la première moitié du XVIIe siècle, il a une seconde manière, dans laquelle ces dernières qualités se développent de plus en plus, sans lui

____

(1) Edit. Chapelain, in-4°, 1629, p. 372.
(2) *Lettres*, même édition, liv. II, 18.

ôter tout-à-fait ce qui caractérise ses plus anciens ouvrages : il mène ainsi à Balzac, à Descartes, à leurs illustres successeurs. L'abbé Maury ne lui rend donc justice qu'à moitié en le nommant à côté d'Amyot et de Montaigne (1) : c'est une place glorieuse, mais n'y voyons pas du Vair tout entier.

§ II. — De la langue française dans les ouvrages de du Vair. — Admiration des contemporains ; témoignages. — Défauts que lui reproche l'époque suivante : *archaïsme et néologisme.* — Travail de la langue française au commencement du xviie siècle. — De quelques règles de syntaxe. — Révolutions des langues. — Théories du xvie siècle ; Ronsard, Dubellay, Amyot, etc. — Double origine des mots ; leur introduction ou leur maintien dans la langue. — Impuissance des grammairiens ; omnipotence de l'usage. — De la langue de du Vair ; examen de quelques termes qu'on lui a reprochés. — Des acquisitions qu'il a faites. — Vocabulaire.

La langue de du Vair a donné lieu aux appréciations les plus contradictoires. Le président Gramond en fait le plus grand éloge : « *Locutionem Gallicam aut restituit decori suo, aut decorem primus in eam invexit;* il rendit à la langue française sa beauté première, ou plutôt il lui donna une beauté inconnue jusqu'alors. » C'est presque le jugement de Boileau sur Malherbe :

> Par ce sage écrivain la langue réparée
> N'offrit plus rien de rude à l'oreille épurée.

Et cette opinion fut si généralement admise par les contemporains ; elle parut d'une vérité si évidente que le contraire semblait absurde. Dans une pièce de vers assez

(1) *Essai sur l'Eloquence de la Chaire.* xvii.

bizarre, datée de 1620, intitulée les *Contre-Véritez*, et commençant par ce quatrain :

> Absent de ma Philis, toute chose me fasche ;
> Mes biens sont sans plaisir et mes maux sans relasche :
> Mes sens n'ont plus de sens, et priuez de discours
> Me font voir leurs objets quasi tout à rebours...

on lit :

> *Le président du Vair est marchand de pourceaux ;*
> Vautray est chancelier, Marais garde des sceaux, etc.

ce qui signifie, je crois, que le président du Vair est, par la dignité de sa conduite et la noblesse de son langage, l'opposé de la qualification qui lui est donnée dans ces *contre-vérités*.

Toutefois, ce langage, considéré par quelques-uns comme un modèle achevé de pureté et d'élégance (1), ne tarda pas de paraître bien imparfait aux détracteurs un peu outrés du XVIe siècle et de tout ce qu'il avait produit. Balzac, malgré l'estime qu'il avait pour du Vair, dont il avait adopté les idées sur la trop grande bassesse de notre éloquence (2), fit cause commune avec les détracteurs de sa langue contre ceux qui persistaient à l'admirer. « Quoy que die nostre vieux ***, auec lequel vous passez de si bonnes heures depuis que vous estes à Paris, ni M. Duplessis, ni M. du Vair ne sont pas des autheurs fort *réguliers*. *C'est vn vice de leur siècle* et non pas le leur ; car d'ailleurs ils valent infiniment l'un et l'autre. Sans les chicaner, on peut les reprendre en vne infinité d'en-

---

(1) A. Loysel, *Dialogue des Aduocats :* « Il parle et écrit si *nettement* en françois que nous n'auons poinct de liures composés en nostre langue qui soyent estimez à l'esgal des siens. » P. 113.

(2) François de Neufchâteau, *Etude sur les prosateurs français*, en tête des *Provinciales*, p. 181. — Cf. Hallam, *Histoire de la littérature de l'Europe pendant les* XVe, XVIe *et* XVIIe *siècles*, trad. d'Alp. Borghers, t. III, p. 157. — Bouterweck, ouvrage cité plus haut, p. 4.

droits, *soit pour les mots, soit pour les locutions;* et i'ay veu vn grammairien de la cour qui disoit de leurs liures ce que les Romains disoient de l'Afriqúe, que c'estoit pour luy vne moisson de triomphes (1). »

Ch. Sorel, qui fut, comme Balzac, un des jeunes contemporains de du Vair, limite un peu ce reproche d'irrégularité. « Messire du Vair, dit-il, travaillant sur des matières philosophiques, eut esgard principalement à la force du discours, mais on a iugé qu'il auoit encore des termes trop antiques (2). » Vaugelas, de son côté, l'accuse d'abuser du néologisme et parle du *mauvais succès* qu'ont eu « *tous* les mots inventez par lui pour enrichir nostre langue (3). »

Enfin Lamothe le Vayer cherche à justifier cette double sentence par des exemples. « Si cet ouurage, dit-il en parlant de l'*Eloquence françoise*, se pouuoit lire sans ces rudes paroles d'*empirance*, de *vénusté*, d'*orer* pour *haranguer*, de *los* pour *louange*, de *contemnement*, de *fleurs suaues*, d'*esprits tarez*, et sans quelques autres dictions aussi fascheuses, qui doute que ce *bel escrit* ne parut sans comparaison plus agréable, méritant d'ailleurs beaucoup de recommandation (4). »

Dès-lors le jugement parut rendu en dernier ressort et sans appel : on se contenta depuis de le reproduire sans presque y rien changer. Seulement, quelques-uns des mots cités comme néologismes ou archaïsmes é ant entrés ou rentrés dans la langue usuelle, on les a remplacés par d'autres et les nouveaux choix n'ont guère été plus heureux.

Revenons au jugement de Balzac, puisque aussi bien tous

(1) *Entretiens,* iv. Dissertation critique à M***, ch. iv. — Paris, Aug. Courbé, p. 123-124, 1657, in-4°.
(2) *Bibliothèque française,* p. 258. Paris, 1667.
(3) *Remarques sur la langue française.* Paris, 1678, in-12, p. 455.
(4) *Considérations sur l'Eloquence françoise,* p. 18-19, in-f°.

les autres n'en sont que la reproduction plus ou moins al-
térée. Le reproche d'irrégularité qu'il fait à du Vair, porte
sur deux points : les mots et les locutions, le choix des
termes et leur assemblage : c'est toute la langue. Mais ces
deux griefs pourront toujours être ceux des derniers venus
à l'égard de leurs devanciers, puisque les langues sont dans
un perpétuel état de changement, *ut silvæ foliis pronos mu-
tantur in annos.* Pour que de telles accusations soient fondées,
on doit établir d'abord qu'il y a eu infidélité au génie de la
langue, violation flagrante de ses lois fondamentales, ou
tout au moins mouvement rétrograde dans la voie des amé-
liorations. C'est ce qu'on n'a pas fait, c'est ce qu'on n'aurait
pu faire à l'égard de du Vair.

Si l'on considère l'art de grouper les mots pour former
des locutions, pour construire des propositions ou des
phrases, pour arranger des périodes, on voit que la langue
française, en se perfectionnant, s'est attachée toujours
davantage à l'ordre logique, à l'enchaînement naturel des
idées et à la netteté d'expression qui en résulte. L'enche-
vêtrement des propositions, pour lier le discours par les
mots, et tous ces agencements si compliqués qu'admettaient
volontiers le grec et le latin, et dans lesquels, grâce aux
déclinaisons, le rapport des mots est facile à saisir, sont
devenus de plus en plus incompatibles avec son génie. Il
serait aisé de suivre les progrès continus qu'elle a faits dans
ce sens ; sa tendance constante à simplifier la phrase, les
efforts de nos meilleurs écrivains, particulièrement de nos
prosateurs, pour donner au développement de l'idée plus
de précision, de « *dilucidité,* » comme dit du Vair, en distin-
guant avec soin l'objet principal de la pensée des détails
accessoires.

Ce travail « d'alignement » et de « polissure, » pour parler
encore comme lui, se poursuivait activement au commen-

cement du XVIIe siècle. On cherchait le meilleur emploi des prépositions, des conjonctions, des pronoms relatifs : Malherbe fut grandement loué, dans son temps, pour avoir trouvé *le bon usage des particules* et la juste mesure des périodes (1) ; et Boileau, ratifiant plus tard ces éloges contemporains, proposa comme un modèle parfait ce langage *si clair et d'un tour si heureux.* Le poète grammairien, qui pensait que sa traduction de XXXIIIe livre de Tite-Live, pouvait tenir lieu de toutes les grammaires (2), fut le Richelieu de notre langue et de notre littérature : il parlait en maître ; mais, comme ses préceptes étaient sages et qu'il était le premier à s'y soumettre, ses préceptes, malgré quelques récriminations plus spirituelles que fondées (3), sont devenus des lois.

Avant lui ce mouvement était commencé. Ronsard, dont la langue a été si sévèrement jugée et qui met dans sa prose une netteté et une vigueur étonnantes, avait donné d'excellentes règles, entre autres, celles de « n'oublier *jamais* les articles et les pronoms primitifs, comme je, tu, etc. (4), » et « de ne point transposer les paroles, ni dans la prose ni dans les vers (5). » Il avait (l'aurait-on cru ?) devancé Vaugelas qui, malgré son étroit purisme, adoucit la rigueur de la première de ces lois (6).

Du Vair, loin de contrarier ces progrès, y contribua de

<hr>

(1) Ch. Sorel, cité par Baillet, *Jugement des savants,* 944. — Cf. Godeau, *Discours sur les Œuvres de Malherbe.*

(2) V. Baillet, *ibid.*

(3) Balzac, le *Socrate chrestien,* disc. X, p. 267-268. — Régnier, *le Critique outré,* sat. IX.

(4) *Abrégé de l'art poétique* à Alph. d'Elbène, etc. Paris, 1565, in-4°, f° 10, A.

(5) Préface de la *Franciade,* p. 18.

(6) *Remarques,* p. 171.

toutes ses forces par ses recommandations et par ses exemples. Il ne se permet jamais d'inversion, et, si ses phrases sont encore un peu longues, surtout dans sa traduction de la *Milonienne*, où il s'attache trop aux pas de Cicéron, il s'en faut qu'elles marchent avec les *traînées de paroles* si fréquentes chez ses devanciers et même chez la plupart de ses contemporains (1).

Quant aux règles de détails, il lui arrive plus souvent de supprimer les articles, les prépositions et les pronoms personnels, quand ils viennent d'être placés devant un mot qui se trouve sous la même dépendance que celui devant lequel il les sous-entend. Ainsi il dit : « la saincte iouissance

______

(1) Voici une phrase de sa traduction du discours pour Milon : « *Que si* ie pensois *que* ces forces-ci fussent contraires à Milon, ie céderois au temps, Messieurs, et ne croirois pas *qu'vn* orateur put trouuer place parmi la force et les armes : mais ie me console et reconforte sur la preud'hommie de ce iuste et sage Pompée, *qui* sçait assez *que* ce seroit chose indigne de sa iustice d'exposer à la violence des soldats celui *qu'il* a soubmis à la sentence des iuges ; et indigne de sa prudence d'armer de l'authorité publique la témérité d'vne trouppe de mutins. » Cette phrase est une des plus mauvaises de du Vair : comparez-là avec le passage correspondant de la traduction attribuée à Amyot (De Blignières, *Essai sur Amyot,* p. 764 et suiv.) : « *Que si* ie pensois *que* tous ces gens *que* ie vois, *qui* sont en armes, en voulussent à Millon, et eussent enuye de s'opposer à sa iustification, ie me retirerois de bonne heure, Messieurs, m'asseurant *qu'*aussy bien mon éloquence ne pourra pas faire grand effect parmy la confusion, le tumulte et le bruit des armes : mais ie reprend quelque peu de courage, *quand* ie considère le iugement et le bon naturel de Pompée *qui* ne penseroit pas se gouverner en homme *qui* aime sa réputation, *s'il* abandonnoit à la mercy des soldats quelqu'vn *qu'*il auroit desià consigné entre les mains de la iustice, et *s'il* permettoit *que* l'insolence d'vne trouppe de personnes séditieuses fust appuyée sur le consentement et sur l'authorité publicque. » Il y a dans cette phrase *douze* propositions incidentes, sans compter une foule de mots inutiles ; il y en a moitié moins dans celle de du Vair.

de toutes *les bontez et beautez* du monde. » — « Nous ne pouuons empescher que *la malice et meschanceté* ne s'empare de l'éloquence, etc.. » Mais la règle établie par Ronsard n'était pas encore généralement adoptée du temps de Vaugelas, qui même admet une exception dans laquelle rentre la dernière phrase que nous avons citée.

Il en est de même de l'accord du participe passé accompagné de l'auxiliaire *avoir* avec son régime direct quand il en est précédé. Bien que longtemps auparavant, Cl. Marot, dans une curieuse pièce de vers citée par Vaugelas, en eût fait une loi expresse (1), on hésita longtemps à l'appliquer, et Patru, qui l'admet en principe, approuve Godeau d'avoir écrit :

O Dieu dont le pouvoir nous *a tiré* des fers (2) ;

il s'accorde avec Vaugelas pour écrire : « Les habitants nous ont *rendu* maistres de la ville. » Du Vair laisse toujours le

---

(1) *Remarques,* p. 141. Marot dit dans cette *Epigramme :*

« *Les vieux exemples ie suiuray.* »

Il ne les suit qu'à moitié. Le participe passe accompagné d'*avoir* s'accordant toujours, dans nos vieux écrivains, avec son régime direct, même placé après. — Villehardouin : « Et quand cil li *ot contée* la nouele, etc. » Edit. Michaud et Poujoulat, 19. — « Biels sires, nous *avons veues* voz lettres, etc. » 72. — Patru avait parfaitement reconnu cet usage de nos anciens prosateurs ; il en cite plusieurs exemples, dont le dernier est des *Cent Nouvelles.* Depuis, la règle devint de plus en plus indécise. — V. Patru, *Remarques sur les Remarques de Vaugelas,* p. 648. *Œuvres diverses,* 1714, in-4°.

(2) Patru, *ibid. :* « *Bene, Godeau.* » —Toutes les discussions des grammairiens sur la question du *participe passé* jusqu'au milieu du XVIIIe siècle, ont été parfaitement résumées par l'abbé d'Olivet *(Remarques sur la langue française,* Paris, in-12, 1783, p. 183-218). Les règles bien éclaircies sont généralement celles qu'on adopte aujourd'hui. Récemment l'histoire de cette controverse grammaticale a été refaite d'une manière complète, par M. Obry *(Etude historique et philosophique sur le participe passé,* in-8°, 1852).

participe invariable, excepté avec l'auxiliaire *être*. Au contraire, de même que saint François de Sales et tous les autres écrivains de cette époque, il ne distingue pas le participe présent de l'adjectif verbal et fait toujours l'accord (1). Mais, malgré les longues discussions des grammairiens et la règle nettement posée par Vaugelas (2), cette distinction n'était pas encore bien établie dans la seconde moitié du XVIIe siècle, et Lafontaine écrivait dans la fable de l'*Alouette et ses petits* :

> Et les petits en même temps
> Voletants et se culbutants
> Deslogent tous sans trompette.

En toutes ces questions, l'empire de la raison n'est pas sans doute absolument chimérique, mais celui de l'usage et de ses caprices est presque toujours sans bornes, et l'on sera toujours fondé à dire avec Horace qu'il est *l'arbitre, le grand justicier et le suprême régulateur du langage.*

Cette souveraineté de l'usage est encore plus incontestable quand il ne s'agit que des mots; et il serait bien difficile d'établir les règles d'après lesquelles ceux-ci entrent dans une langue tandis que ceux-là en sortent. Nous en sommes toujours à regretter la perte d'un grand nombre de mots harmonieux, expressifs, rendant nettement certaines nuances d'idées pour lesquelles les termes nous manquent. « On a retranché, dit Fénelon, plus de mots qu'on n'en a

---

(1) Du Vair : « Tous se *réunissans* ensemble, la force demeurera au public. » P. 4. — Saint François, *Vie dévote*, IV, ch. II : « Les oiseaux demeurent pris dedans les retz et lacs, parce que s'y *trouuans* engagez, ils se débattent, etc. » — « Les pluies *tombans* à grosses gouttes sur la terre. » *Ibid.*, c. 13. — Palma Cayet, *Chronologie septennaire*, p. 194 : « *Chassants* et *tuants* les garnisons qui y estoient. »

(2) *Remarques*, p. 309.

introduit.. D'ailleurs, je n'en voudrois perdre aucun et en acquérir de nouveaux ; je voudrois autoriser tout terme qui nous manque et qui a un son doux, sans danger d'équivoque (1). »

C'était la doctrine du XVIe siècle, conforme de tout point à la pratique la plus vulgaire. Ronsard et Dubellay, tous les hardis théoriciens de cette époque, en recommandant « de n'escorcher point le latin, » admettent les *vocables* qu'on en a récemment tirés, *s'ils sont desià receuz et usitez d'vn chascun (2)*. Mais ils insistent plus particulièrement sur la nécessité de ne pas laisser tomber en désuétude une foule de termes anciens qu'on cesse d'employer, sans les remplacer. « Ie les estime tousiours en vigueur, quoy qu'on die, » s'écrie Ronsard ; et il voudrait voir les érudits, au lieu de *latiniser* et de *gréciser,* « prenant en pitié, comme bons enfants, leur pauure mère naturelle, rechercher et faire vn lexicon des mots d'Artus, Lancelot et Gauvain, etc. (3). » Dubellay déclare nettement qu'il faut les aller chercher là où ils sont et les reprendre (4). Malheureusement il est bien difficile en ceci comme en toute chose de garder la juste mesure, et le chef de la Pléiade la dépassa en recommandant d'emprunter des mots à tous les dialectes de la France, et de former, en dépit du génie de notre langue, des mots composés (5). Il

(1) *Lettre sur l'éloquence*, III.

(2) Ronsard, *Abrégé de l'Art poétique*, fo 13, A.

(3) Préface de la *Franciade*, p. 31. — Cf. *Franciade*, liv. III. Note sur le vieux mot *méhàigne* (perclus) que le poète s'applaudit de remettre en usage.

(4) *Illustration de la langue française*, liv. II, c. 6.

(5) *Abrégé de l'Art poétique*, fo 4, B. — Préface de la *Franciade*, p. 27. — (Cf. Montaigne, *Essais*, III, 5.) — *Franciade*, liv. I. Note du poète sur l'emploi du mot *criailler*, « fort usité, dit-il, en Vandomois, Anjou et le Maine. »

mettait à la vérité de sages restrictions à ces préceptes : lès premiers de ces mots devaient être *significatifs*, les autres ne devaient pas être *prodigieux* ni se ressentir des *monstrueuses imaginations de ces robins de cour qui veulent tout corriger.*

C'est d'après ces principes que s'est toujours dirigé, sans s'en rendre compte, le peuple, ce grand maître de langue, comme dit Platon (1). Des travaux récents sur le langage populaire de diverses parties de la France (2) ont montré qu'il a su conserver ses anciennes richesses tout en faisant de nouvelles acquisitions. Ces acquisitions sont de deux sortes : les mots créés par les savants pour exprimer des objets inconnus auparavant, et ceux que forge le peuple lui-même pour rendre avec plus d'énergie, de facilité ou de précision certaines nuances d'idées. Les premiers, le peuple les accepte à la longue en se familiarisant avec les choses qu'ils désignent ; encore faut-il qu'ils soient courts, d'une prononciation aisée ; autrement, il les façonne à son gré et pour sa commodité. Les autres, il les crée lui-même, selon les besoins du moment, et plusieurs des mots ainsi formés entrent bientôt dans la langue littéraire. Ce ne sont ni les moins harmonieux, ni les moins expressifs.

Cette double origine, scientifique ou populaire, de certains termes se démêle assez facilement dans la langue de nos vieux écrivains. Les uns, érudits ou habitués à vivre avec les érudits, font volontiers des emprunts aux idiômes de l'antiquité ; les autres procèdent comme le peuple, et, comme dit Ronsard, *provignent les vieux mots.* Quelques-uns puisent aux deux sources à la fois. Amyot et Montaigne, le

____

(1) *Alcibiade*, 1, 23, D. Lugduni. Guil. Læmar. 1590, in-f°, avec la traduction de Marsil. Ficin. — Edit. commun., § 7.

(2) V. notamment le *Glossaire du Centre de la France*, par M. le Cte Jaubert.

dernier surtout, prennent partout ce qui est à leur convenance. D'Urfé, qui n'était pas un savant, forme des dérivés des termes usuels *(remourir, blesseur, rappaiser, reblesser (1)*; saint François de Sales use aussi largement de ce moyen, il a fait ou admis *charnalité, vitupérable, prisable, dommageable (2)* et une foule d'autres. Plusieurs sont restés, et *dommageable* se trouve encore dans Lafontaine (3). Mais saint François ne s'interdit ni les vieux mots, ni les mots de date récente, et, à côté de *vileté (4)*, qui se lit dans Rutebœuf, d'*attrempant (5)* et de *ramentevoir (6)* si fréquents dans tous nos vieux auteurs, on rencontre chez lui *expugner, rebeller, délectation, impétrer, nubileux (7)*, qu'il a peut-être créés ou du moins vus naître, *barguiner (8)*, qui est ancien et populaire, *amadouer (9)*, *fourrer (10), faire la nique (11)* et autres qui, à cette époque déjà, devaient appartenir à la langue du peuple.

Du Vair, comme saint François, ne se refuse aucune de ces ressources. Les vieux mots qu'il garde, tout le monde les employait encore de son temps, et la plupart de ceux qu'on a crus de son invention se trouvent également dans des ouvrages plus anciens. On s'est donc bien trompé,

---

(1) 1re partie, p. 24, 27, 76, 78.

(2) *Vie dévote*, IVe partie, ch. 4, III, 4, 7.

(3) *Le Cerf se voyant dans l'eau*. Ce mot se trouve aussi dans Rabelais (I, 58) et dans d'autres auteurs du XVIe siècle.

(4) *Vie dévote*, III, 6. — *Epist. spirituel.*, III, 2. — Rutebœuf, *Miracle de Théophile*, cantique de Théophile.

(5) *Vie dévote*, IV, ch. 11.

(6) *Ibid.*, ch. 15. — *Epist. spirituel.*, II, 42.

(7) *Vie dévote*, IV, ch. 4, 12, 13.

(8) *Ibid.*, ch. 7.

(9) *Ibid.*, ch. 13.

(10) *Epist. spirituel.*, III, 10. « Il faut *fourrer* doucement dans l'esprit les premières semences de la vraye gloire. »

(11) *Ibid.*, 12.

quand, d'une part, on l'a jugé, pour la langue, en retard
de plusieurs siècles, et que, de l'autre, on a presque voulu
voir en lui un héritier de l'écolier limousin, « un excoriateur
de langue latiale. »

En vérité, ce serait une duperie que de tenir trop grand
compte de l'opinion des grammairiens sur la qualité de tel
ou tel mot pour entrer dans la langue ou pour y rester.
D'abord, ils ne s'accordent presque jamais entre eux, et
l'usage finit par leur donner tort à tous. Pasquier déclare
que Montaigne « baillera malaisément vogue » à *enfantillage*
à *gendarmer*, à *diversion (1)*. Vaugelas condamne absolument
gracieux qui, trente ans plus tard, n'était guère mieux
accueilli du P. Bouhours (2). *Féliciter* fut longtemps regardé
comme un barbarisme. Selon Patru, *sécurité* n'est pas français, et il veut qu'on dise *bienfacteur (3)*; Voiture opine pour
bienfaicteur (4), et tous les deux se prononcent contre *bienfaiteur*. L'usage ici, comme bien souvent, a adopté tout juste
le mot qu'ils rejetaient. Qu'on parcoure les bizarres ouvrages
qui foisonnent au xviie siècle, sous les titres d'*Observations*
ou de *Remarques sur la langue française*, on verra combien
rarement ont rencontré juste ces pédants régulateurs des
noms et des verbes. Du fond de leur cabinet, ils lancent des
décrets, sans prendre la peine de les motiver, sans se
soucier non plus de s'accorder entre eux. L'un dit blanc où
l'autre dit noir, et tous méritent les piquantes railleries que
Saint-Évremont a dirigées moins justement contre les premiers auteurs du dictionnaire de l'Académie (5). Que ne se

(1) *Lettres*, liv. xviii, 1.
(2) *Remarques nouvelles*, p. 599, in-12, 1682.
(3) *Remarques sur les Remarques de Vaugelas*, p. 624, 654.
(4) *Lettre* xxv, à Costard.
(5) *Les Académiciens*, comédie, (Œuvres, t. 1, p. 3, in-12, 1711.

sont-ils appliqués plutôt à constater les décisions de l'usage
et à chercher la raison de ses bizarreries souvent plus apparentes que réelles? Mais il est plus facile de dire : *condo-
léance* est un étrange mot, et *insidieux*, malgré la faveur de
M. Ménage, ne fera pas fortune. Toutes ces remarques n'ont
guère qu'une utilité : elle constatent à peu près la date de
l'entrée d'un terme dans la langue.

C'est sans plus de fondement et avec la même hardiesse,
qu'on a blâmé dans du Vair comme des expressions surannées où des *latinismes ridicules*, une foule de mots qui étaient
de la langue de son siècle. Ainsi *empirance*, déjà noté par
Pasquier, et en même temps presque justifié par lui comme
« vne métaphore empruntée des monnoyes (1) » se trouve
dans Nicot et dans Furetière; *vénusté* avait été employé par
Seyssel (2), et plus tard, Ménage affecta pour ce mot une
prédilection sur laquelle s'égaya longuement le P. Bouhours (3). Qui oserait aujourd'hui contester la grâce de l'expression *fleurs suaves (4)*, commune à saint François de Sales
et à du Vair, et l'énergie de l'épithète dans *esprits tarez*? Des
termes cités par Lamothe le Vayer, comme « rudes et fascheux, » il ne reste plus que *los*, *orer* et *contemnement*. Le
premier n'a certes rien de plus désagréable que son dérivé
louange, qui l'a remplacé, après avoir été longtemps employé
concurremment avec lui; le second existait dans la langue
avec le sens de *prier (5)*; au XVI⁰ siècle, ainsi qu'on le voit

(1) *Lettres*, xv, 10.
(2) *Traduction de Justin*, prologue.
(3) *Remarques nouvelles*, p. 323. Dans cette note, le P. Bouhours
nous apprend que le mot *ridiculiser*, dont il se moque, passait pour
être de l'invention de Ménage.
(4) *Suave* se trouve dans le *Dictionnaire* de Rob. Estienne, édit. de
1546, avant le vieux mot *souef*, qu'il a remplacé.
(5) V. Borel, au mot *orer*; Rob. Estienne, au mot *orare*.

dans Nicot, il avait aussi celui de *parler en public*, et son dérivé *oraison* garda longtemps la double signification de *prière* et de *discours. Haranguer*, quoi qu'en dise Lamothe le Vayer, n'a pas remplacé convenablement *orer* dans sa dernière acception, et nous sommes encore réduits à nous servir d'une périphrase pour exprimer l'idée que rendait si bien ce mot si court et si facile à prononcer. *Mépris* a fait rejeter *contemnement* qui, aussi bien que *contemptible* et *contempteur*, se trouve encore dans Nicot (1). Malherbe ne fait aucune difficulté d'employer *contemptible* dans sa prose comme dans ses vers (2). Vaugelas, dans son aversion pour notre vieille langue, triomphe de ne pas rencontrer chez lui *contempteur*. Hélas! l'usage a condamné à mort depuis longtemps les deux premiers ; et le dernier tient un rang distingué dans ce qu'on appelle le style noble.

A la place des mots blâmés par Lamothe le Vayer, on en a cité d'autres (3), et ces nouveaux exemples ne sont guère plus concluants. Ainsi *contumélie* et *cogitation*, tous deux donnés par Nicot, sont encore d'un usage général à la fin du xvi⁰ siècle et au commencement du xvii⁰ (4). Furetière et l'Académie enregistrent même le premier, en le notant comme vieux. *Sponsion* est un terme que du Vair avait emprunté à la langue judiciaire, pour exprimer, non pas, comme on l'a dit, ce que l'on entend par *pacte*, mais par

---

(1) *Contemnement* se trouve dans Rob. Estienne au mot *contumelia ;* Rabelais a employé plusieurs fois *contemner,* I, 46 ; II, 8 , etc.

(2) *Lettres,* liv. II, 2. — V. Vaugelas, p. 359. — Cf. Duperron, p. 585, 659, 672.

(3) François de Neufchâteau, *ouvrage cité.* Phil. Chasle, *Tableau de la Littérature française au* xvi⁰ *siècle.* — Cf. Hallam, *Littérature française au* xv⁰, xvi⁰ *et* xvii⁰ *siècles,* t. II, p. 292.

(4) Saint François de Sales, *Philothée,* I, 10, IV, 4. — Palma Cayet, *Chronologie septennaire,* I, p. 181.

promesse avec caution ; et peut-être trouvera-t-on qu'aucun des mots *engagement*, *garantie*, *stipulation*, ne rend complètement cette idée. J'en dirai autant de *macilent* qu'on a regardé à tort comme faisant double emploi avec *maigre*. Ce mot, dans la pensée de du Vair, était évidemment destiné à exprimer l'état d'épuisement qui accompagne une maigreur extrême. De même par *dilucidité* il entendait la même chose qu'Horace par *lucidus ordo*, c'est-à-dire la clarté dans l'ordre, à peu près ce que nous appelons la *netteté*. Depuis, nous avons admis *lucidité* dont la signification n'est pas tout-à-fait la même et se confond un peu avec celle du mot *clarté*. Enfin François de Neufchâteau cite l'adjectif *amène*, qu'il regrette à cause de sa douceur, mais dont il explique l'abandon par ce motif qu'il aurait pu se confondre avec certaines formes du verbe *amener*. Cette raison est plus spécieuse que solide, car les homonymes ne manquent pas dans notre langue. Est-il besoin de chercher une autre cause que le caprice de l'usage ? Il n'est pas moins vrai que nous n'avons pas de mot qui rende exactement le latin *amœnus*. Ainsi prenez ce vers d'Horace :

Et properantis aquæ per *amœnos* ambitus agros,

on traduit : « et le cours du ruisseau qui serpente à travers de *riantes* campagnes. » Mais *riant* exprime l'idée du latin *lœtus* (*quid faciat lætas segetes*), c'est-à-dire l'idée de la joie attachée à l'objet qui la cause, plutôt que celle de l'*amour* qu'inspire un objet agréable. *Lœtus* ou *riant* indique la sensation, et *amœnus* le sentiment qui se développe à la suite. Du Vair, à n'en pas douter, aura voulu enrichir le français de cette nuance délicate. L'usage lui a déjà donné à moitié raison en admettant *aménité*.

En général, cet écrivain semble s'être proposé de rendre la langue plus riche et plus méthodique, soit en empruntant au latin les termes qui expriment des nuances d'idées pour lesquelles nous n'avions pas d'équivalents en français, soit en complétant les familles de mots déjà représentées dans la langue, par l'admission de tous les mots qui nous manquaient encore, simples, dérivés ou composés. Ainsi trouvant en usage les mots *orer (prier)*, *oraison (prière et discours)*, *adorer*, *pérorer*, *péroraison*, il n'hésita pas à dire *orer* pour *parler en public*, *exorer* pour *obtenir par prière* et *exorable*. Il ne faisait du reste que suivre l'exemple de tous les écrivains du XVIe siècle et même de ceux de son temps. Mais je ne pense pas qu'on puisse légitimement lui reprocher, comme à Pierre Lizet et à quelques autres, de s'être donné trop libre carrière (1). Le nombre des mots dont on peut lui attribuer l'invention est assurément très restreint : peut-être même n'en est-il pas un seul dont on soit en droit d'affirmer qu'il n'y a pas d'exemples avant lui.

Voici d'abord deux listes des mots nouveaux qui se rencontrent le plus fréquemment dans les ouvrages de du Vair ; elles contiennent, l'une, ceux qui ne sont pas restés dans la langue ; l'autre, ceux qui ont fini par y être admis. Aucun de ces mots ne se trouve dans le *Dictionnaire latin-français* de Robert Estienne (édit. de 1546), ni dans le Dictionnaire latin-grec-français de Guill. Morel (*Verborum Latinorum cum Græcis Gallicisque conjunctorum commentarii*, M D LXXX). Quelques-uns sont donnés par Palsgrave dans l'*Esclarcissement de la langue françoyse*, qui date de 1530 ; mais on peut, je crois, les considérer comme encore nouveaux à l'époque de du Vair ; car Palsgrave prend un peu de toutes mains et au hasard, et il

(1) On ne trouverait peut-être pas dans ses nombreux écrits une seule phrase du genre de celle-ci que j'extrais du mince volume des *Plaidoyers* de Simon Marion : « Après avoir *consommé* sur l'église naissante toutes les tortures que l'*immanité* peut *excogiter*, etc. »

est des termes cités par lui qui n'avaient probablement jamais été employés par d'autres que l'auteur qui les lui fournissait. Il est même vraisemblable qu'il en forge au besoin, et que, pour la traduction de certains mots, il se borne souvent à une sorte de calque ou à un simple changement de terminaison. Ainsi tous les noms anglais en *nesse* ont formé chez lui des substantifs français en *té* : dangerousnesse, *dangereuseté* ; delectablenesse, *délectableté* ; lordelynesse, *seignoriosité* ; hokednesse, *crochuseté* et mille autres. Ce qui prouve du moins qu'ils étaient peu répandus, c'est que ni Robert Estienne, ni Guill. Morel ne les enregistrent. Du reste, j'indique par la lettre P tous les mots qui se trouvent dans Palsgrave (édition de M. Génin, 1852). Je désigne par l'initiale N ceux que Nicot a placés dans son *Trésor* (édit. de 1606, revue et augmentée par Jean Masset). Bien que du Vair n'y soit jamais nommé, certaines expressions, certaines phrases même sont évidemment tirées de ses ouvrages. Les numéros renvoient à l'édition de Genève (1621, in-8°). Je l'ai préférée à la grande édition de Paris (in-f°, 1641), parce que dans celle-ci on a fait disparaître plusieurs archaïsmes et néologismes.

Abominer, 550, N.; P. 419.

Appeter, 822, N.; P. 434, 616.

Amène, *amœnus*, 25. P. aménité, 219, 232.

Animeusement, 1037.

Angustie, 187. (Rabelais, II, 19).

Antiquitaire, 341.

Apoltroni, 965. (*Poltron* était nouveau et nous venait d'Italie. H. Estienne, *Dialogue du langage français italianizé.*)

Arbitrer de, 547.

Artificieux, fait avec art, 336. (V. Corneille, *Examen d'Horace.*)

Asserteur, 901.

Aveuglé (d'entendement), 1323.

Barisé, balise, 849 in-f°.

Bassière, bas-fond, 849 in-f°.

Bénéficence, 27, 308. (Belleforest, *Sentences illustres* de Cicéron, 1574, p. 512.)

Bienheuré, 548.

Blandice, 602, 604. (Belleforest, *ibid.*, p. 178 ; Jean de Meung, *Roman de la Rose :*

Que vers leurs meurs nules prières
Ne valent tant comme *blandices*,
Tant sont deccuables et nices.) P, 220.

Caterve, troupe, 611.

Cavillation, 268, 271, subtilité. (J. de Meung, *ibid.*; P. 203. Repris par C. Desmoulins, dans ce sens; Fr. Wey, I, 178.)

Cogitation, 13. (P. 280. Saint François de Sales, *Philot.*, I, 10, IV, 4.)

Composer (se), en parlant d'un différend, 4, 14.

Concertation, dispute, 243.

Concion, 347, N. (Rabel., I, 50, 51.)

Conculquer, 98, N.; P. 761.

Concurrer (concourir), 611, 654.

Conspect « aù *conspect* des lois. » 69.

Contemnement, 347.

Contemptible, 285. (Contemner, donné par P. 496, se trouve dans Rabel., I, 46; II, 8. — Contemnement, dans R. Est. au mot *contumelia*. — Malherbe, *Lettres*, II, 2; — Duperron, *OEuvres*, p. 585, 659, 672.)

Contrepassion (antipathie), 836.

Converser, *conversari*, 900. (Lafontaine, *Fables* XI, 7.)

Convice, 1308

Corruptele, 2. (R. Est. traduit *corruptela* par *corrompure*.)

Crimineux, qu'on peut accuser, 917.

Débeller, 952, 1105, N.; P. 742.

Décognoistre, 553, P. 638.

Décroire, 848, P. 509.

Défavoriser, 17, 91, N.

Déprécation, 1334, P. 197.

Désespérade (Jouer à la), 18.

Dilucidité, 339. (P. 212, *élucidation.*)

Délayer (différer), 1237.

Elargir des grâces, 310, N.: Bellefor., 51.

Emerveillable, 953, N.; P. 884; Malherbe, Poésies, II, ode sur l'attentat de 1605. — (Jean de Meung: *merueillable*, P. 318.)

Empirance, 333, N.

Enaigrir, 1172.

Equanimité, 149, 743, 1104.

Eversion, 18, N.

Exorer, 1312; exorable, 1075, 1312.

Flagitieux, 33, 109.

Fluant (périssable), 1001, N.

Fluer (couler), 906 in-f°, N.

Gratifier (flatter, *gratificari*), 933.

Illuder qq., 1237; (P. illusion, 246.)

Immanité, 320. — Simon Marion, *Plaidoyers.*

Imprevoyable, 835, 894.

Incentif, « la mesche et l'*incentif* de la présomption, » 207; de l'italien *incentivo*, m. s. (remplacé par *amorce* dans l'édit. in-f° de 1641).

Inconsidérable.

Inconsutile (robe), 95.

Incurieux, 365.

Inflétrissable, 719, in-f° — Molinier (*Oraison funèbre* de du Vair) a créé *immarcessible* : ni l'un ni l'autre ne sont restés.

Inofficieux, 617.

Inofficiosité, 606.

Insidiaire, 282.

Intermis, 24; intermission, 1070. — P. 203.

Invidieux, 229 : « Ce seroit vn office en apparence très charitable, mais en effect très *invidieux*. »

Irritement, 1115.

Jactation (de bras), 1113.

Lamenter (actif), 556.

Manciper, 330, 1034 : « Livré et mancipé à la mort. » — P. 174, 269.

Manutention (de la loi salique), 59. —Rabel., II, 14 : « Maintenance de ta loy. »

Manque, mancus, 340, N. — Selon H. Est. emprunté aux Italiens. — (V. Précell. du Lang. franç.)

Méchanique, « personnes viles et méchaniques, » 613. — Montaig., Essais, I, 3 : « Quant à ses funérailles, le philosophe Lycon prescrit à ses amis de ne les faire ny superflues ni méchaniques. »

Mondifier, 1022, N. — Munde, 1087.

Omineux, 545.

Orbité, 600.

Plébée (plébéien), 879.

Présagir, 830 ; (N., Présagier.)

Pristine, 254.

Prodition, 33, N.

Progéniteur, 601, N.

Reblandir, 1160, N.

Rédimer, 1310, N.; P. 682.

Relucter, 72, N.

Remparer (se), 3. (Nicot donne remparer; cf. Rabelais, II, 28).

Retenuement, 955.

Salvation, 58, N.; P. 265.

Sanctimoniale (religieuse), 28, 115.

Scéléré, 546.

Scintille (subst.), 830, 1296.

Simulté, 117.

Sponsion, 6.

Tomber (actif), 33 : « tomber des larmes. »

Translation (métaphore), 364.

Uberté, 1080.

Vastité (dévastation), 906 in-fo.

Vérisimilitude, 362, N.; P. 239.

Action (geste et débit), 338.

Action (discours judiciaire), 337.

Affecterie. (Nicot le rend par asiutia. — Saint François (Philot., III, 5.) écrit affaiterie.)

Alambiquer (au fig.), 833 : « Platon s'estoit bien alembiqué le cerueau. » — Nicot, qui donne ce mot, cite un exemple de Ronsard, où il est pris au figuré.

Amnistie, 17. — Rabel., III, 1, amnestie.

Amulette, 328. (Ne se trouve ni dans Furetière, ni dans l'Acad., 1695.)

Anathème (subst.), 95 ; (adj.), 100, P. 309.

Anathématiser, 103, P. 505.

Animosité, 104.

Anxiété, 314, N.

Appréhension, crainte, 1167.

Archétype « musique archétype, » 288.

Athlète, 876.

Athlétique « diète athlétique, » 272.

Axiôme, 305, 654.

Ballotte, pour les suffrages, 125.

Banqueter (se), 1106. — V. Vaugelas, p. 344, P. 443.

Base, 150 : « Assis sur *un ferme baze* et immobile fondement. »

Béatifier, 856, N.

Bizarre, 1246. (N., d'après E. Pasquier : — Mot condamné par Vaugelas et Patru, qui préfèrent *bijarre* ou *bigearre*.)

Catastrophe, 271 : « Le refrain de ce discours et la *catastrophe* de cette solennelle épode. »

Chaos (au figuré), 234.

Chicanerie, 305, N.

Civilisé, 206.

Coction, 1210.

Commentateur, 248.

Commisération, 1160.

Condensation, 1210.

Conférer (comparer), 953.; P. 493.

Congélation, 1210, N. — R. Est. et P., 487, donnent *congeler*.

Consigner : « Le dernier soupir *consigne* mon âme au repos éternel. » 1095.

Contester avec, 1257.

Contumace, 93, N.; P. 277.

Conventicule, 18.

Corruptible, 1004, N.; P. 308. (*Corrompable*, dans J. de Meung, *Roman de la Rose*; et dans Palsg., 308.)

Criailler, 1302. (Ronsard, *Franciade*, I, p. 60, le regarde comme un mot du Vendômois.)

Cupidité, 208, 276, 634, N.; P. 209. (V. les *Remarq.* du P. Bouhours, p. 592.)

Débonnaireté, P. 236, N.

Dépravation, 948, N.; P. 213; 242.

Difformité, 347, N. (« *Difformité* est mort depuis dix ou douze ans. » Voiture, *Lettr.*, 125; — d'Ablancourt s'en sert, *Trad. de Tacite*, p. 814, note, in-4°, 1658.)

Dispensateur, 117, 244 (dispensier, 948). — P. donne *despensateur*.

Disproportionné, 248. (R. Est. donne *disproportion*.)

Education, 616.

Effectuer, 666, N. (V. Pasquier, *Recherches*, VIII, 3.)

Elixir, 285 : « La justice est le vrai *élixir* qui convertit tout en or. »

Enthousiasme, 265. (Attribué à Amyot par M. de Blignières.)

Epode, 855.

Ethéré, 1233.

Evaporé, 1117. (Nicot et R. Est. donnent *évaporation*.)

Exalter, 1198, P. 540. (V. le P. Bouhours, *Remarques nouvelles*, p. 216.)

Exhéréder, 1364.

Extirper, 5, 1269, N. — Extirpation, 939, N.

Exubérant, 678, 697, N.

Férocité, 320. — P. *férocilté*, 210.

Frontispice, 285. (Charron, *De la Sagesse*, préface, p. XLIV.)

Fructifier, 1175, N. — P. *fruictifier*, 449, et fructifier, 590.

Gibbosité, 1244.

Glorification, 1351.

Gracieux, 25, 930. — Condamné par Vaugelas, p. 420; presque réhabilité par Bouhours, p. 599; à moitié admis par l'Académie (*Observations sur les Remarques de Vaugelas*, p. 548, in-4º), se trouve dans Villon avec le sens que lui refuse l'Académie (qui a bonne grâce) :

Corp féminin, qui tant est tendre,
Polly, souëf, si *gratieux. (Gr. Test.).*

Cf. Rabel., I, 50; II, 28. — P. 308, 314.

Gracieuseté, 1037; P. 227; Rab., *ib.*

Haineux (subst. *osor)*, N —Ce mot, regretté par Labruyère (XIV), a été remis en usage, mais seulement comme adjectif. P. 314, 319.

Hécatombe, 283. — G. Morel (1580) rend *hecatombe* par une périphr. — A. Jamin *(Argum.* du 3ᵉ liv. de la *Franciade) : « vn hécatombe. »*

Hypothèse (supposition), 719.

Idolâtrer, 616.

Immaculé, 1173, N.

Immensité, 678 : « *Immensité,* estrange, folle, exubérante. »

Immortaliser, 271, N.

Impéritie, 988.

Impubère, 607.

Inclination, 667, N.

Incommunicable, 317. — Considéré comme barbarisme et néologisme contemporain, par M. Fr. Wey *(Remarques sur la langue française,* CC L XXVIII.)

Inconsidération, 850, N.

Inégalité, 971. (R. Est , *inégalité;* Nic., *inéqualité,)*

Inénarrable, 1151, N.

Inexpugnable, 136, N.

Inextinguible , 1018, N.

Infécond, 1246. (R. E., *infécundité.)*

Infertilité, 1162. (P., *infertil,* 305; R. Est., *infertile.)*

Infirme, 276, 282. (R. E. donne *infirmer,* et Nicot, *infirmité.)*

Innover, 908, N.

Inscrutable, 950, N.

Insolvable, 644.

Intempérie, 907 in-fº.

Invulnérable, 845.

Irréfragable, 632.

Justification, 1334.

Lénitif, 982, N.

Linéaments (du visage), 277.

Liquefiant, 1210.

Modifier, 657.

Munificence, 660. (Bien que ce mot se trouve dans Rob. Est. et dans Rabelais, I, 23, Nicot y joint cette note : « C'est un vocable latin qui signifie *libéralité.* »)

Oculairement, 954. (Nic. avec le sens du latin *evidenter.)*

Orizon, 155. (Selon M. de Blignières, se trouve dans Amyot.)

Palliatif, 982.

Panoplie, 269.

Paranymphe, 315, N. Ácad., 1695.

Parcimonie (épargne), 211.

Philosopher, 626. (Rabel., II, 18.)

Pointille, 848 in-fº : « Ingénieuses subtilités et curieuses *pointilles.* »

Proxénet (proxénète), 219 : « Les incommodités qu'il receuoit de la vieillesse , estoient comme les *proxenets* de la mort. »

Radical, 1363 (humeur radicale), N.

Reincorporer, 1095.

Repercuter (au fig.), 328; N. (terme de médec.); P. *répercussion.* 277.

Responsable , 989.

Scintiller, 830, N.

Sécurité, 972. (Absolument condamné par Patru, p. 624. — Cf. Vaugelas, 35, et Bouhours, 581.)

Spéculation, 317, N.

Squelette (n'était pas encore dans la langue : « Les Egypt. mettoient sur la table un *sceletos*, c'est-à-dire la carcasse d'un homme mort. » 716 in-f°. — Ronsard *(vers à Ch. IX)*, avait francisé le mot grec.)

Subsidiaire, 657.

Symptôme, 234, 907 in-f°, N.

Synonyme, 211, 292.

Tenu *(tenuis)*, 1245; P. 280; 327.

Vertical, 145.

Violenter, 347. (Mot nouveau, selon E. Pasq., *Recherch.*, VIII, 3. — Nic. en cite un exemple de Ronsard.)

Virilité, 908.

Zizanie, 41.

Zodiaque, 234. (Attribué à Amyot par M. de Blignières, ce mot se trouve dans Palsgrave, 21 et 291, et dans Rob. Estienne.)

Quelques-uns des mots de la première liste n'ont pas encore d'équivalents dans notre langue; tels sont : *apoltroni, asserteur, empirance, équanimité* (égalité d'âme), *exorable*, que réclamait Voltaire et qui a été repris par Montesquieu et Mirabeau (Fr. Wey, t. I, p. 179), *incurieux, inofficieux, inofficiosité, inconsidérable, imprévoyable, irritement* (irritamenta libidinum, Tacit. *Hist.* 1, 88 et alibi), *orbité*, etc. D'autres sont entrés dans la langue avec de légères modifications, comme *affecterie, antiquitaire, bénéficence, dilucidité, plébée, présagir*, etc.

Peut-être n'est-il pas hors de propos de joindre à ces deux listes un catalogue de certains mots qui, restés en usage ou tombés en désuétude, mais pouvant être considérés comme des néologismes chez du Vair, se trouvent dans le *Dictionnaire* de Rob. Estienne.

Bienvueillance, 362, N.; P. 226.

Contaminer, 854, N.; P. 509.

Contention (lutte), 348, N. — Duperron, p. 672.

Contumélie, 917, N.; P. 213.

Débiliter, 826, N.

Défrauder, 252, N.; P. 457.

Déprimer, 1004, N.; P. 513, 665; Rabel., I, 57.

Difformité, 1347, N.

Diversifier, 1149, N.; P. 523.

Excogiter, 972, N. — P. *cogiter*, 453, 755.

Exhiber, 308, N.

Expugner, 283, N.; — Saint François, *Phil.*, iv, 4.

Fallace, 617, N.; P. 218.

Fébricitant, 1080, N.

Frustrer, 1121, N.

Immuable, 658.

Impénétrable, 820.

Impétrer, 283, N.; P. 538; — saint François, *Philot.*, iv, 12.

Incomparable, 1163, N.

Incompréhensible, 1050, 1149, N.

Indissoluble, 666, N.

Industrieusement, 689, N.

Indubitablement, 644, N.

Innumérable, 897, N.

Licentieux, 604.

Locution, 317, N.; P. 274.

Lubrique, 1100, N. — Saint François, lubricité, *Phil.*, iv, 4.

Luctueux, 600.

Mansuétude, 1037; — Bellefor., 574.

Majeurs (ancêtres), 542

Médiateur, 91, N.

Nubileux, 834, 1003. — St François, *Philot.*, iv, 13.

Officine, 274, 328.

Ostenter, 308; P. 37.

Persuasible à, 938, N.

Postposer, 117, N.; P. 608.

Proximité, 646, N.

Querelleux, 606, N. (Repris par Helvétius, selon M. Fr. Wey, ouvrage cité, *ibid.*)

Receptacle, 1099, N. — Rabel., iii, 31.

Récordation, 1082, N.; P. 262; Duperr., p. 658.

Redarguer, N.; P. 415, 680.

Redonder à, 6, N.; P. 577, 682.

Refociller, 256, N.

Sacraire, 10, N.

Sagacité. (*Testam.* de du Vair. — Le P. Bouhours, *Remarq. nouv.*, p. 142, regrettait que ce mot ne fût pas encore bien accepté.)

Sanctifier, 1022.

Sérénité, 305, N.

Sociable, 1036. (Nicot donne *insociable.*)

Sommité (de l'épi), 1203, N.; P. 230, *summité.*

Symmétrie, 1041, N. — Rabel., i, 53; ii, 15.

Taciturnité, 1251, N.; P. 253.

Taisible, 974.

Tempestueux, 1066, N.

Tumultuaire, 923. — Rabel., i, 46.

Vaguer, 821, 959, N. — Rabel., ii, 2.

Vénération, 304.

Venusté, 337. — Faussement attribué à Dubellay, par Ch. Fontaine (Fr. Wey, *Hist. des Révolut. du lang. en France*, p. 358). Se trouve dans Seyssel, *Prolog, de Justin.* Palsgrave donne l'adj. *venuste*, p. 305.

Viduité, 601, N. — Saint François de Sales, *Epistr.*, iii, 12.

Vitupère, N. P. 175, 261. — Ce mot, selon Patru, est d'Alain Chartier; il ne le trouve plus bon que pour la raillerie. Vaugelas est du même avis, mais il prononce que *vitupérer* (du Vair, 1384) ne vaut rien du tout. — Saint François, *vitupérable* (*Philotée*, iii, 4).

Je terminerai par un tableau des mots qui passaient pour vieux à l'époque même de du Vair, au grand dépit de Mlle de Gournay. L'admiratrice enthousiaste de Montaigne ne comprenait pas qu'on osât « *donner* ce tiltre *à des mots qui se lisent aux Essais, aux œuvres de cet illustre* cardinal Duperron et de M. du Vair; tout cela de si fraische date (1). » Comme dans les listes précédentes, je marquerai d'un N les mots qui se trouvent dans le *Trésor* de Nicot.

Accoutumance, 840. — Lafontaine, IV, 10.

Appaster de, 828 : « La passion nous *appaste* de miel, pour nous saouler de fiel. »

Arondelle, 1303 ; se disait encore avec *hirondelle* et *hérondelle* au temps de Vaugelas, qui préfère le dernier.

Assaut, 3e pers., indic. prés. d'assaillir, 848.

Batable, 844, N.

Boucler, 353. (Selon Nicot, c'est *faire bosse, faire ventre.*)

Bigle, 992, N. (Selon le P. Bouhours, p. 527, ce mot est parisien.)

Brouillas, 1118.

Chable (câble), 829, N.

Chaloir (imperson.), 843.

Chesmer (se), 925, 1276.

Chucheter, 1318.

Condouloir (se), 871. (Nic. se *condoloir.* — Regretté de Labruyère, XIV. Cf. Vaugelas, 234.)

Conjouir (se), 1259. (V. Labruyère, *ib.*, et Vaugelas, *ibid.*)

Contribuer qqc., 939. (V. saint Fr., *Epist. spirit.*, I, 20. — Bourdal., t. Ier, p. 50, édit. Lefèvre, 1838, *Sermon sur le Scandale.*)

Croître qqc., 1320. (V. Vaugelas, 224.)

Croailler, 871.

Crouller (remuer), 1149.

Cuider, 968.

Débord (excès), 16.

Descharpir (se), *se tirer de*, 1023.

Desfiner, 855. (Nic., *marcescere.*)

Despendu, 34. (V. Vaugelas, 198.)

Douloir (se), 1562.

Douter (craindre), 145, N.

Elabouré, 336. (Nic., *élaboré.*)

Elangouré, 554; elangouri, 43. (Saint Franç., *alangouri, Amour de Dieu*, XI, 5.)

Enordir (salir), 1311.

Esbouillir, 895, N.

Escamper, 1202.

Escharsement (chichement), 1017, N.

<hr>

(1) *Du Langage françois.* « En face de la *Deffence de la Poésie*, on verra à quel dessein ce traicté est escrit. »

Eschever (esquiver), 991.

Escouvette (balai), 889, N.

Espreindre, 1238, N. (V. Bossuet, *Connaissance de Dieu*, ch. II, p. 43, édit. Didot, 1849.)

Essorer (prendre son essor), 1012.

Exclus, excluse, 617.

Fétard, 840. (Nic., *faitard.*)

Fétardise, 1021.

Florir (au figuré), 341. (Patru préfère fleurir, comme au propre, p. 660; on commence de lui donner tort. V. Ponsard, *Lucrèce.*)

Fueillir, 1366. (Nic., *feuiller.*)

Gaudir, 1309, N.

Gehenner (tourmenter), 837.

Gemeau, 287, N. (V. Vaugelas, p. 326.)

Guarison, 3, N. (Au rapport de Patru, la *grande Artenice* se prononça pour guérir, qui l'a emporté, p. 651.)

Havir, 1147.

Hargne, querelle, 834 in-f°.

Hereux *(hirsutus)*, édit. in-f°, p. 894.

Hodé (lassé), 324, N.

Ire, 546, N. (Encore employé par Malherbe, ode sur l'*Attentat de 1605.* — Lafontaine, *les Filles de Minée*, à la fin.)

Jarsure (gerçure), 254, N.

Lairrai, fut. de laisser, 1348.

Los, 334, N.

Mater (au figuré), 1310. (Nic. ne le donne que comme terme du jeu d'échecs.)

Meshuy, 1.

Muable, 1017, N.

Meureté (maturité), 893, N.

Meurtrir (tuer), 621.

Nativité (naissance), 920.

Nuble *(nubilus)*, 1385, 1266. *(Obnubler* dans Jean de Meung, *Roman de la Rose :*

Ceste amour cy vient de fortune
Qui s'esclipse comme la lune,
Que la terre *obnuble* et enombre.

IIe disc. de Raison à l'Amant.)

Opilé, 1021, **N.**

Ord, orde (sale), 1023, N.

Ordir, 1014, N.

Ost (armée), 912, N.

Oubliance, 1057.

Partir (partager), 557, N.

Peneux, 1309, N.

Perdurable, 1311, N. (Rutebeuf, *Miracle de Théophile;* —. Saint François, *Epist.*, VI, 62.)

Pieça, 934.

Plorer, 199, 1316.

Polissure, 945, N. (Rabel., III, 8.)

Portier, ière (pour *ferax*), 349.

Preuver, 904.

Prevûtes (vous-), 65. (V. Vaugelas, p. 265.)

Prou, 944, N.

Raire (raser), 260, N. (V. Henri Estienne, *Précellence*, édit. Feugère, p. 237.)

Ravigourer, 132, 1124. (V. St Fr., *Philothée*, IV, 15, *revigourer.*)

Ramentevoir, 308, 548, N. (St Fr., *ib.* — Malherbe, *Poésies*, II, ode sur l'*Attentat de 1605.*)

Recuit (digéré), 353, N.

Recru (harassé), 1308, N.

Remis (calme), 851, N. (V. Régnier, *Satire* x.)

Repentance, 1313, N.

Revanger (se), 169.

Revencher (se), 958, N.

Riote, rixe, 135; P. *rhiotte*; angl. *ryot*, N. (Noté comme bas par l'Académie, 1695.)

Sapience, 342, N.

Savart, 28 : « Cette belle et féconde campagne est maintenant en friche et en *savart*. »

Saulx (saule), 1039. (Voiture, *Lett.* 125, l'admet au pluriel et pour la poésie.)

Sauveté, 306, N.

Siller (les yeux, *sigilare oculos)*, 1323.

Suffisance (capacité), 893.

Soudre, 974, N. *(Soudre* une question.)*

Souef *(suavis)*, 1015.

Soulas, 309, N.

Semondre, 981.

Taler (du grec *thalléin ?)*, 1134, pousser des branches, des rejetons. (En Nivernais, on dit encore des *tales* pour des branches.)

Targue *(bouclier)*, au figuré. « Sous la *targue* des lois. » P. 3.

Tissure, 946, N.

Tremeur (crainte), 1136.

Tressaut (de tressaillir), 1312, N.

Unisson, « un agréable *unisson*, » p. 275.

Vièche, 44; *(vegetus ?)* « La fille d'Espagne n'ayant qu'un frère délicat, maladif et mal *vièche*. »

Du Vair, on le voit, faisait bon accueil au vieux français : il ne croyait pas devoir dédaigner ces mots qui, depuis des siècles (quelques-uns du moins), avaient droit de cité dans la langue : ils en étaient les vrais nobles, et, comme dit Labruyère, « ils pouvaient durer avec les nouveaux, étant « d'égale beauté et rendant la langue plus abondante (1). » Le rigide Malherbe, nous l'avons remarqué, ne s'interdisait pas non plus ces expressions anciennes, restées populaires, il les appelait *ses bonnes amies (2)*. Vaugelas, qui s'en étonne (3), mais s'incline devant l'autorité du maître, dit qu'il voulait faire éclater davantage la magnificence de son style poétique, par la comparaison de deux genres si différents.

(1) *Caractères,* ch. xiv.

(2) Perrault, *Hommes illustres.* p. 171, in-12, Paris, 1698.

(3) *Remarques,* p. 113.

Patru, moins respectueux, déclare qu'il n'est pas à imiter à cet égard (1). Il fait remarquer que les vers de Malherbe contiennent moins que sa prose de ces locutions hardies, empruntées au vieux langage. Du Vair en connaissait mieux l'énergie et il savait en user. Quoi qu'on ait dit, par sa langue comme par son style, il est un des premiers de nos bons écrivains. Quatre-vingts ans après sa mort, l'Académie française le jugeait encore ainsi, puisque, malgré les révolutions du langage, elle l'admettait au nombre des auteurs à citer dans son dictionnaire (2).

(1) *Remarques*, p. 623 des Œuvres complètes.
(2) *Histoire de l'Académie française*, par Pélisson et d'Olivet, t. I, p. 137, Paris, 1743, in-12.

CHAPITRE VI.

CONCLUSION.

Je résumerai en quelques mots cette longue étude. Du Vair, j'ai essayé de le montrer, est un caractère d'une unité parfaite : partout et toujours on le retrouve le même. Esprit porté à la règle, ami de l'ordre, il comprend en toutes choses une sage liberté ; il l'accorde aux autres, il la réclame pour lui-même. Fermement attaché aux dogmes de la religion, il s'en rapporte, pour tout ce qui n'est pas article de foi, à la raison, au libre examen : il proclame hardiment en philosophie la nécessité d'observer, d'étudier l'âme par elle-même, par la conscience, comme on étudie au moyen des sens tous les phénomènes de la matière. Après avoir donné à la morale cette large base, précurseur de Descartes, il élève aussi haut qu'il peut le grand édifice de la science humaine, et il lui donne pour couronnement la science divine, la révélation, la *Sainte Philosophie*. Toutefois il ne sépare jamais les deux immortelles sœurs, la raison et la foi, car il sait que si l'on peut assigner à chacune son rôle, il est bien difficile de marquer où l'une finit, où l'autre commence. Ce qu'il y a de certain, ce que du Vair a parfaitement reconnu et démontré avec éloquence, c'est que la religion peut mener l'homme plus loin que la philosophie :

celle-ci ne lui fait qu'entrevoir une autre vie avec des récompenses ou des peines, selon qu'il a bien ou mal vécu sur la terre ; elle conduit l'homme jusqu'aux limites du temps ; celle-là lui ouvre les portes de l'éternité ; et, dissipant toutes les ténèbres, elle le met, comme dit le moraliste chrétien, « en face du père des lumières, à la source de toute bonté et de toute beauté (1), » pour que son âme y puise le bonheur infini auquel elle aspire.

Mais, pour arriver « à ce thrésor des richesses de Dieu, pour jouir, selon ses promesses, de la splendeur de son éternité, il faut auoir esté pur et net en ce monde (2), » juste et bon dans toute la rigueur de ces termes, ferme dans la voie de la vertu, comme un stoïcien, confiant dans la bonté de Dieu, comme un disciple de l'Évangile.

Stoïcisme et christianisme, la plus grande énergie morale concentrée dans l'homme, et le plus sublime essor de l'homme emporté hors de lui-même par le souffle de Dieu : voilà les deux principes de vie que du Vair a tenté d'unir ; voilà le but de tous ses ouvrages philosophiques, et ce qui leur donne encore un vif intérêt.

Ces saines et fortifiantes doctrines (3), du Vair s'est appliqué à en montrer l'utilité pratique. Au milieu des orages de cette vie, l'âme y trouve un port ; au milieu des plus grands

(1) *La Sainte Philosophie*, p. 1024.
(2) *Ibid.*, p. 1055.
(3) M. Poirson, qui vient de donner dans son *Histoire de Henri IV* (t. II, p. 479 et suiv.) une courte analyse de deux ouvrages philosophiques de du Vair *(La Philosophie morale des stoïques* et *La Sainte Philosophie)*, a bien caractérisé l'esprit et les doctrines de l'auteur. Il relève en lui cette *droiture*, cette *fermeté*, cette *générosité*, dont nous avons essayé de montrer qu'il fut doué au plus haut degré. Nous sommes heureux de nous être rencontré avec le savant historien, dont le livre a paru lorsque notre thèse était déjà soumise à la Faculté de Paris.

maux, de douces consolations, des remèdes souverains. Dans le calme, ces leçons de la sagesse humaine, ces saintes lois émanées de la puissance et de la bonté divines, ne sont pas moins utiles, pour empêcher l'homme de se laisser aller à un fatal engourdissement, à une insouciance qui, paralysant ses facultés, le rendrait bientôt impuissant à remplir sa tâche journalière, et le livrerait enfin, faible et désarmé, à de nouveaux dangers, à d'inévitables tempêtes.

Mais du Vair fit mieux encore que d'appliquer ces excellentes leçons aux événements de son temps; il s'étudia sans cesse à les pratiquer lui-même et se considéra toujours comme le soldat du droit. « Faisons, dit-il quelque part d'un ton belliqueux, faisons une rude charge à l'injustice; mettons-la en déroute, exterminons-la (1)! » Aussi a-t-il mérité qu'on dît de lui qu'il « estoit en ses mœurs comme vne règle de bien viure, vn patron et vn modèle de parfaite vertu (2); » et cet éloge n'a rien d'exagéré; il peut s'étendre à toute sa vie. Orateur politique, il n'a jamais employé sa parole qu'à la défense des grands principes de religion et de morale sans lesquels ne peuvent vivre les sociétés; magistrat, il a eu sans cesse devant les yeux cette imposante figure de la loi, non pas seulement de la loi écrite, souvent mesquine et souvent inique, mais de la loi éternelle qui grave ses décrets dans la conscience du genre humain; homme d'État, il n'a usé du pouvoir que pour procurer le triomphe du droit et en assurer l'empire. C'est là toute sa politique. Il respecte le droit partout; mais il veut que ceux qui s'en prévalent sachent bien que tout droit suppose un devoir. Ainsi, aux Protestants la loi garantit la liberté de

(1) *Ouverture du Parlement en 1599.*
(2) *L'éditeur de 1641 (Duchesne ?)*

conscience et le paisible exercice de leur culte : qu'ils obéissent donc eux-mêmes à cette loi qui les protége, et qu'ils ne se servent pas des avantages qu'elle leur assure pour l'attaquer sans cesse et la ruiner (1) ; à la noblesse elle donne d'immenses priviléges, mais c'est pour recevoir en retour d'immenses services. Si la noblesse ne paie pas cette dette à la loi et à la patrie, qu'elle n'oublie pas qu'au-dessus d'elle s'élève la justice devant qui les plus-grands sont les égaux des moindres *plébées*, et qui sait au besoin appeler la force à son aide (2). Au roi la loi impose la plus lourde charge. Du Vair ne lui laisse pas plus ignorer son devoir qu'au dernier de ses sujets. « Il sçait tempérer gratieusement la puissance souveraine et absolue (3). » Image de Dieu sur la terre, le prince en doit représenter non seulement la puissance et la grandeur, mais la sainteté incorruptible. Il faut qu'il offre à tous l'exemple d'une vie pure, vouée sans réserve à ses augustes fonctions de conducteur des peuples, et complètement détournée de ces honteuses passions « sirènes trompeuses, » dont on a trop souvent permis aux rois d'écouter les douces et décevantes paroles (4). Du Vair, en un mot, veut que le prince soit l'incarnation de la force et de la justice. Comme il a vu de près les abominations des anciennes cours, il en a gardé dans son esprit les horribles images, et il les étale sans cesse aux yeux du roi et du peuple, pour prévenir le retour de cette époque de violence et de corruption. Il s'est fait ainsi le précepteur du jeune monarque, et déjà il se plaît à reconnaitre que ses leçons

---

(1) *Harangue commandée par le roy pour estre faite au Parlement de Thoulouse en 1621*, p. 916, in-f°.

(2) *Discours au Parlement de Paris. 1620*, et ailleurs.

(3) L'éditeur de 1641.

(4) *Œuvres*, in-f°, 881.

lui ont profité ; il aime à montrer à la France ces germes de vertus déjà développés et qui promettent d'heureux fruits (1). Il veut, il espère faire de Louis XIII un vrai roi ; c'est là toute son ambition : Richelieu en eut une autre, ce fut de se faire roi lui-même, et il y parvint ; Louis XIII ne fut que l'ombre, son ministre fut la réalité. Du Vair, plus désintéressé et moins heureux, n'avait pas été assez long-temps au pouvoir pour achever sa tâche. Aussi est-il difficile de prononcer entre sa politique et celle du grand cardinal. Les résultats qu'il avait déjà obtenus montrent pourtant qu'elle n'était pas trop chimérique en prenant la justice pour base et la force seulement pour auxiliaire. C'est ce qui ressort du soin même avec lequel Richelieu cherche à démontrer que du Vair, excellent *justicier*, fut un politique médiocre. De tous les actes de son administration, il n'approuve que l'expédition de Béarn, qui a surtout pour elle la raison d'État (2). Le dernier éditeur de du Vair (probablement Duchesne), au moment de la plus grande splendeur de Richelieu (1641), protesta contre cette injustice, en montrant dans le garde des sceaux, mort vingt ans auparavant, le précurseur de l'habile ministre qui « conduisoit si dignement les affaires du Roy (3). »

(1) P. 919.

(2) *Mémoires* de Richelieu, t. i, p. 366 ; t. ii, p. 146. — Cf. P. Mathieu, *Histoire de Louis XIII*, p. 163-164. — Richelieu lui a emprunté presque textuellement cette phrase de son jugement sur du Vair : « ayant espreuué les différences qu'il y a des affaires du palais et de celles de la cour. » Le mot *justicier* est aussi de Mathieu, et nous avons vu que d'Epernon donnait également cette épithète à du Vair. (Plus haut, p. 75.)

(3) « Si ceux qui sont venus depuis se peuuent donner cet auantage..., nous les croyons tousiours si équitables et si généreux, qu'ils ne desnieront point par leur propre tesmoignage à la mémoire de Monsieur

Les *Mémoires* de du Vair, ainsi que ses discours, laissent voir partout ces sages et grandes pensées. Soit qu'il juge les autres, soit qu'il raconte ce qu'il a fait lui-même, l'inflexible équité est toujours sa règle. Aussi l'orateur et l'historien ne se séparent-ils pas en lui de l'homme d'action et du philosophe : il parle et il agit comme il pense. Je ne dirai pas plus qu'il fut un orateur de génie, que je n'ai dit qu'il fut un politique de génie; mais je dirai hardiment qu'en éloquence comme en politique il eut le génie du bien, et que, sans avoir de grandes vues, par l'énergie de la vertu, il arriva souvent à la grandeur dans la parole et dans l'action. Il aimait, a-t-on dit, l'éloquence; il l'aimait avec passion; mais c'était moins pour elle-même que pour répandre par elle la vérité et le goût des travaux de l'esprit. C'est dans cette intention qu'il donna à ses discours la parure de son temps, et nous ne serions guère justes de l'en blâmer avec rigueur : il reconnaissait mieux que personne l'exagération et la vanité de ces atours, il s'en revêtait à contre-cœur; mais il fallait vaincre « le mespris et le dégoust des escoutans (1), » esclaves de la mode. Malgré ces sacrifices regrettables, la chaleur et la sincérité de ses convictions, son ardent amour pour le bien donnent à sa parole quelques-uns des caractères de la véritable éloquence, et son nom ne saurait sans injustice être exclu de la liste de ceux qui ont créé chez nous le discours politique et le discours religieux. Sa place est ici, d'une part, à côté de l'Hospital et de Richelieu qu'il résume tous deux en lui par la générosité de ses sentiments et par son grand sens pratique; de l'autre, à côté de nos

du Vair ce qu'il a mérité. N'est-ce pas lui entre autres, et cela se peut dire véritablement sans enuie, qui a ietté les premiers fondemens de faire reconnoistre vniuersellement nostre roy par tous ses sujets ? »

(1) Aduertissement en teste des *Remoustrances*, in-8°, p. 233.

immortels sermonnaires qu'il a devancés en trouvant le premier le ton convenable à l'enseignement des vérités sacrées, et dont il fait pressentir plus d'une fois les pathétiques et sublimes accents.

Les contemporains de du Vair l'ont comparé à l'illustre chancelier de Charles IX (1) et à Cicéron. Ce double rapprochement aurait dû suffire à sa gloire et préserver son nom de l'oubli : il fut assurément l'objet de son ambition ; et la postérité, comme son temps, lui en aurait peut-être accordé l'honneur, s'il fût venu quelques années plus tard, alors que la langue perfectionnée lui aurait offert pour ses pensées un digne instrument. Cette insuffisance du vieil idiôme de nos pères, du Vair la sentit vivement, et il fit tous ses efforts pour y suppléer. Nul peut-être n'a contribué plus que lui à former ce style élégant et mâle, cette simple et noble prose française qui devint bientôt la langue de tant de chefs-d'œuvre. Aussi, comme écrivain, je n'hésiterai pas à le mettre au-dessus de tous ses contemporains, y compris saint François de Sales, au-dessus même de Balzac qui s'est formé à son école, mais qui, en lui empruntant sa magnificence d'expression, ne lui a pris ni sa généreuse chaleur, ni ses solides pensées.

Eclectique en fait de langage comme en tout le reste, du Vair n'aurait voulu rien perdre et à nos richesses anciennes ajouter des trésors nouveaux. Plusieurs de ses acquisitions, nous l'avons vu, ont été acceptées par ses

(1) Ab. de Ste-Marthe, *Eleg.*, lib. p. 171, Lutet., Paris, M DC XXXII. — Cf. *Epigr.*, I lib. *Ad V. Amplissim. Gul. Vairium*, etc. — Buccard, *Eloge funèbre* de Peiresc, dans les *Œuvres* de Gassendi, t. v, p. 354 : *Non minus eloquentiæ ac philosophiæ studio quam maximis virtutibus Marco Tullio comparandum.*

héritiers littéraires ; d'autres ont été rejetées comme un bagage inutile : c'est, quoi qu'on en ait dit, le petit nombre. Somme toute, il n'avait guère dépassé la juste mesure que l'âge suivant, après de longs tâtonnements et d'utiles expériences, eut le bonheur et la gloire de trouver : qu'on laisse du moins à du Vair l'honneur modeste de lui avoir préparé la voie.

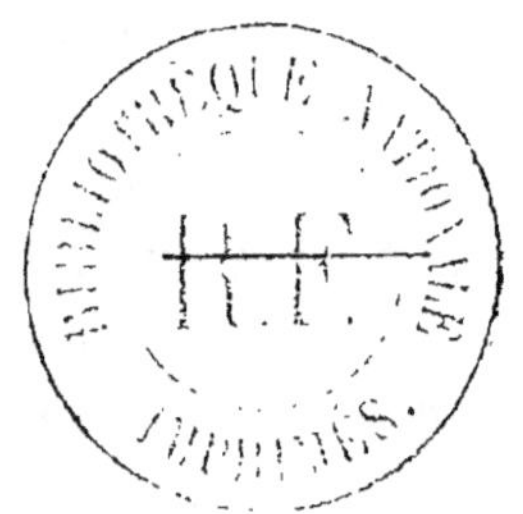

TABLE ANALYTIQUE.

CHAPITRE Ier. — CONSIDÉRATIONS PRÉLIMINAIRES.

Du danger qu'il y a à négliger dans l'histoire l'étude des époques
intermédiaires. — De la prose française entre Amyot et Balzac : importance de ce moment de transition; grand nombre d'écrivains remarquables. — Guillaume du Vair, centre de cette époque féconde.
— Son rôle dans le mouvement des idées — Utilité d'une étude
plus approfondie de ses ouvrages, historiques, moraux, oratoires. —
Caractère général; appréciation sommaire. . . . .   P. 1.

CHAPITRE II. — POLITIQUE ET HISTOIRE.

§ Ier. — *Lettres et Mémoires* de du Vair. — Du Vair, membre du
Parlement de Paris, et maître des requêtes du duc d'Alençon. —
Corruption de la cour; Henri III jugé par Charles IX. — La Ligue;
ses origines. — Crimes et intrigues. — Du Vair quitte le service de
Monsieur. — Affaire de Salcède. — Mort du duc d'Alençon. — La
Ligue renouvelée : barricades (1588). — Le duc de Guise et le pré-
sident A. de Harlay; caractères. — États généraux de 1593. — Af-
faire de la Loi Salique. — État de Paris. — Projet d'élection
royale. — Rôle de du Vair calomnié; lettre à M. de Villeroi. — La
Ligue en Provence : le duc de Savoie; son ambition. — Traité des
Espagnols avec la ville de Marseille. . . . .   P. 9.

§ II. — Du Vair au Conseil du roi; estimé de Henri IV; sa fermeté
stoïque. — Affaire de la légitimation de M. de Vendôme. — Opinion
de du Vair sur Henri IV. — Ambassade d'Angleterre; le récit de
Sancy et le récit de du Vair. — Observations sur l'Angleterre; ses
mœurs, son gouvernement. — Portrait de la reine. — Du Vair

en Provence ; intendance de la justice de Marseille ; véritable proconsulat. — Difficulté de la situation. — Du Vair rattache Marseille
à la France. — Caractère des Provençaux. — Intrigues du duc de
Savoie et des Espagnols. — Du Vair, premier président du Parlement de Provence. — Pacification du pays. — Occupations littéraires de du Vair. — Petite académie de la *Floride;* Malherbe,
Peiresc, Cl. Fabrot, etc. . . . .   P. 29.

§ III. — Du Vair garde des sceaux. — Peiresc : les lettres et les
sciences protégées. — Enthousiasme de la France à la promotion du
nouveau ministre. — Son opposition au maréchal d'Ancre ; sa politique ; sa disgrâce honorable. — Son rappel. — Relation de la mort
de Concini et des faits qui l'ont suivie, faussement attribuée à Marillac. — Exil de Marie de Médicis. — Ses intrigues : lettre à du
Vair ; réponse énergique et respectueuse. — Querelle avec le duc
d'Epernon ; fermeté de du Vair. — Guerre contre les protestants du
Béarn. — Mort de du Vair ; sa politique. — Lettres diverses.   P. 49.

CHAPITRE III. — PHILOSOPHIE ET RELIGION.

§ Ier. — Le stoïcisme chrétien ; son rôle et son importance. — Ses
principaux représentants. — Du Vair ; *la Philosophie morale des
Stoïques,* comparée avec le traité de Juste-Lipse, *Manuductio ad
stoïcam philosophiam.* — Analyse. — Emprunts textuels, avoués
par Charron. — Caractère pratique du livre de du Vair. — Enseignement de la morale sécularisé. — Duperron ; caractère de ses
traités philosophiques. . . . .   P. 77.

§ II. — Union plus intime de la religion et de la philosophie. — Rapports de la *Sainte Philosophie* et de la *Philosophie morale des
Stoïques;* identité du but. — Rôle de du Vair comme moraliste ; sa
sincérité. — Originalité du livre de la *Sainte Philosophie.* —
Analyse. . . . .   P. 102.

§ III. — Application des théories contenues dans la *Philosophie morale* et dans la *Sainte Philosophie.* — *Exhortation à la vie civile;*
analyse. — Le *Traité de la Constance et Consolation ès calamitez
publiques.* — Le livre *De Constantia* de Juste-Lipse ; idée de cet
ouvrage ; emprunts de du Vair. — Sources anciennes. — Analyse
du *Traité de la Constance et Consolation.* — Utilité de ce livre. —
Opinion de Gassendi. — Indication de la vraie méthode philosophique. . . . .   P. 110.

§ IV. — Les *Méditations* de du Vair, complément de ses œuvres morales et religieuses. — Les *Consolations*, application des mêmes
doctrines. — Jugement général sur les ouvrages philosophiques de
du Vair. — Le stoïcisme jugé par saint François de Sales; il lui
avait préparé la voie par les œuvres de du Vair. — Leur influence
sur les contemporains. — Lettre de M. de Villeroi à du Vair. —
Simon Marion; le stoïcisme dans ses discours. — Influence sur le
XVIIᵉ siècle. — Corneille; le stoïcisme de ses personnages procède
plus de du Vair que des anciens. . . . . P. 140.

CHAPITRE IV. — RHÉTORIQUE ET ÉLOQUENCE.

§ Iᵉʳ. — Du Vair théoricien. — Le *Traité de l'Eloquence françoise et
des raisons pourquoy elle est demeurée si basse.* — Analyse et critique. — Omissions importantes dans l'histoire de l'éloquence française. — Sages idées; judicieuses appréciations de quelques orateurs
du XVIᵉ siècle. — Abus des citations; son origine selon du Vair et
selon Pasquier. — Examen des différentes causes de l'infériorité des
Français dans l'éloquence. — Excellence des Anciens. — Caractères
de leur éloquence. — Nécessité de les étudier. — Sommaire de
rhétorique. — Célébrité du livre de du Vair . . . . . P. 153.

§ II. — Du Vair traducteur. — Son but : le progrès de l'éloquence. —
Principes de traduction au XVIᵉ siècle. — Les principaux traducteurs
de cette époque. — Changement de méthode au commencement du
XVIIᵉ siècle : Malherbe, Vaugelas, d'Ablancourt. — XVIIIᵉ siècle. —
Examen des traductions de du Vair. — *La Milonienne;* citations. —
Eschine et Démosthène : les discours *Sur la Couronne.* — Influence
des événements contemporains sur les traductions de du Vair. — Le
manuel d'Epictète. — Témoignages des critiques. . . P. 171.

§ III. — Exercices oratoires. — *Plaidoyer d'Appius Claudius contre
Milon;* sources. — Appréciation. — Imitation de l'éloquence de
Cicéron. — *Oraison funèbre de Marie Stuart;* quand, pourquoi et
comment elle a été composée. — Le discours de Régnault de
Beaune, archevêque de Bourges, sur le même sujet. — D'une prétendue oraison funèbre de Marie Stuart par Duperron. — Analyse
du discours de du Vair . . . . P. 200.

§ IV. — Du Vair orateur; ses *discours funèbres;* caractère religieux
et philosophique. — Abus de l'érudition. — Les *Méditations sur
Job;* grandeur morale; défaut d'enthousiasme. — Citations. — *Mé-*

ditations sur *les Psaumes de David*, supérieures aux autres, pourquoi? — Eloquence judiciaire : *Arrêts rendus en robe rouge*; esprit philosophique. — Encore les citations érudites. — Les *Mercuriales* ou *Remonstrances* aux Parlements. — Grande variété de sujets. — Caractère pratique. — La philosophie présentée comme base de la jurisprudence. — Eloquence politique, supériorité de du Vair en ce genre. — Ses harangues sur les affaires publiques du temps de la Ligue. — Citations et analyses. — Caractères et portraits. — Importance historique des discours de du Vair. — Résumé. — Jugement des contemporains. — Molinier, *Oraison funèbre* de du Vair. . . . . P. 209.

CHAPITRE V. — STYLE ET LANGUE DE DU VAIR.

§ Ier. — Style de du Vair. — Qualités nouvelles qu'il introduit dans la prose française. — Comment il l'emporte sur celui des plus illustres écrivains de son temps. — Influence des hommes d'Etat sur la langue et sur le style. — Caractère pratique. — Richelieu aux Etats de 1614. — Un discours de A. de Harlay. — Des principes de du Vair en matière de style. — Histoire de son style. — Sa première manière; qualités et défauts. — Influence de son séjour en Provence; sa deuxième manière; abus des métaphores; *Gongorisme et Marinisme*. — Qualités : grandeur, noblesse, harmonie. — Citations — Comparé avec Malherbe . . . . P. 233.

§ II. — De la langue française dans les ouvrages de du Vair. — Admiration des contemporains; témoignages. — Défauts que lui reproche l'époque suivante : *archaïsme et néologisme*. — Travail de la langue française au commencement du XVIIe siècle. — De quelques règles de syntaxe. — Révolutions des langues. — Théories du XVIe siècle; Ronsard, Dubellay, Amyot, etc. — Double origine des mots; leur introduction ou leur maintien dans la langue. — Impuissance des grammairiens à cet égard; omnipotence de l'usage. — De la langue de du Vair; examen de quelques termes qu'on lui a reprochés. — Des acquisitions qu'il a faites. — Vocabulaire. . . . . . P. 244.

CHAPITRE VI. — CONCLUSION . . . . P. 271.

Vu et lu,

A Paris, en Sorbonne, le 14 mars 1857,

Par le Doyen de la Faculté des Lettres de Paris,

J.-Vict. LE CLERC.

Permis d'imprimer :

Le Vice-Recteur.

CAYX

Bourges, Imp. de Vᵉ MÉNAGÉ, rue Paradis, 16.

www.ingramcontent.com/pod-product-compliance
Lightning Source LLC
LaVergne TN
LVHW051106060726

842525LV00003B/798